地球正义宣言
——荒野法

科马克·卡利南 著

郭武 译

2017年·北京

By
Cormac Cullinan
Wild Law: A Manifesto for Earth Justice
Second Edition

This is a translation *Wild Law: A Manifesto for Earth Justice* 2th edition, by Prof. Cormac Cullinan, published and sold by The Commercial Press, by permission of UIT Cambridge Ltd. , www. uit. co. uk, the owner of all rights to publish and sell same.

本书根据 UIT Cambridge Ltd. 授权翻译出版

© 2002-2011 Cormac Cullinan

中文版序

我提笔的此刻,开普敦的夏天刚刚开始。花园是绿地的调色板,柔软的新叶在微风中发出轻轻的沙沙声,水塘中聚满了小蝌蚪,小鸟们正在练习飞翔。这是一个生机盎然的宁静之所,为负载着各种计划、期限、噪音和压力的狂躁世界带来了幸福和快乐。我们知道,这些都源自于我们的亲身经历。古老而智慧的传统,及先贤们也都说到了参与生命循环的满足感,以及庆祝自己成为这一奇妙生命共同体成员的喜悦。然而,主宰 21 世纪初叶的法律、政治、经济,以及教育等方面的文明制度,都被设计成了开发和恶化这个世界及其人民的工具。世界各地复杂的维生关系之网,在追求公司利润和 GDP 增长等无实际意义的理想中走向破裂。

呈现于您面前的这本书的内容,正是关于 21 世纪的主要挑战——如何重新组建复杂的工业和消费主义的社会,从而使人们通过促进地球共同体健康,而不是开发和恶化地球共同体的方式来追求幸福。这是一项需要数代人才能完成的任务,也是人类认知的一次深刻转型:人类在这个星球上的真正角色是什么?这需要我们超越既有思想观念去审视问题,抛弃那些征服和主宰地球的企图,并重新发现与自然和谐共生的生活方式。

为了让生态可持续文明重新出现,有必要按照自然之法调整我们的法律制度。自然之法被用于界定所有非人类对象,以及可合法开发和交易财产的公司之外的对象。现今,我们必须要给人类和机构赋予尊重地球共同体其他成员的法定义务,将他们视为享有参与自然进程和维护彼此关系的、拥有不可剥夺权利的主体。这就要求法律和治理应当以新型的生态中心主义哲学,即地球法理为基础。

当今时代,最激动人心的发展之一是全球许多领域对地球法理的不断支持,以及对自然之权利的法律认同。譬如,仅仅在过去的数月间,联合国大会已发布了一份关于地球法理的专家报告(2016年8月1日A/71/266号文),来自全球的环境法律人士已正式通过了一份呼吁生态法律方法的《奥斯陆宣言》(见附录2),世界自然保护同盟还通过了承认自然权利的支持性决议。更重要的是,全球社会运动和世界各地的原住民都支持这些新理念。

当下一个鲜活的案例就发生在美国一个叫做耸石的偏远之地。来自上百个当地部落的数千人(其中一些部落还是自然权利运动的领袖)封堵了输油管道的建设现场,而这一建设将威胁到他们祖传土地的生命水源。他们非暴力地支持生命的惊人决定,与不顾对公众或地球造成伤害而对抗他们、保护公司利益的准军事化力量形成了鲜明的对比。这是我们正在遭遇的两难抉择——我们需要行动起来,按照整个生命共同体的利益重建社会,还是我们应当让自己创制的失控性制度破坏人类和其他物种的未来?就这一点而言,中国人民的抉择对全人类是至关重要的。

我们需要的不只是一种地球法理,而是许多种地球法理,它们臣服于普遍的宇宙原则,承认并回应生态和文化多样性。我期望这本书的读者能够受到精神鼓舞,进而帮助这些理念能够在中国"本土化"。通过这种方式,我想把人与自然之间敬畏关系建立之重要性的当代表达,与早已在中国存在的深厚文化根基联系起来。诸如道教和佛学等古老传统,以及大多数信仰传统有着神圣的内涵和丰富的实践,教育我们认识到神圣的世界组成,以及与其他物种和谐共生的重要性。从文明角度寻求当今世界地球法理的妥适表达时,所有这些将会提供有益的指导。

荒野自然本身就是地球法理的"大学"。我受到伟大的学者,托马斯·贝里的深刻影响,他曾说过:

> "我们应当将荒野视为一切生命真正生发的根源。正是产生本能活动的创造力之源,使所有生物获得了食物,找到了庇护所,生出了幼小生命,并翱翔天际,潜游深海,愉快地唱歌、跳舞。这是事物相同的内在趋势,唤起了诗人的想象力、艺术家的画技和萨满巫师的神力。"[①]

而正是这种美丽的原始荒野力量,才使我们认识到,自己拥有如同地球共同体最具天赋的成员一样的全部潜力,同时也引导我们的治理制度和文明走向复兴。我期待着,这本书的思想理念将哺育着原始而富于创造性的力量,这对于我们被疏远的、自我毁灭的社会重获活力来说是非常必要的。

科马克·卡利南
2016 年 11 月于南非开普敦

[①] 《伟大的事业》,贝尔·托尔出版社 1999 年版,第 51 页。

戴维·米尔斯序

2010年秋,我受武汉大学环境法研究所之邀,前往中国武汉做了一场关于美国环境法实践的学术报告。在我的印象里,武汉是一座新型的大城市,车水马龙、川流不息。很感激当时郭武到机场迎候我。那时候,他是武汉大学的一名博士研究生,正在研究做为环境保护法律渊源的中国少数民族习惯法的作用这一议题。除了安排我按时举办讲座外,郭武还带我环游了武汉市区及湖北省博物馆,让我能够一睹中国中部地区人类生活繁衍的悠久历史。我的这一切收获都离不开他的帮助。

两年后,当郭武博士访问佛蒙特法学院的时候,我才有机会回馈于他。我带他在佛蒙特南罗亚尔顿的山丘间领略了自然历史风光。我们之间通过两次互访而建立的友谊既是中美富布莱特项目的见证,它资助我造访了武汉,同样也是佛蒙特法学院美亚环境法伙伴关系项目的见证,它让郭武博士来到佛蒙特。

这些重要的项目都有一个前提,那就是不同思想和信息的学术性交流惠及各个国家,也惠及全球。通过教师和学生的交流互访,中美高等教育机构之间才能消弭距离、时区、语言、历史和文化的隔阂,从而找到应对共同挑战的全新思路和更优方法。就个人而言,我受益于在中国访问的那段时光,以及与郭武博士一样的许多学者之间的互动交流。借助这些交流和从不同角度审视美国环境法的机会,我获得了能帮助自己开展本职工作的全新视野。

把诸如科马克·卡利南的《荒野法》①一样的重要法律与哲学著作翻译为中文,则是交流的另外一种类型,这将受益于那些致力于构建更优环境保护制度的人。考虑到郭武博士专注于习惯法的研究志趣,我对他选择翻译《荒野法》一书一点都不感到惊奇。卡利南提出的"地球法理"的前提之一是:现代法律制度的革新应当从本土知识的检视中汲取智慧。郭武博士已围绕这一适用于中国的共同性前提做了大量的研究和写作。

郭武博士的翻译适逢当下部分国家之间及国家内部的政治骚乱,以及加速恶化的环境情势,让中国的学者和决策者对卡利南的著作有了更多的关注。中美两国愈加紧迫的议题,即采取规制我们在地球上的生活方式的全新制度,或许可通过全球气候恶化的速度而得到最为明显的体现。中国和美国是世界上温室气体排放的两个主要贡献国,如果我们要改变当下的轨迹,双方都需要从根本上考虑如何改变各自国家的法律制度。

卡利南在他的著作中引用了一句英国的古老格言——"布丁(的味道)要通过吃它来证明"。这一格言说明了采取新方法的必要性。事实上,因人类原因引起的全球气候变迁正在发生着。这就是我们现有法律失灵的充分证据,而这一证据在不断加速的气候恶化进程中日益得到加强。毫不夸张地说,现代文明的存续正处在危险之中。我们无需更多的证据来证明,那些适合于当下需要的法律制度却无以满足人类或这个星球的(长远)需要。

通过让政策制定者把习惯法考虑在现代法律制度设计之中的

---

① 本书中文本,书名酌改为《地球正义宣言——荒野法》。

方式,卡利南提出了一种受益于人类行为实践与规范的方法。这一方法由原住民在与大地之间上千年的互动关系中建立起来。卡利南认为,我们可在审视人类共同体鲜活实践的过程中受到启发。人类共同体与大地和自然系统之间有着紧密的联系,因而孕育出了能够维系人与自然系统之间平衡关系的习惯。通过考察人类早已建立的那些有益于保护和敬畏自然系统的行为规则,中美两国或许会找到全新的方法去建构一种能够颠覆当前衰落(毁灭)性进程的法律框架。

因此,郭武博士翻译的《荒野法》对学术和观念的交流而言,是一个重要的贡献。如果中美两国都将试图找到一个更好的前进方向的话,这些观念无疑是必要的。我期待着这本著作将在中国掀起广泛的讨论,就像卡利南的著作在西方世界引起的讨论一样。如果是这样,我们或许将能够参与到共同对话之中,从而在全球层面讨论生态思维的重要性,以及如何将"荒野"植根于我们的法律方法之中。

戴维·米尔斯[①]
2016 年 11 月 30 日

---

① 戴维·米尔斯,美国佛蒙特法学院副院长、教授。

目　　录

献辞 ·· 1
第二版前言 ·· 3
第一版前言 ·· 9
作者题注 ·· 16
托马斯·贝里序 ·· 17

第一部分　反思治理

第一章　蚁丘和非洲食蚁兽 ······························ 3
　一　蚁丘 ·· 3
　二　一个假设的形成 ·································· 5
　三　荒野边缘漫步 ···································· 9
　四　荒野法 ·· 11

第二部分　我们所知的世界

第二章　独立性的幻觉 ·································· 17
　一　老生常谈的生物灭绝 ······························ 17
　二　一些征兆的概述 ·································· 18
　　（一）生态过载 ···································· 19

目 录

	（二）过渡消费	20
	（三）生命支持能力的恶化	22
	（四）大规模物种灭绝	24
	（五）人类福祉的减少	26
	（六）不充分的应对措施	28
三	我们的治理制度以错误的假设为基础	30
四	独立性神话的产生	31
五	反思现实、宇宙和每一件事	35
六	为何还没有修正我们的治理制度？	37

第三章 主要物种的"迷思" …… 39

一	待到云开雾散时	39
二	人类圈	41

第四章 缘何法律和法理重要 …… 46

一	法律的作用	46
二	法律的理念	49
三	转换旧有的治理范式	52

第五章 法律的自负 …… 56

一	压制型法	56
二	征兆	57
三	地球的其他部分被界定为无权利的客体	58
四	虚构的生物，享有太多权利但承担太少义务	59
五	灭绝地球上的生命是合法的	63
六	司法制度易于弱化，而非修正（共同体中的）关系	64
七	法律否认自己处在更大的语境之中	65
八	"自然法"的终结	66

九	自然之法	70
十	为法律疗伤	72

第三部分 地球治理

第六章	**尊重伟大之法**	**75**
一	大山	75
二	区分伟大法理和其他地球法理	76
三	伟大法理的本质	77
四	人的属性与伟大法理	78
五	伟大法理的特征	78
六	从伟大法理中获得指导的意义	83
第七章	**铭记我们是谁**	**86**
一	我们来自何方?	86
二	原住民的启发	90
三	图卡龙族人的宇宙观	94
四	从原住民那里学到的知识	97
第八章	**有关权利的问题**	**101**
一	认真对待权利	101
二	权利的问题	102
三	除人之外的其他生物,应当享有权利吗?	103
四	我们应该谈论权利吗?	106
五	关系与权利	107
六	地球的权利	109
七	地球共同体成员的权利	110

目 录

　　八　侵害地球的权利 ································ 112
　　九　人权 ······································ 114
　　十　理论上受限的人权 ···························· 116
　　十一　实践中对人权的平衡与限制 ···················· 117
　　十二　地球法理视角下的权利 ························ 120
　　十三　地球权利胜过其他权利 ························ 121

第九章　地球治理的要素 ································ 124
　　一　地球法理 ···································· 124
　　二　法律、权利的渊源及其合法性 ···················· 126
　　三　辨别对与错——伦理问题 ······················ 128
　　四　平衡、互惠和正义 ······························ 132
　　五　地球治理 ···································· 133

第四部分　荒野之旅

第十章　寻找地球法理 ································ 139
　　一　从汽车中走出来 ······························ 139
　　二　看看已经痊愈的国家 ···························· 142
　　三　生态性思考 ·································· 143
　　四　扭转偏见 ···································· 143
　　五　从最初的整体性开始 ···························· 146
　　六　追根溯源 ···································· 148
　　七　学会如何学习 ································ 149
　　八　谨防万能灵药 ································ 152

第十一章　生命的韵律 ································ 154
　　一　时间和时机 ·································· 154

二　时间和金钱的专横 ·········· 156
　　三　原生时间 ·················· 157
　　四　死亡竞赛 ·················· 159
　　五　舞出地球的节拍 ············ 161

第十二章　大地之法 ················ 165
　　一　神圣的大地 ················ 165
　　二　大地作为财产 ·············· 167
　　三　土地作为权力 ·············· 169
　　四　土地管理制度 ·············· 169
　　五　以财产权为基础的土地治理体制之效果 ·· 170
　　六　核心关系 ·················· 171
　　七　大地传奇 ·················· 173
　　八　远离作为财产的土地 ········ 175

第十三章　共同体的欢聚 ············ 177
　　一　合弄与合弄结构 ············ 177
　　二　地球共同体 ················ 179
　　三　现有治理范式中的共同体 ···· 182
　　四　地球治理中的地方共同体，恰如合弄结构中的合弄 ·· 184
　　五　规模的问题 ················ 187
　　六　作为地球法理渊源的新型地球共同体 ·· 189
　　七　地球法理和共同体的权利 ···· 191

第十四章　法律与治理的革新 ········ 193
　　一　是痴心妄想，还是切合实际 ·· 193
　　二　改变的动力 ················ 195

目　录

　三　生态纪，抑或科技纪 …………………… 196
　四　从内部开始改变治理制度 ……………… 197
　五　打开空间，让地球中心主义文明繁荣发展……… 198
　六　拓展人类中心主义的决策程序 ………… 199
　七　限定人类权力的边界 …………………… 200
　八　从管理到民主参与 ……………………… 201
　九　鼓励那些尊重和敬畏地球共同体的实践 ……… 202
　十　废除有辱人格的法律和实践 …………… 203
　十一　创立新的调整机制 …………………… 204
　十二　重排优先顺序 ………………………… 205
　十三　重叩智慧之门 ………………………… 205
　十四　缩短决定与其效果之间的距离 ……… 206

第五部分　前方地带

第十五章　大山之路 ……………………… 209
　一　回归大山 ………………………………… 209
　二　逻辑 ……………………………………… 210
　三　灵魂 ……………………………………… 213
　四　行动 ……………………………………… 217
　五　路径 ……………………………………… 219

补篇　荒野法的勃兴 ……………………… 223
　一　崭露头角的共同体 ……………………… 223
　二　找回非洲习惯法之源 …………………… 227
　三　印度地球民主 …………………………… 228

四　英国和澳大利亚的荒野周末 ················ 230
五　美国的地球法理和地方民主 ················ 231
六　拉丁美洲 ························ 233
七　国际层面的地球法理 ···················· 239
八　全球运动的兴起 ······················ 240
九　展望未来 ························· 241

附录1　《地球母亲权利世界宣言》 ················ 243
附录2　《奥斯陆宣言》——生态法律与治理联盟（草案） ······ 248

英文本章后注释 ························ 252
参考文献 ··························· 262
索引 ····························· 265

译后记 ····························· 282

谨以此书

献给我的双亲沙特莱纳和布兰登,藤坝石峡谷的小山、森林和生物,以及所有向我徐徐注入大地情怀的人们;

献给我的儿子奇安和本杰明:他俩或许会感知与地球共同体同在的欢愉;

并纪念智慧的导师、致力于呵护地球和她的孩子的雄辩演说家——托马斯·贝里

第二版前言

本书展现了这样一幅景象,在工业社会主宰世界的当下,我们何以改变那些构成并规范这个社会的各种制度。我们之所以这样做,是为了"出离"我们当下正在行进中的灾难性毁灭之路,也是为了替我们地球大家庭中的物种们找寻可行的角色定位。这样的地球大家庭只能增进而不会减少地球的美感、健康和多样性。亡羊补牢,未为晚矣!做出这种改变尽管困难,但依然是大有希望的。我们有能力这样做,否则,一旦人类对地球不抱任何希望,各种困难的阻碍等同于对毁灭的默认。

随着对地球人为破坏程度的日趋加剧,越来越多的人意识到,我们已经不能通过既有治理制度应对 21 世纪的环境挑战了。这次修订后第二版(增加了一项新的附言以及 2010 年 4 月 22 日公布的《大地母亲权利的世界宣言》)的面世源自于过去几年里全世界各个领域快速兴起的热潮——关于活着的乐趣及以顺应自然而不是主宰自然的方式建构社会秩序。对许多人来说,我们旨在实现的理想——依照共同体"规则"或我们据以繁衍的地球制度生活——看起来仍然是激进的,而不是不证自明的。我认为,唯一切合实际的愿景——保护我们大多数人所向往的"明天"——就是从地球中心主义中受到启发,并对如何规制我们的社会有实质性的

第二版前言

改变。气候变化和其他环境危机都是我们未能将人类的治理制度与我们作为一份子的地球系统的基本规则匹配起来的直接结果。人类将会继续突破人生极限、颠覆基本的生态平衡，除非我们建立起规范人类行为的方式，即确保我们依循地球共同体的基本规则行事。

第一版《荒野法》在南非出版，恰逢即将于2002年9月在约翰内斯堡召开的世界可持续发展首脑会议（WSSD）。世界可持续发展首脑会议没有促成任何能够停止或扭转地球人为退化的新策略或新方法，国际社会也没有从2002年开始采取的任何措施。面对21世纪的诸多重大挑战，国际治理制度的不充分一目了然，其中之一就是于2009年12月在哥本哈根召开的联合国气候变化框架公约（UNFCCC）第15次缔约方会议的失败。此次会议致力于形成一项全世界如何应对气候变化的协议。事实上，联合国气候变化框架公约的未来进程本身正身处险境，且一项新的气候变化国际协议在京都议定书2012年到期之前未必是有用的。

同时，不间断的人类"发展"加剧了地球上几乎任何领域的退化和破坏，在一定程度上，我们正面临着这样一个真实的可能性——我们可能已经触发了不可逆转且失控的气候变迁按钮。许多德高望重的科学家，如詹姆斯·洛夫洛克（盖亚理论[①]的提出者），认为地球的气候系统已经超过了不可逆转的临界值，而且地球正在势不可当地滑向一个新的平衡点，而这个平衡点可能并不适宜人类生存。

[①] "盖亚理论"又被译做"盖娅理论"。参见於兴中：《法理学前沿》，中国民主法制出版社2015年。

如果这些科学家的观点是错误的,且人为原因导致的气候变化并不是不可逆转的,那么,除了我们能够同步地解决其他许多不那么受瞩目但同样重要的挑战之外,我们有能力避免主宰现今世界的工业文明的倾覆坍塌,并完成生态可持续社会的转型。我们亟需应对石油和其他矿产资源的产量下降问题,并要找寻阻止和改变生物圈污染和损害、肥沃农田减少、荒漠化、淡水和渔业资源短缺、森林和野生物种栖息地毁坏,以及伴随着人口增长而来的人类消费水平快节奏化的各种方法。《荒野法》首次出版之后的八年时光里,地球共同体的处境更加糟糕,而且其根本性的破坏力几乎还是一以贯之地持续着。

对地球深切关怀的许多人沉溺于绝望之中,并自问:"可还能争取到延长人类生存的机会"?从把地球作为一个整体的角度来看,在过去几个世纪或更长一段时间里,人类的出现对地球而言无疑是有害的。我们极度贪婪和自我陶醉的幽灵裹挟着荒芜和死亡,在如此众多的地球共同体面前已然坠落。我们失败于运用惊艳的能力以及充沛的给养和能量。地球共同体赋予我们的这些给养和能量惠及作为一个整体的共同体,同时也惠及我们自己。然而,我们庆祝的许多精神上的、文化上的乃至科技上的成就是以地球共同体的牺牲为代价的。我们在已有的坦途上飞奔,我们最后的行动将是运用自己超凡的能力以适应环境,而这种方式也许是在加速我们的灭绝?

8

这些都是严峻的问题。在《荒野法》第二版中,我的答案是含蓄的。尽管很多人类和自然共同体的健康状况正在急速恶化,我仍然相信人类的精神在未来塑造中的力量,也相信从事善业的价值——而无论你是否对此有所感知。我的工作假说是：即使成功不能得到保证（也不知究竟将是何时），捍卫一个人的爱心，并为一个人信以为善的目标而工作仍然是值得去做的事。无论是否会得到预期成功，于我而言，为社会正义而努力、保护地球的惊艳美丽，以及为所有地球成员的孩子看护好未来家园似乎是非常有价值的事情。我不想给我们的孩子们讲这样一则可耻的谚语——"我相信怎么做都是没有希望的，所以我虽然明白，但不会去做"。

同样，经验告诉我，生活总是令人称奇，而且诸如苏联解体和种族隔离的终结等重大事件也会毫无先兆且瞬间发生。也许创作第二版的最重要的理由源自这样一种直觉——这个世界上总有一些神秘的事是那么地摄人心魄。一个新近发生的变化是围绕"时代精神"而起的巨大漩涡，而与其相伴的是对切实行动的渴望、根本性的改变，以及将人类织入地球共同体的重整计划。而这些，我之前却未曾察觉。

2003年1月，著名作家阿兰达蒂·洛伊在结束一场演讲时用了如下记忆犹新的辞藻："另一世界岂止是可能，而且已经悄然到来。在安静的时日，我能感受到她的呼吸。"好多年以来，什么样的呼吸声我都能够清晰地分辨出来，我仿佛听到，荒谬的未来透过受污染侵蚀的肺叶喘息着，虽然无精打采，但却走向新生。而且现在，我还能断断续续地听到其他许多声音，如顶着风却不可思议地听到远方鲸鱼的吐气声。这种声音如同野生生物由远及近，缓缓而来的那种松弛和从容不迫的节奏，只有在僻静的地方才似乎变得触手可及，但在权力场和嘈杂的贸易集市中却是很难听见，也很难觅见的。在集体意识里，这种声音也许就是荒野的激动人心之处；也许，这种声音是工业文明抛弃和作废的幽灵的再现，其间夹杂着对控制、主宰和一致性的痴心妄想。这可能就是我想象的图景。或许是自发地，或许是经由本书"播种"之后，而无论如何，荒野之法正在这个星球的各处如雨后春笋般地冒了出来。不仅如此，而且类似的方法在许多其他领域的力量正在加强，如农业（永续培植和其他形式的有机农业）、建筑（泥土、绿色建筑）、机械设计（生物拟态）、教育（一系列整体性的、经验性的和自然导向的技术）、医疗（对健康的整体性理解），以及心理健康（生态心理学）等领域。

新版"补篇"部分记述了本书的各种思想是如何扩展开来的，但直到最近这些重要思想才得到快速普及。譬如说，2008年9月，厄瓜多尔民众在一次公民投票中通过了压倒性的决议——正式颁行一部能够承认自然体的强制性法定权利的宪法，该权利包括存续的权利和维系自然自我循环自足结构、自我功能及运行过程的权利。这些条款的内容经由原住民、非政府组织和一些信奉自然体权利观点的领导者之间的合作而达成。

这些原住民拥护大地之母（Pachamama）这一古代概念，且坚信既有的清洁土壤、空气、水和其他身居其中的共同体是一个令人满意的、人与自然（sumak kawsay）和谐相处的生境。整个立法进程——从厄瓜多尔宪法中自然体权利观念的提出，到宪法的最后通过——耗时18个月。仅仅在一年之后，2010年4月，在玻利维亚召开的超过35,000人的盛会宣布了一项《地球母亲权利世界宣言》（见附录），2010年9月，这又以"全球地球母亲权利联盟"的形式紧随其后。每一次，对的人在对的时间和对的地点的聚集是关键之所在。无论如何,所有参与者中间正在逐渐弥散着这样一种认识——自然体权利作为一种观念的时代已然来临。

厄瓜多尔已经永久性地改变了论题。是否将荒野之法的观念植入法律制度体系中心的问题已经得到了圆满解答。现在的问题是:我们何以能够时时处处将这些观念付诸实施,我们如何使治理机构真正发挥实效?

科马克·卡利南

2011年1月于开普敦

第一版前言

我认为,这本书发端于2001年4月在美国弗吉尼亚州艾尔利中心的广泛讨论,讨论者包括一个由律师群体、生态心理学家、荒野保护专家、人类学家、环境保护主义者组成的团队,以及圣父托马斯·贝里——一位杰出的社会历史学家、"地质学家"、作家和诗人。抱歉!我要说的是,一个故事的细节部分可回溯到非常非常遥远的过去:这个故事与我的生活过往不可拆解地交织在一起。

托马斯·贝里曾经提出,许多法律制度和政治制度实际上鼓励并合法化了开发地球的行为。多年来,他一直强调重新定义我们的法律和治理理念,以求为旨在增强人和生物圈之间互惠关系的法律和政治制度的演进建立一个牢固的基础。而伦敦盖亚基金会召集举办艾尔利会议正是为了按照托马斯·贝里的洞见开启重构之旅。艾尔利会议后,我们许多人意识到一件很重要的事——应记录下我们讨论中一些瞬间冒出的思想火光,从而使它们在更大范围的人群中扩散、讨论并协同发展。即将召开的约翰内斯堡地球首脑会议似乎是向全世界成千上万志趣相投的人传播和扩散那些我们认为激动人心和无比重要的理念的完美方式。为了这一目的,我作为参会律师群体的一员,怀着兴奋和惶恐的心情,愿意写下一些有用的文字。

第一版前言

在相当长一段时间里,我纠结于如何对"地球法理"①这一灵感做出清晰表达和传播。其中一部分困难在于我非常清醒地认识到那些远比我聪明的人早已在其他语境中对"地球法理"据以立基的核心理念和洞见著书立说,且那么优异而深刻。另外,我还逐渐意识到,极具重要性和广泛性的主题需要投入数载(甚或一生)的时日去研究和深思后才能得以合理解说。而我所拥有的,只是能够从我做为职业律师、为人父亲以及为人伴侣的本职工作中挤出零碎的时间。

最终我逐渐明白,在没有使我自己对整个来龙去脉了然于心的情况之下,我无法在真正意义上就有关这一主题②的所思所想进行讨论。我也曾尝试去论述制度思想的内涵及其对人类以习俗的、超然的和半理论化的方式进行的自我治理的启示意义。这样做,使我内心开始固化了一种机械式的、有缺陷的现实观,那就是我太过于吹毛求疵了。而真实的情形是,我绝不是一名超然的观察者,而是一名制度的参与者,就如同世界大舞曲中的一名舞者一样。而我所看到的一切,都被我的主体性和我所处的立场所影响。因此,我能够与你讨论的唯一真实可信的方式似乎就是,向你表达我意识中诸多观念演变发展的道理。

通过对故事的人格化,我不再想去抬高自己生活中平平常常的细节,也不再对我自己的思考过程抱有任何宏伟的或原创性的幻想了。事实上,你在这本书中发现的许多观念已经在长达千年

---

① "地球法理"仅是本书的译法,法学界有学者将其译为"大地法理"。参见於兴中:《法理学前沿》,中国民主法制出版社 2015 年。
② 即"地球法理"。——译者注

的时间里被太多的人在不同的语境中以不同的方式加以表达。我想做的就是,向你传递一些我就上述问题的思考何以形成以及正在形成的事件和动力,并向你分享我不甚成熟的结论。我相信,此刻你手上捧着的这本书还是有一定的实际价值。那么此刻,你得到了什么,你又会由此做何改变呢?我希望通过分享我对这些疑问的答案,可以帮助你激发出自己关于一些生活经验的体认,这些体认可能会引导你得出与我类似的结论来。毕竟,如果不考虑我们各自观察世界时的各种有色镜片的话,我们都在从同一本世界之"书"中读取所需。

还有另外一个理由。我时常觉得,消除自我强加的"分工"之苦是一件非常艰难的事情,一边是我的情感和精神生活,而另一边却是我的知识性、专业性生活。倘若有一天我有能力这么做,我将会对我日益提高的能力和行事效果倍感振奋。我由衷地相信,如果我们和以后的数代人将要面对当代那些成功发生的社会巨变所带来的挑战,我们必须要做到全身心的投入。否则将会不达目的。要完成这项托马斯·贝里所称的"伟大工程",需要太多冷静的、吹毛求疵式的理智,以及近乎苛刻的批判精神,而这些又受到许多学者、实务专家,以及自封为"实用主义者"的人的钟爱。另外,完成这项工作还需要勇气、学术诚信、激情和精神的支撑。

这本书的内容关乎一些以我们作为个体还是作为一个生物种类为核心的议题。当然,如果我们要远离现今社会中非常典型的对地球生命的残忍毁坏以及相伴而生的人类精神的贫瘠化,那么本书也关乎如何尽快革新我们社会的问题。尽管这是关于法律的哲理问题,或法理问题,但我并没有像法律人士一样特别凸显这一

第一版前言

点。实际上,这本书探讨的法理问题对于现今许多法律人士而言可能是不甚熟悉的。尽管如此,我还是希望有一些法律人士会读它,因为作为生物亚种的我们人类已经很少去思考法律应当怎么说而不是法律说了什么的问题,而且也极少考虑我们治理制度的初衷究竟为何。结果,我们许多人没能察觉到那些经由主流社会提出的关于地球的谬误(这些谬误的有关世界如何运行,以及我们居于其间的角色问题的思考)已然成长为我们的法律和治理理念。需要特别说明的是,我们许多人不能自觉地认识到我们社会中的法理其实是非常匮乏的,以至于无法应对我们所面临的许多重大挑战。

几乎每天我都能捕捉到一些迹象——越来越多的人都期望我们人类停止与地球及其他物种之间自毁式的战争。为了我们的孩子而做的各种祝福尽管在华丽的全球一体化世界中得到大肆鼓吹,但令人坐立不安的阵阵恶臭却在信息化快车道的裂缝中溢漫而出。在我们的超级、科技、数字化、基因工程、全球化、奇异社会等光鲜亮丽的外表之下,我们的地球家园和人性正在颓坏、腐烂。你是否曾经注视过孩子们那明亮、清澈的双眸,并试图解释鲸鱼为何被捕杀、森林为何被焚毁?为何享受阳光浴是危险的,又为何许多小溪都是毒性的?为何现在的青蛙会长有五条腿,为何中东的青少年像发疯了一样参与杀害别的孩子?你是否也曾想过,为何我们大多数人在如此卖力地工作的同时却还有一些人无法就业,又为何极大的满足感和归属感是如此的飘忽不定?

这本书不会尝试回答所有这些问题。当然,该书力求直面21世纪的现实问题之一。事实正在发生,这个星球上的主流文明正在引导我们的孩子和我们步入一个惨淡的、不可持续的未来世界，而这样并不是我们想要的未来。当然，今后的关注还包括对古代人类文化和生态共同体的偶尔毁坏，以及与我们共同进化的生物遭遇的大规模灭绝。它们的流逝不仅包括数百万年来保留在起源构造中的地球经验和智慧，以及生态系统内部的复杂关系网；还包括地球共同体的永久性缩减和对幸存者们相互协同进化机会的剥夺。

对其进行认知和肯定仅仅是一个方面。创造一个全新的未来仍然是任重道远。我们需要激发集体意志，通过行动、全身心投入和共同运用我们的想象力和其他力量的方式构思我们想要的未来，并找到其实现的途径。这本书就是关于我们应当如何开始反思我们组织和规制社会的方式，这种方式体现我们在这个星球极为广泛的生命共同体中发挥相互促进作用时的责任。我认为，这是一项重大且紧迫的任务，如同托马斯·贝里在《伟大的事业》最后一段所提到的：

> 即使我们实现了新世纪的华丽转身，我们仍需意识到，这一优雅时刻仅是昙花一现。革新需在短时期内完成，否则将会拖延至遥遥无期。在世界广袤的叙事中，许多危险的时刻之所以最终都得以顺利涉过，盖得益于这样一些启示——世界惠益而不是不利于我们的。我们只需唤起这些力量，以支援我们获得成功。难以置信的是，世界或地球的美好愿景一直受挫，尽管人类对这些目标的挑战从来没有被小觑。

第一版前言

即使你不赞同本书中的许多内容,我还是希望这本书在某种意义上激发你对革新自己作为其中一员的人类共同体的思考。也许我们会再一次认识到自己是地球共同体中有价值的成员。而且,也许我们拥有智慧、想象力和毅力支撑自己去学习人类自我治理的相应方法。

我从托马斯·贝里那里得来的知识上的恩惠几乎在这本书的每个章节都有所显现。谨向他表达我的感激之情,为了我们在弗吉尼亚艾尔利中心讨论中许多思想闪光的瞬间,以及他在我挣扎于本书写作过程中对我的慷慨鼓励。我至为感激他如此富有灵感的发言。他不仅是一位杰出的知识分子和积极献身于地球及人类共同体的哲人,而且是一位流连于盛开的山茱萸或生命中的诙谐的人,与斯人相遇,实为罕见的荣幸!

或许我不会读完托马斯·贝里的著作,或许我也不会再见到他,如果没有伦敦盖亚基金会的支持,这本书肯定不会完成。特别感谢莉斯·霍斯肯和埃德·波西,二位在过去几年里对我教益良多,不仅有这本书中论述的理念和方法,还有我涉险无任何把握的未知领域时的勇气。我要感谢他们,以及具有永不言败的品格并在知识和资金上给予我支持的所有盖亚人,还有贝蒂对本书的预言。

我还要感谢其他所有与我分享思想、提出批评意见的朋友,他们的许多思想和意见已经被汇集到这本书的内容之中。这些朋友包括2001年4月弗吉尼亚艾尔利会议的参会者,2001年11月第七届世界野生环境保护委员会会议中讨论地球法理议题的参会者,以及那些曾经对我较早时期的随笔《地球法理:重建法律和社会的一体性》给予回应的朋友。我还要感谢我的同事特里·温斯坦利、尼克拉斯·史密斯、贝琳达·鲍林、卢迪内·李赖特对文本的完善给予的帮助,感谢琳赛·诺曼和玛德琳·拉斯在艰难的环境里编辑文本。我特别要感谢西贝尔·英克(Siber Ink)出版社的西蒙·谢尔顿,正是他的推动,才确保本书第一版按照预期在世界可持续发展首脑会议召开前顺利出版。

最后,我要感谢我的家人为本书的付梓做出的奉献!

科马克·卡利南

2002 年 7 月

作者题注

为了使我们的生活和共同体更加与生态的、社会的和精神性可持续的未来相适应,我们每一个人遭遇的挑战就是承担起与之相关的个人责任。当然,我们也需要集体行动来改变那些阻碍我们变革的思维和社会结构。而这种变革又是必要的——如果我们想要保护地球上生命共同体的完整性,改造那些在共同体内部发挥重要作用的目的和归属感的含义的话。

当下,亟需以连贯的、共同的眼光审视未来,以团结所有致力于环境和社会正义的力量。我们需要一份全新的、积极宣言,以使我们能够创造地球上生态可持续的人类社会。这并不是简单地借助其他人类中心主义思想就可实现。只有在承认我们是更大整体的一个部分,并且必须以有助于地球家园整体健康的方式生活,及组织社会这一基础上必要的联合体,成千上万志同道合者的聚合创造力的释放才有望实现。我希望这本书中的思想还能为网结新兴共同体贡献力量。

谨感谢为《荒野法》新版的出版做出贡献的每一个人!我要特别感谢 Green Books 的约翰·艾尔佛德一丝不苟的编辑工作,及对全书质量的耐心和无私奉献!我还要感谢那些乐于将本书的思想向世界普及推广的朋友们!

科马克·卡利南
2011 年 1 月

托马斯·贝里序

正值一战结束后的20世纪初叶,奥斯瓦尔德·斯彭格勒完成了一本著作,名为《西方的没落》。这本书研究了人类历史进程中逐渐兴起的各种文明形态的起源、发展、成熟和相继的没落等问题。以对过去的调查和当今世界的洞悉为基础,奥斯瓦尔德·斯彭格勒首次提出了这一清晰的论断——就事实而言,我们的西方文明正处在衰退过程之中。

除了1914—1918年一战期间的荒芜之外,该书在欧美掀起了轰动效应,因为勃兴于19世纪后期的科学技术推动了一连串惊异的"先进性"发展。当时,"先进"已经成为现代西方文明词谱中一个具有核心意义的词汇。依靠新发展的工程能力,我们可将钢结构大厦伸向苍穹;依靠电能,我们能在夜晚点亮所有的地平线;依靠汽车和飞机,我们能够以前所未有的心态去旅行;依靠电话,我们能与万里之外进行魔幻般的沟通。科学研究赋予我们征服自然世界的能力,而这在之前的数个世纪中,人们却不曾抱有丝毫幻想。

从这些成就来看,似乎有充足的迹象表明,一个全新的、辉煌的西方文明时期正在变为现实,而并非西方世界处在衰退阶段。然而,斯彭格勒能够看到别人所看不到的东西,那就是科学技术无论多么异彩纷呈,这仅是外表的光鲜,而内在的生命及文化创造力却几乎消亡殆尽,灵魂已不复存在。无论技术发展到何种规模,无论汽车和飞机、电话和收音机如何精妙,也无论我们的大学、医校、工程技术发展的多么辉煌,生命所赋予的精神都已不在了。

我们即将进入一个失去满足人类自我实现能力的文明阶段,这种文明将极度损害到我们赖以生存的地球生命系统。土壤、降水、空气都将受到污染,在森林、草地、大地之上漫步的各种生物都将招致毁灭。他们再也不会唤醒原本具有的那种庄严意义。

灵魂的不复存在和相关生命意义的失去被这一时期的美国作家所认识,尤其体现在辛克来·刘易斯和弗朗西斯·斯科特·菲茨杰拉德关于当今美国人生活空虚的描述中。后来,对西方文明中内在生命空虚的认知经由存在主义作家让-保罗·萨特、阿尔贝·加缪、塞缪尔·贝克特,以及美国的田纳西·威廉姆斯和阿瑟·米勒等作家之手而在欧洲受到重视。

在过去一段时间里,保持文明(或者用斯彭格勒的术语就是"文化")活力的典型做法是组织程序的增加、技术进步以及劫掠自然世界的新方法。自勒奈·笛卡尔(1596—1650)时代以来的几个世纪里,人类对自然世界的攻击一直在加剧。我们伐没了森林,我们开垦了北美洲大平原,我们将阿巴拉契亚山脉顶部夷为露天煤矿,我们将大地铺做高速公路和停车场,我们向北大西洋海域投下天罗地网,血袭了浅滩的鳕鱼,我们向内陆大江大河上抛入了巨量的混凝土,最后建成了600英尺高的水坝。所有这些工业项目使20世纪的人类西方文明成为技术和工程的杰出时代。

还有在经济领域,我们组建了大型全球联营的企业、贸易公司,以扩大我们能控制的自然资源范围,同时提高全球范围内的生产进程。通过非常广阔地拓展控制力,这些公司现已能够提供符合这个星球上所有人类生活方式的环境和物质。现今人类已在公司制运营环境中而非大地动力系统中探索自身及生活方式。

显而易见,因为我们已经在西方文明工业化阶段的形成中取得了巨大成功,所以我们依然认为西方精神在过去几个世纪里一直是阻碍我们前行的障碍。现今,我们已经从灵魂强加给我们的审判中解放了出来。借助先进的工程项目和无穷尽的发明创造,如1870年代托马斯·爱迪生在新泽西州研究室中的发明创造,现如今,我们能够如操控机器般地应对整个世界。

从对人类的益处看,人类控制的机械化世界将周遭世界视作供人们利用的巨大自然资源宝库,而不是体验山川、大洋之奇异、草地、鸟禽、林地生物之大美,人类灵魂孤独和身体病变之愈合的神圣、庄严表征。

伴随着城市的光污染,我们失去了布满月亮、星星和神秘星球的夜空所带给我们的静谧和震撼。我们也不再感受到自己身处于偌大的圣洁宇宙之中,在这一圣洁宇宙中,随处可见人们以各异的礼俗将自己嵌入其中,并以此来表征自己,这一圣洁宇宙激励着不同种族的人们,并启发着过去早已存在的伟大文明。而正是这些源泉产生了伟大的精神引领、艺术、音乐、舞蹈和文学作品,使人类心灵得以体验最为彻底的满足。

这就是宗教、法律、医学、文学、科学和历史等尊荣的职业获得它们最深刻意涵的场所。然而,所有这一切都被彻底地改变了。令人称奇的是,这一失去灵魂的叙事却被讲述成了巨大的收获、自由解放、启蒙运动和奇妙的文明化成就。一种新型自由正被体验着。人类的思想可以推动新经济、新工程、新科学的发展。"发展"一词经常应被写成"发展的破坏",既然在工业化场景中人类的发展同时意味着对自然世界的毁坏,那么我们应当步入工业化发展的转型阶段。在工业化世界中,绝对不存在不产生相应破坏的发展。迄今,在我们伟大而时髦的自欺骗局中,我们已不愿意在同一措辞中将这两个词联系起来。在当下人与地球的困境中,这种自我陶醉已身处中心位置。

在这种意义上,没有可持续性的内在原则或灵魂的世界已经成为关乎自然世界的科学技术发展之场所。这种新情势的最大好处就是发现了宇宙和地球产生的历史过程。同时,我们对地球在微观相和宏观相两个层次上的运行有着深刻的理解。我们的确在能力范围内获得了应对人类遭受的、长达数世纪之久的各种疾病的能力,而当时,人类对自身身体状况的认识一知半解且没有治愈的能力。

然而,这种情势的病态在于,我们已然放弃了与地球亲密无间的一面。在新工业化世界里面,我们知道了比以前所知更多的关于地球和宇宙的知识,而且我们不再如初地与地球紧密关联。科学的见解没能阻止我们毁坏森林以及污染空气、水和土地的步伐。我们精通的关于大马哈鱼的生物学知识——大马哈鱼每年需要自由游过哥伦比亚河去产卵孵化下一代——却不能阻止我们对大马哈鱼产卵的追逐,使它们的数量由多变少,也不能阻止我们通过工业文明所需的大量筑坝建设的方式造成某些大马哈鱼种群数量锐减的行动。无论是自然世界存续的需要,还是自然世界带给人类惊奇和灵感的需要，都不能抑制我们满足短期工业经济需求的行动。

伴随着知识的无限延伸和技术力量的进步，一个傲慢的断言横空出世：我们能够应付人类活动所阐释的任何困难。我们自己将成为世界的参照中心。世界万物都是为了人类，而人类就是为了自己。我们拥有研究能力，我们能够很快地获得科学和工程技术所需的教育。宗教早已被从对自然世界命运的关怀中剥离了出来。一个极大的需要就是能够对损害自然的行为予以授权的法律框架，其合法性基础可在美国宪法中觅得最原初的表达，那就是对拥有财产权的公民的赞美超过了政权建立后历史上的任何事情。困难并不总是精确地与人类的权利相伴随，而真正的困难是，任何非人类生命体都没有被授予权利，也没有给予保护。

最初，美国宪法无疑是一份为了人类的发展进步而制定的文本，而没有对天地间其他力量的特别关注。在增加了前十条修正案的《权利法案》中，有一份详细的个人权利清单。人类最终变成了自行证实的个体和政治共同体。这种自证有效的情形是贸易、企业主联盟借着法律审查权而被创造并沿袭下来，并逐渐延伸到人类劫掠自然世界的有效性证明。

人们应当看透这种自证有效性情形背后的病态，因为人类没有权力将濒危物种拿来作为生活之需，也没有能力使石油或其他我们即将用竭的自然资源恢复原样。而正是这自毁式的嚣张气焰可能会使一个社会运用权利工具毁坏大自然给所有生灵提供的一切，一旦毁坏已经发生，那么，天地之间，甚或自然界自身也没有任何力量对其加以补救了。

如下做法可能是合适的——如果人类最先制订的宪法序言能开宗明义地表达这一清晰的认知,即我们人类自身的存在和福祉仰赖于更大的地球共同体的福祉,藉着它,我们才可获得生命并不断繁衍生息。这样的声明应当附随另一个声明——呵护这个巨大的地球共同体,是建立国家的基本职责。

更加合适的做法也许是将这样的声明公之于称作联合国的国家集合体中。当下,每一个国家成员都将自己标榜为一个"拥有最高主权的"国家,也就是说,由宣称自我标识的国家性盟约结合而成的民族,在具体事务的处理方面受到其他非世俗力量的影响。目前,联合国自身是世界上许多独立国家的结盟,其职能在于维护国际和平与安全,并提供一个在经济与社会发展领域互助协作的平台。而与自然世界之间的任何关系,或与其他生命形态的关系均没有涉及,甚至连我们生活于其上的这颗星球也没有提到,这颗星球孕育出了我们和我们拥有的一切万物。

半个世纪以后,当各个国家在这些能力范围内履行职责时,国内及国家间的政治和军事压力依然是这个世界的当务之急。然而,一个更为紧迫的问题在地平线上可怕地显现了出来,这就是人类共同体与我们生活的这颗星球之间的紧张关系。奉献于"自然资源发展"的工业文明现已遍布全球。没有国家能够对生存的基本所需自给自足。一些人口众多的欠发达国家更是举步维艰。但更为紧要的是,地球上的资源正在走向枯竭。

科马克·卡利南的这本著作提出了思考地球上人类共同体现状的全新方式。在伟大法理概念中,他描述了横在我们面前的挑战。我们总想使地球屈居在人类自己的维度中、驯服地球,以某种方式将地球嵌入我们自己的机械化操作模式中,使地球臣服于我们而不是我们适应地球。而显然,我们没有成功。

但是,当我们提出如此明确的替代选择时,必须要意识到我们正在谈论的是人类的现状在自然世界面前最根本的取向。将来,我们依然要依赖于科学技术去建立一种可持续的人类生活方式。一旦调整了我们的视角;一旦我们建立了基本的信赖模式;一旦我们接受了人类在更广世界中关于自身的规则与准则;一旦我们学着去在梭罗所说的荒野中生活并抚育、保护它;一旦我们庆幸能在奥尔多·利奥波德遭遇的活狼而不是死狼的眼里看到凶恶的绿光,那么,我们或许就能够从现代技术的非凡知识中获取适合人类所用的帮助。然而,必须要赞同的一点是,仅仅降低对自然世界的工业消耗,再利用,循环利用,甚或利用风力、太阳能等可再生资源——这些并不能满足我们讨论的这种意义上的需要。

已经到以适当谦逊的方式面对地球并改变我们的傲慢姿态的时候了,已经到以感恩的方式把恐惧的地球更替为和蔼的、仁慈的母亲的时候了;尽管是一位严厉、苛刻的母亲;尽管偶尔以饥荒的方式让我们挨饿、用暴风雨袭击我们、在大海里淹没我们,但她会给予我们一个无尽刺激和无穷意义的世界。她会给予我们星星夜空的神秘和意义,会每天用佛晓之光唤醒我们,会供给我们呼吸所需的新鲜空气和种植所用的清洁土壤,会在她的草地里为我们铺展开一大排鲜花。黎明和黄昏时分,她的小鸟会为我们歌唱,而且小鸟在天空中的自由翱翔使我们的眼睛应接不暇。

这般美好的世界与我们现在所处的工业化世界很是不同;事实上,在生机勃勃的荒野世界中,有从她的身体各部位自然地流出的可永久更新的能源。我们需要法律框架和政治结构来明确我们不是通过残忍的工业发展,而是通过鲜活的力量将自己引向未来之路的,而且,法律框架和政治结构是接下来的数个世纪里维系我们繁衍生息的唯一力量。

托马斯·贝里[①]

2003 年

[①] 当代西方著名的生态思想家。托马斯·贝里,即"圣父"托马斯·贝里(1914—2009),是全世界在人与自然关系方面最重要的思想家之一。作为一位修道士、哲学家、文化历史学家、作家,他却认为自己是一位"地质学家"或地球学者而不是神学家。他同时还是一位极具雄辩和富于激情的地球演说家,曾被称为"我们时代最杰出的文化历史学家之一"和《新闻周刊》所称的"生态神学家中最能振奋人心的人物"。1934 年,他成为一名苦难会(也译作"苦修会")修士,并将全部精力投入研究、沉思和教育工作。1940 年代后期,他获得了历史学博士学位,并在中国学习汉语和中国文化,1950 年代又是一名欧洲的随军牧师,其后在霍尔大学和福特汉姆大学讲授印度、中国文化历史。他在福特汉姆大学、纽约、里弗代尔宗教研究中心发起了宗教史研究项目。他的著作有:《地球之梦》、《宇宙的故事》(与科学家布赖恩·斯温合著)、《伟大的事业》,以及《静夜思》(玛丽·伊芙琳·塔克编辑)。在他 94 岁高龄离世前,他一直居住在位于美国北卡罗莱纳州阿帕拉契亚南部的山丘中。

第一部分　反思治理

我们生于斯,长于斯。
人是一株在地球上生长、抽枝和开花的植物。

——墨西哥阿兹特克人后裔纳瓦特人语

第一章 蚁丘和非洲食蚁兽

一 蚁丘

这是一个非洲的晴朗早晨,彻夜的降雨使空气清新宜人。羽衣闪亮的凤头鹃在荆棘树丛中振翅欲飞,大地的音符在清晨和煦的阳光里静静地滑过。早晨的一场会议之后,我步行返回位于马拉维首都利隆圭的酒店,沿途看到一处小型蚁丘。雨水的浸泡使蚁丘外层的保护顶有些松软,不知哪位过客踢掉了头盖骨大小的一块,使内部阴冷、昏暗的通道暴露于外。弱小的白蚁正在赶工,以修复破损之处,阻挡迅速升温的阳光照进蚁穴。工蚁们来回移动,用吐出的唾沫和泥土高效地缝合了破洞。兵蚁们等距布防,保护工蚁并阻止入侵者进入。

我停顿片刻,被它们组织性的工作效率所深深打动。每个白蚁准确地知道自己该做什么,每个微小个体的行动之间无缝对接,产生了整个白蚁社群的利益所要求的结果。我曾记得有人对我说过,科学家们苦苦思索的目的是想准确厘清指令如何在诸如蚂蚁和白蚁的昆虫世界的复杂社会结构中分级传递。是白蚁蚁后分泌的特殊化学物质传递到每个成员,并有效赋予它们在既定情境下做什么工作的复杂编码指令吗?世界各处的白蚁何以能够建造如此惊人的复杂结构,包括地下花园、工艺精良的通风系统和令人惊诧的社会组织水平?

注视着小生命的来回移动,它们简单地实施蚁后的指令或自己决定该干什么工作,这对我来说似乎是不可能的事。每个白蚁或许在简单地回应以内在"编码"或本能为基础的外部刺激。然而,这真的就能解释它们精致的高效率吗? 在变得过于稳定乃至僵化,因而不能应对诸种多样化生活情势之前,这等内在编码会是何等详尽? 对我来说,似乎我所看到的一切更是某一单一意识借助生命个体而表达自我的动态运行,而不是许多个体以精巧的方式相互协同它们的行动。

接下来发生的是,每个白蚁如同某些微型接收器,精确地调整到窄带天线后就可接收到区域内的伟大和声传递来的供其舞蹈的旋律。也许,它们无需发达的大脑或复杂的指令的原因,是当它们感应到靴子触碰和光线射入蚁穴的颤动时,每一只白蚁具备了向神秘的白蚁知识之源更进一步的能力? 好比一种心理网站,它们本能地下载所需的知识,这些知识关系到它们维系社群完整性而必须要做的事情,也关系到它们种群和它们作为重要组成部分之一的生态系统。换句话说,它们的行为已被体外信息源与各自本性之间的相互作用所决定。这种相互作用给予它们挖掘白蚁所特有的信息并依之行动的能力。

直到今天,我不知道科学家们已就白蚁社群的运行得出了什么结论,或哪些结论,也不知道我的冥想是否正确。对或者错,马拉维温暖的清晨带给我的印象却常驻我心。从那一刻起,我开始猜想,也许建立运行良好、和谐且有弹性的复杂共同体与其说是发育复杂的决策层级制度,还不如说是将我们的能力恰当地切换到对世界万物的"聆听"上去,并付之以相应的行动。我的推断是,许多像人类一样的复杂动物也许比白蚁群有能力接收一组更广的信息,而且我们的确有更大的能力选择如何对我们"接收"的信息作出回应。当然,如果我们选择不去对焦,或回应我们的环境,这种更强的能力将无任何助益。

二 一个假设的形成

1990年代,当我辗转许多国家,持续开展环境法律与政策的研究时,我对什么使法律或多或少成为管制社会行为的有效工具这一话题,产生了非常浓厚的兴趣。至少在我的研究领域中,我确信如果法律是有效的,那么就应该对规范对象据以关注的内在属性有所认知。这就意味着一套治理制度必须在一定程度上反映,或至少符合欲规范的对象的属性。譬如说,如果我们留意到环境的某种属性在不断地发生变化,我们就需要具有弹性和灵活性的环境法律与治理结构。相应地,环境的普遍属性要求,环境治理制度必须有一个更大的适用范围。

我逐渐在大脑中构思出了一个可行的假设,对一项成功的治理制度的探索应通过某种方略的设计而逐渐进步,这一方略就是对"什么正在被治理"的不同看法进行权衡。随着时间的推移,我开始不知不觉地利用从各处搜集来的零碎想法装饰这个初步假设。其中一个想法是有意的认同许多治理制度仰赖于经济考量,且规范人们行为的市场运行路径经常错得离谱。以这种方式做出的决定,实质上确保了那些坏的或次优的决定将会长期存在。这种情况下,即使市场

第一部分　反思治理

出现扭曲，也会通过所有成本核算的方式得以矫正，例如，成本核算使污染成本由污染者负担，且计入商品价格之中。

再如，通过阅读安德鲁·坎布雷尔的《人体商店》和他关于人体各个部分商业化变成现实的预断，年复一年，我的这一信念逐渐得到强化——市场已不再是就人体器官使用做出道德决定的场所。而这些决定已深入我们人类之内心，要做出这些决定也需要我们的智慧和深思熟虑。而且，这不仅仅是简单地决定应当做什么的事。为什么做和怎么做，也是极为重要的。向献血人士付费在功效和成本—效益意义上被证明是完全正当的。然而，正如坎布雷尔的著作生动呈现的那样，献血商业化直接导致最穷困和最脆弱的社会成员血液流尽。另外，像纽约人对2001年9·11惨剧的生动描述，无偿献血的先例会惠及许多亟需献血的陌生人，这将在深远意义上将人们联系起来并使共同体得到强化。

在纳米比亚忙于野生动物立法的经历使我感触良多，为何我们对短视的人类中心主义法律的无条件采纳总是导致人与其他物种之间健康关系的违逆或阻断。在纳米比亚（就像在其他许多国家一样），想在栖息地得到野生狩猎动物，如犀牛、剑羚和捻角羚，农民需用防猎捕围栏围猎才行。这种情形下，法律诱使这个干旱国家的农民在更大区域内从事围猎行为，这反而会阻碍兽群追逐水草的自然迁徙。更糟的是，农民没有被科以提供水或饲料，或在干旱季节打开围栏的法定义务。一些农民只是简单地为他们的家畜提供水和饲料，却放任狩猎动物死亡。

同样的法律鼓励人类每每见到无辜的食蚁兽就将其屠杀，因为它们被界定为"问题动物"。将食蚁兽判为劣等动物的"问题"是，机智的豺狼利用食蚁兽的洞穴从防豺狼围栏下边进入羊群出没的农

6

场。如果这些天然居民未被确定为人类主人转念之间可消灭的对象，那么这样的法律将是匪夷所思的。

我的基本假设——应当有一个规范制度和规范对象之间的相互关系——通过与一位伦敦荣休教授朋友的交谈而得到了巨大鼓励。他喜欢对信息经济中经济组织新形态的发展做理论归纳。有一天，他提醒我，他正在攻读胚胎学（关于胚胎如何发育的研究），并获得了关于经济组织新形态如何形成的灵感和洞见。乍一听，这种方法对我而言似乎只是一个大胆的猜想而已，但是我又被从自然施予的、琳琅满目的体验式图书馆中自觉获取的思想所吸引。尽管基本的思想得益于不同形式的人类历史中自然界的循环，但我仍然清醒地意识到，自然多样性和我们对它的有限知识为从法西斯主义者到虚无主义者的每个人提供了更大的思想空间，并在这一空间之外断言——自然支撑着他们的理论。像许多具有人文知识而不是科学知识背景的人一样，我也认为，任何建议我们应从白蚁群体中获得规范人类社会的经验——极有可能被误读为一种新式古怪的社会达尔文主义。这些论调经常将我们的想法投射到自然的身上，就像摩西·罗世登1679年的著作《再发现蜜蜂》一样，宣称蜜蜂通过一个国王、诸多公爵和子民的方式组建社会层级。

很晚时候，当我拜读布赖恩·斯温和托马斯·贝里合著的《宇宙的故事》时，我适才意识到为何研究自然的模式或方法可能是更加富有成效的。当然，理由在于我们是自然的一部分而不是与其截然分开。因此，理所当然的是，已经演化并经受了千年岁月考验的这些自然的模式似乎具有了符合地球系统基本原则的内在属性。而且，正如我在第六章论述的，既然我们是自然的一部分，那么将人类治理制度适用于人类自然的自觉意识可能是有所助益的。在我们力求从一个语境中截取出自然的模式并牢牢粘贴到另一语境的过程中,显然有很多容许犯错的余地。尽管如此,我猜想,如果我们自觉地从自然模式、自然结构和自然进程的丰富多样性中获得启发,那么成功的可能性将会增加。

今天,这一点已逐渐得到认可,许多不同学科也在致力于从自然界中自觉地获得启示,从而设计从城市到工业化进程中的许多事项。例如,这样简单的观察所得——即使像自然系统中一种有机物的浪费其实也为另一物种提供了食物,以及物质和能量处在永久停歇的循环之中——也会对重新设计我们的工业化进程产生深远影响。几乎人类所有进步的制度都是线性的。他们感兴趣于大量的物质和能量,将其转变为供人类瞬间所用的东西,然后一点不剩地以无用的废物回馈给了地球。

据我所知,在设计或革新人类规范制度方面,现代西方文明中的公共性机构没有自觉地吸纳源自于自然的知识。对此可能有很多理由,包括,大多数法律学者和立法者没用充分了解自然的规范制度,而且在很多情况下不相信它们与人类息息相关。

然而,在本书中我主要关心的不是对立法的重新设计。我从托马斯·贝里那里学到的最重要的知识之一就是,革新我们的治理制度尚需要我们从生态中心主义或地球中心主义出发对法律的理念作出整体性的概念界定。变革国家立法,加入新的国际协议都是无甚意义的,除非在这一全新认识的基础之上而为之:人类治理制度的本质目的应当是帮助人们在地球生命共同体中发挥相互促进作用。这就要求我们首先要认识到当下大多数国家和国际"共同体"的治理制度实际上促进或合法化了那些开发和破坏地球的人类行为。我认为，其要义之一是，如"地球宪章"的形成，或联合国大会于1982年①制订的具有开创意义的《世界自然宪章》的普及活动等卓越创新，不会在孤立状态下获得成功。尽管这些法律文本体现了本书宣扬的诸多价值，但仍然存在于与这些价值的优先顺序安排根本相左的治理语境中。

本书中，我追寻着托马斯·贝里的足迹，并呼喊为了彻底改变我们治理制度的目的，我们必须提出一系列新理论或治理哲学（"地球法理"）以取代旧有的治理制度。这一地球法理在指引人类依照世界运行（我在第六章中将其表述为"伟大法理"）的基本原则重组治理制度方面是必须的。践行地球法理，触发人类治理制度的改变，同样也需要荒野法的自觉养护。

三 荒野边缘漫步

我知道，"荒野法"听起来像是荒谬的——在措辞上是矛盾的。毕竟，法律的本意在于约束、强制、合法化和文明化。法律的规制以强制力为后盾，旨在修剪、删除和训练人类行为的蛮荒，并使其变为文明花园的齐整草坪和灌木林。而另一方面，"荒野"却与蓬乱的、野蛮的、未经加工的、未开化的、无制约的、变化不定的、无序的、不规则的、无控制的、非惯常的、无纪律的、易怒的、猛烈的、未开垦的、茂盛的等词同义。实际上，北美"西部荒野"被描绘为"荒野"的主要原因

---

① 联合国大会37/7号决议。

是，这一区域普遍盛行着不受法律制约的现象。

> 驻足荒野，就是保存世界。
>
> ——亨利·戴维·梭罗

而我们需要克服的恰好就是"荒野"和"法"之间、"自然"和"文明"之间这种错误二分法形成的僵局。就像中国的阴和阳两种符号，二者都是整体的部分，重要的是动态平衡而不是一方胜于另一方。我们需要在法律之阳中恰当地找出荒野之阴，并在荒野之阴中领会法律的核心意义。踢开荒野，助长乏味的单一化整合，这样的治理路径并不被期待。我们最美好的许多东西是包含在我们的荒野之心中的。有了与创造力和激情有关的荒野，我们许多人可据以与自然建立起最充分的联系。这也可以被认为是一个关于生命力量的隐喻，这种力量流经我们所有人并触发了革命性的进程。在这一意义上，有一个永恒的、神圣的属性既定义了我们自己，同时又最为亲密地将我们与这颗星球联系起来。

荒野是一种属性，人们可在偏离所熟知的文明正途的情况下对之加以体验。我们知道，应在荒野中非常显眼地发现的，是那些由荒野统治的特殊区域。然而，我们最好记住，许多文化中的荒野还与智慧之间有着紧密的联系。它是人们在转型和困顿时的去处，它也是一处涌现新思想的地方。

特别是从第七章和第十一章开始，荒野时光、荒野区域和曾经所称的"荒野人"都将对荒野法产生愈加显著的影响。如果这些听起来就像那冗长的官样文章的话，那就请您稍作忍耐，我将尽力呈现给您一个更加清晰的概念。

四　荒野法

首先,"荒野法"一词不能简单地局限于传统法律定义的狭缝之中。它也许可被更好地理解为到达人类治理的一种路径,而不是法律的一个分支部门或诸多法律的集合。更多地,荒野法是关于成为什么和如何做的方式,而不是要做什么正确之事。

荒野法表达着地球法理,认同并体现其据以存在的地球系统的本质属性。作为一种路径,荒野法既追求人与自然之间富于激情和亲睦的关系,也追求与我们天性中自然原生属性的深度关联。荒野法不关注末端和财产之类的"东西",而更多地关注各类联系和增强这些联系的多种进程。它保护荒野和生命共同体走向自律的自由,并以鼓励富于活力的多元性而非强调齐一性为宗旨。荒野法开辟了一个全新空间,让与众不同且非常规的路径得以萌生、繁荣及至自生自灭。

荒野法也是规范人类行为的法,它采用的方法是:为所有地球共同体成员创造自由,使他们在地球的持续性协同演化中发挥应有作用。荒野法盛行的地方,就有文化和生态的多样性、创造性,以及在地球协同演化过程中发挥积极作用的自由。

只要有一些实践,即使在我们的现有法律、政治制度内,你也能认同荒野法的闪光点了。荒野可在许多法律中瞥见其身影,如为了使水流更为顺畅而蓄存一定水量的法律,以及主张所有生命有机体和生物多样性内在价值的国际宣言。荒野法体现在最近通过的《德国宪法》(第20款a项)修正案中,承认国家有责任保护动物和人类。

第一部分 反思治理

《权利法案》关于权利神圣,不因种族、国家、性别、年龄以及性取向而受到非公正歧视的规定,同样也反映了荒野法的原理,那就是人类多样性得以繁荣发展的空间得到法律的保护。

有时很容易识别哪些法律是不归为荒野法的。例如,将种子和基因界定为某个人的财产和禁止农民留种培植下一季作物的法律就是否认荒野的法。就像在第十三章论述的,这些法律背后的目的与荒野法的目的互不兼容。

另一些使人非常不安的论断立足于荒野法的对立面,这在布莱恩·布朗对一份美国联邦法院判决所做的清晰而动人的分析中有所体现,这份判决涉及本土美国人和他们奉为神圣的土地[①]之间的关系之争。反反复复,法院裁决人们与他们的文化据以生长的土地之间这种古老的精神联系是断裂的。正统基督教信奉者忠于法庭将土地看做财产,以及没能与人类精神信念的多样性达成一致的观点,蒙蔽了他们合理判断案件结果的双眼。一边在支持穿过原住民神圣荒野区域建设大坝和公路的行为,同时另一边又认可建设行为对这些人践行的古老宗教有着毁灭性的影响,其实,这样的法官拒斥人类的灵魂和原本的东西。无论在哪个国家,那些形成诸如布朗的分析等类似论断的世界观和法理将是极其有害的。

荒野是所有的人和有机体与生俱来的属性,也可被理解为宇宙

[①] 参见布朗:《宗教、法律和土地》。美洲原住民和有关神圣土地的司法解释,集中讨论了林诉西北印第安公墓保护协会案[489 U. S. 439,99 L. Ed. 2d 534,108 S. Ct. 1319(1998)]中的最高法院裁决,还讨论了塞阔亚诉田纳西流域管理局案[620 F. 2d 1159(1980)]、班多尼诉希金斯案[638 F. 2d 172(1980)]、威尔逊诉布洛克案[708 F. 2d 735(1983)]、弗兰克·福尔斯·格罗等人诉托尼·格莱特等人案[541 F Supp. 785 (1982)]的判据。

所固有的创造新生命力量的代名词。同样,荒野位于现实存在的中心,彰显着它对于我们人类角色的重要意义。然而,几乎所有的法律和社会治理结构都挤兑、扼杀着荒野发出的声音,同时增强(法律的)齐一性和控制力。我期望本书能就如何寻找、认知并在法律和社会中发展荒野提出一些想法,同时也期望本书能点燃你的思想火花,去畅想(如果你敢于做)我们盛赞并鼓励荒野而不是将其踢开的社会该是怎样一番景象!

第二部分　我们所知的世界

人类社会的完美法律,仅能在万物的整体秩序中找到,在世界的目的中找到。

——亚历山大·索尔仁尼琴
1914年8月

第二章 独立性的幻觉

一 老生常谈的生物灭绝

人类社会正在粗暴地对待地球。现如今,正在主宰我们星球的人类社会将自身推向所谓的第六次大灭绝的深渊。在地球150亿年的历史中,大灭绝仅仅发生过五次。最近一次大灭绝发生在距今大约6500万年以前,可能因一颗直径大约6英里的巨型小行星剧烈撞击尤卡坦半岛而触发。地球旋即跌入黑暗之中,光合作用停了下来,白垩纪也因恐龙和其他有机体的灭绝而终结。从以往大灭绝的各个周期来看,需要数千万年的时间才能使生物多样性恢复到与大灭绝事件发生前相当的水平。

很难相信,事实上大多数人也不会相信这个星球上的生物种群所演绎的美丽且复杂的生命之网将在数世纪后大规模地瓦解。更糟的是,我们许多人对越来越多的关于环境恶化和生态灾难即将发生的频繁报道感到厌烦。我们正在搞糟地球,可这终究将成为旧闻。越来越多的震惊事件和现象亟需我们保持警惕了!

我们许多人对下列现象采用或同意类似的合理性。"是的,就像我们说的,大家都知道热带雨林正在被伐没,珊瑚礁正在脱色,我们也赞同此类现象不许再发生。的确,世界范围内日渐增多的棚户区居民们过着艰辛的生活,可能不会有太多的自然世界留待我们的孩子去感受。另一方面,生活仍要继续。总之,当世界贸易组织、跨国公司、政府之类的组织因石油即将枯竭而妄图加快使用时,一个人又真正能对此做什么呢?如果您对此极其沮丧,那么最应该做的事就是去购买最新的'绿色'产品,或者支持当地学校里循环项目的运行。嗨!谁曾知道,许多年轻科学家们可能稍有幸运地发现情况并非那么糟糕,或许可以发明新的手段扭转全球暖化的趋势。最终,定会有某些人在某些地方搞清楚,并一劳永逸地解决好这些问题。"

二 一些征兆的概述

地球的急速恶化清楚地证明,我们人类正在做着十分错误的事,也证明我们的自我规制机制(如治理系统)是有缺陷的。有这样一些人,他们相信我们所看到的环境退化和破坏是自然演化过程的部分片段,我们对此不应过分担忧,因为最终会得以自我解决。长远来看,他们的观点或许是正确的,但对我而言,这样的观点——对错综复杂的生态共同体的无端破坏将在接下来的3000万年或更长时间内得到修复,是无法令人宽慰的。

有另外一些人,他们否认有值得急切关注的问题。这里不是我详细罗列我不同意他们观点的所有理由的地方,但为了给我的观点提供一些事实基础,在进入下文前,我认为值得停下来简要概括六个关键点。

（一）生态过载

有这样一幅巨大的景象,在一个既定的时段内,人类从地球上获取了远远超出这一时段地球产出量的资源。生态系统、自然循环和地球运行过程加上射向地球的阳光,每年生产一定数量的清洁空气、淡水和肥沃的土壤供所有生命繁衍。我们人类每年消耗了超过自己应公平享有的这些馈赠,如此一来就剥夺了供其他生命体繁荣发展所需的物质。更糟糕的是,我们正在以远远超过自然积累的速度消耗煤炭、石油、地下水以及其他大量的"自然资源"的方式耗尽"自然资本",还以超过自然系统自我新陈代谢能力的速度向水体和大气排放有害物质,从而动摇和削弱它们的功能。这也意味着大量的人口不仅消耗着生态系统每年生产的物质和能量(如食物、木材和清洁水源),而且还消耗着生态系统本身。在我们削弱这些自然关系的同时,我们降低了地球维系宜居条件的能力,也减少了将来利益的溢出量,因而也使我们孩子的未来愿景和其他物种繁荣和繁衍的可能性大为降低。

在某一特定时段内,一个人、某一人群或某一社会从地球获得的物质经常被称为"生态足迹",这表现为无期限地提供各种益处的地球区域。联合国环境规划署(简称 UNEP)已经在 1997—2007 年间发布了四份全球环境展望报告,一体记录了因超过生态可持续水平开发地球而日渐恶化的各种结果。2007 年发布的《全球环境展望报告 4》(简称 GEO-4)[1]明确提出警告,按照平均水平,21.9

---

[1] 《全球环境展望报告 4》(GEO-4)由大约 390 位专家起草,并由超过 1000 名来自全世界的专家修订,到该版本发行之日止,该报告一跃成为最全面的联合国环境报告。

公顷土地才能供给一个人的生存所需,但在当前的人口水平下,每人可用的土地面积只有15.7公顷。假定地球的"资源"能被人类独占利用,那么这或许可能是非常保守的统计。要使生命共同体的整体健康状况和运行更加优化,则需要更大幅度地减少人类"生态足迹"。

人类"生态足迹"和地球支持人类生活的能力之间的空隙正在快速变宽。这种现象受到许多相关因素的驱动,如环境退化对支撑人类生活的土地能力的降低,人口数量的激增,[①]为回应经济增长而单位牲畜消耗量的增加,财富的剧增以及全球化发展带来的消费方式的改变等。换句话说,当今所谓的以"进步"为特征的支配性的工业文明相当于在加速这一切的毁灭。

(二)过度消费

人类正在消耗和毁坏地球的许多部分,这些部分在以超过自身被创造出来的速度维持着人类和其他生命。另外,我们的消费速率也在加速。莱斯特·布朗在《生态经济》中指出,当经济学家自豪地关注于世界经济以七倍于1950—2000年增长率的速度发展,且国际贸易以更快的速度增长这一事实时,生态学家却看到这些景象建立在恣意挥霍地球"自然资本"的基础之上。布朗注解如下:

> 依循世界经济超常规增长的经济政策,同样也是摧毁经

[①] 在20年内,全球人口数量从1987年的大约50亿增长到2007年为止的67亿之多。

济支撑系统的原因之一。按照可能的生态标准,这些都是失败的政策……。

世界上1/3的耕地正在以损及其长期肥力的速度失去地表土层。世界上足足50%的牧场已被超载放牧,正在逐渐退化为沙漠。从农业文明肇始至今,世界上森林面积缩小了近一半,而且还在继续缩小。2/3的海洋渔业资源以超过其生产能力的速度被捕捞;过度捕捞也成了家常便饭,而不属于例外。另外,超量抽取地下水在主要粮食产区非常普遍。①

地球上1/4的土地面积已被开垦,自1960年代起,河湖取水翻倍增长(其中70%用于农业),化肥中的氮和磷进入陆地生态系统的量分别以两倍和三倍的比例增长。对食物、淡水、木材、纤维和燃料急速增长的需求致使人类改变着生态系统,而其速度之快、范围之广,在过去50年里已经超过了历史上的任何可比期。②

更糟的是,人类的过度消费仍在增加,不仅是因为人口的增长,还有经济增长、财富增加以及全球化等因素,这些因素正在改变着消费模式,从而使许多国家的单位牲畜消耗量不断增加。产生少数人极端富裕和多数人极端贫穷的社会制度的不公平使这一过程加剧。分化的贫富两极对地球的健康产生了负面影响。富裕的人快速地增加消费,对单位牲畜量影响甚大。而另外一端,越来越多的因无法再获得充足的资源以维持生计的人没有任何选择,

---

① 莱斯特·布朗:《生态经济:为地球发展经济》,纽约诺顿出版公司2001年,第7—8页。
② 《千年生态系统评价》2005年。载《生态系统和人类福祉:综合法》,华盛顿特区岛屿出版社,第1页。

除了过度开发剩余资源。其结果是延长了他们的生存,但却减少了他们孩子的生存机会。

减少人口规模可能会有助于减少总消费量,但是很清楚,这对于解决过度消费问题却是不够的。《全球环境展望报告4》预估,即使全球人口数量的增长可能放缓并与世纪中间值持平,全球GDP截至2050年三到五倍的增长预期使直接引起生态系统改变的事实翻倍增加,这不仅让情形变得更加严峻(如气候变化和过度营养负载),而且也无益于减弱这一进程。这也意味着人类将会继续在不可持续的水平上利用生态系统。

(三) 生命支持能力的恶化

我们很早就知道,人类对地球生命支持系统的压力致使其快速恶化,甚至在某些情形下不可逆转(至少在其时间周期内对人类没有什么影响)。然而近些年来,越来越多的研究揭示了恶化的程度以及对人类福祉的严重影响。其中最权威的研究之一就是由全世界超过1360名的专家于2001—2005年完成的《千年生态系统评价》(简称MA)。《千年生态系统评价》是一份最高水平的评估报告,主要关于全球生态系统的现状与发展趋势,为人类提供的服务(如清洁水源、食物、森林产品、防汛和自然资源等),以及恢复、保存提高生态系统可持续利用能力的可能预期。它也是对所谓的"地球自然资本"状况的第一份综合性审计报告。

《千年生态系统评价》的结论显示,根据调查,大约60%(15/24)的生态系统服务正在退化或被不可持续地利用,包括:淡水、渔业资源争夺、空气和水的净化,以及对地区性、局部性气候、自然灾害和虫害的调整。人类生活借助于这些"生态服务"而得以维续,而《千年生态系统评价》告诉我们的是,地球对人类的生命支持能力已经受到非常严重的危害,且人类活动使这种情形继续恶化。38《千年生态系统评价》还进一步指出:

"这些生态服务丧失和恶化的全部成本难以估算,但有效证据表明,这些成本非常巨大且还在增加。许多生态系统被当成供给其他生态服务,如食物的行动结果而退化。这些权衡手段经常使退化成本从一个人群转嫁到另一人群,或将成本延展到后代人身上。"①

今天,全球升温和气候异变是最被公众所知的典型征兆,反映出人类活动如何削弱了地球对人类和其他在当下新生代勃兴的生命形式的支持能力。尽管政府间气候变化委员会(IPCC)已推断说,人类行为影响大气环境并形成全球气候变化的科学证据至少在目前仍然是"无可辩驳的"事实。这一观点在本书第一版以及《全球环境展望报告3》(GEO-3)出版后的一段时间内引起了激烈争论。对此,《全球环境展望报告4》(GEO-4)这样说:

"当今的挑战并非气候变化是否正在发生或是否应加以解决的问题,而是在共同目标下将190多个国家联合起来。值得夸奖的不只是减少温室气体排放,而是重新达成核心目标

---

① 《千年生态系统评价》2005年。载《生态系统和人类福祉:综合法》,华盛顿特区岛屿出版社,第1页。

与可持续发展原则的综合性统一……专属于环境问题的气候变化同时也是一种影响政府和公众生活方方面面的环境威胁——从财政、计划到农业、健康、就业、运输。"

当地球系统开始向着对人类社会产生负面影响的方向变化时，国际社会也开始慢慢认识到我们能够无后患地开发生态系统的信念已不合时宜了。代替利益从自然向人类单向流动的是，"反馈环"将人类行为与生态系统联系起来，从而实现两者之间的互动。气候变化不是问题，而仅仅是人类文明主导模式中潜在生态系统功能紊乱的诸多征兆之一，这种更深层次的领悟正在被越来越多的人所接受。然而，相对较少的政府似乎做好了认可的准备——那些在潜在原因没有解决之前不能根除的征兆反过来需重新检视我们信以为人类在地球上的角色定位的东西，以及规范人类相关行为的方式。

（四）大规模物种灭绝

我们正在撕裂我们织就了其中一部分的生命之网，也在以惊人的速度毁灭与我们一起进化的伙伴。人类行为正在瓦解着生态共同体所依赖的食物链、营养和水循环以及气候系统。物种灭绝速度的快速上升是正在产生破坏的一个残忍的指示器。物种灭绝是伴随进化过程的一部分，但化石标本表明，平均水平下每一千年灭绝的哺乳类动物种群不超过一种。然而在几百年的时间里，人类社会已将这一"基本"灭绝速度提高了一千倍之多。

《千年生态系统评价》依据测算，就人类正在对几乎所有的生态系统造成毁灭性影响这一科学上正确的论证做了解答。它指出，如果对物种灭绝的威胁采用IUCN——世界自然保护联盟的标准，当前12%的鸟类、23%的哺乳动物、25%的松柏科植物，至少32%的两栖动物和52%的苏铁属植物（常青棕榈类植物）正在受到灭绝的威胁。[1] 仅在过去20世纪的几十年里，人类活动毁灭了面积至少达35%的红树林（是许多海洋鱼类的重要繁殖地），世界上20%的珊瑚礁，并使超过20%的珊瑚礁功能退化。[2]

促使生物多样性丧失和损及生态系统功能的主要因素是栖息地改变（如陆地用途改变、河流的物理变动，以及珊瑚礁的消失），气候变化，外来物种入侵，过度开采和污染。今后，这些诱因将继续存在甚或加剧。《全球环境展望报告4》中的重要段落之一如下：

> "生物多样性因人类活动的改变速度在过去50年里超过了人类历史上的任何时期，造成生物多样性消失及引起生态系统服务变化的诱因总是稳定的，没有证据表明随着时间的推移而减少或显著地增加。在《千年生态系统评价》开发的四个未来仿真场景中，生物多样性改变的速度仍在继续且有加速迹象。"[3]

全球社会和国家政府所采取的旨在降低日益加剧的灭绝速度的措施（仅仅把灭绝速度降低到基础水平上）是非常不够的。2002

---

[1] 《千年生态系统评价》2005年。载《生态系统和人类福祉：综合法》，华盛顿特区岛屿出版社，第35页。
[2] 同上，第2页。
[3] 同上，第vi页。

年在约翰内斯堡召开的可持续发展世界首脑会议上,国际社会立誓要在2010年前将生物多样性灭失的速度降下来。然而,2010年1月联合国秘书处发起的"国际生物多样性年"活动承认,如此这般适度可行的目标仍然没有实现。

《千年生态系统评价》还提出警告,生物多样性灭失速度的成功降低需要更多强有力措施的跟进和长期目标的设定,因为人类治理制度固有的迟滞性意味着,在做出决定和决定的实施之间总有一个显著的时间差。即使已经采取行动,也许在几十年或数世纪之后对生物多样性和生态系统的些许实际影响才会显现出来。事实上,据《千年生态系统评价》估测,大约截至2050年,物种灭绝速度可能会提高十倍![1] 猛增的灭绝速度达到了骇人的程度,一方面体现为我们造成的不可逆损害的程度,另一方面体现为我们没有能力与地球生命共同体和谐共存。

(五)人类福祉的减少

尽管我们有可资大肆夸耀的技术进步和人口的快速增长,但人类做的不是很好。数百万人因饥饿而死或死于绝症,而许多富裕国家的人却因"吃"而死。占世界人口1/5的极富人口几乎占了人均消费总量的90%,而12亿人口挣扎在每天不足一美元的困境中。[2] 同时,我们最杰出的一些科学家所从事转基因开发和克隆技术,将制

---

[1] 《千年生态系统评价》2005年。载《生态系统和人类福祉:综合法》,华盛顿特区岛屿出版社,第5页,图4。

[2] 《全球环境展望报告3》(GEO-3),第9页。

造出"备用件"以延长那些负担得起这些技术费用的人的生命。

即使在富裕的国家,广泛地实现这些技术似乎也是非常不可思议的。许多人不再生活在联系密切且功能良好的共同体或家庭中,因而失去了与特定原初环境之间的紧密联系。共同体和归属感的消失对情感和精神造成的伤害随处可见。

不幸的是,许多管制人类行为的政府和其他机构未能领会人类福祉与人们居于其中的生态系统的健康之间的联系。全世界许多人的健康受到人类诱发的环境改变的影响,大约所有疾病的1/4是由环境暴露而引起的。譬如,世界卫生组织预估,每年因大气污染而过早死亡的人超过了200万。[1] 城市居住人口的比例稳步上升,在1996年已超过50%,这将会使已有情形更加恶化。

更为糟糕的,降低生态系统功能的负面后果却极不对称地由贫困人口和边缘人群承受,只因他们更为直接地依赖于生态系统而繁衍。这意味着,尽管对于生态系统退化的判定建立在惠及人类的基础上,如食物产量的增加,但从全球来看,生态系统的退化造成不同人群发展的不充分和不均等,甚至有时成为导致贫困和社会冲突的首要原因。事实上,《千年生态系统评价》断定:

> "生态系统服务的退化已经成为实现2000年9月国际社会承诺的'千年发展目标'的重要障碍,且这种退化的负面后果在接下来的50年里将会变得更加糟糕。"[2]

---

[1] 《WHO》实况报道,第313期,"空气质量和健康"(2008年8月更新)。
[2] 《千年生态系统评价》,2005年。载《生态系统和人类福祉:综合法》,华盛顿特区岛屿出版社,第2页。

（六）不充分的应对措施

据粗略的保守坦陈，世界范围内的政府迄今所采取的各种处理"环境问题"的措施都是不充分的。自1972年首届国际环境大会召开以来，地球上生命共同体的健康不仅持续恶化，而且恶化趋势呈逐年加快之势。尽管许多国家已经采取措施以确保给予决策中的环境因素更大的权重，且气候变化已被大多数政府视为一项重要议题，但极少有合乎自然和应对措施程度的举措。应对措施的程度是为了使人类文明变得生态可持续且长期富于活力而提出的要求。

人类的发展已经"超过"地球供给的能力，这一事实产生了许多重要的后果。首先，人类消耗（例如人类的生态足迹）总量的大规模减少是不可避免的。问题不在于是否应当减少人类消耗，而在于消耗是如何发生的。生态和人类历史告诉我们，除非我们在快速降低消耗水平方面取得成功，否则必要的减量可能要通过人口数量的暴跌而实现。这可能会以多种方式发生，但是，可能正在生态系统中发生的改变将产生一系列影响，如洪水、干旱、火灾和农作物歉收，反过来又会引发饥饿、缺水、疾病、社会冲突和战争。

第二，降低或停止人类造成环境恶化的速度不再是充分的。超过生态极限的结果就是恢复到生态可持续的范围内，我们必须既要减少对地球的索取量，也要减小对生态系统造成的损害，以使其生命支持能力再次提升。例如，既然每年温室气体排放总量没有超过当年生态系统从大气中将其移出的速度，生态可持续性就能够通过控制人类排放速度，让人类确保每年排放总量不超过每年吸收消化能力的方式实现。当然,一旦超过限值(科学家告诉我们,这已经发生多年了),大气中的温室气体就会以加速度累积,因为合成式的气候变化降低了一些生态系统吸收消化这些气体的速度,同时也导致他人排放更多的温室气体(例如,随着陆地和海洋温度的升高,北极冻原和海底区域甲烷的释放)。从这一点讲,如果人类在确保温室气体从大气中移出的速度超过排放总量的行动中取得成功,那么情形才能稳定下来。这就要求,既要非常明确地减少人类排放,也要恢复生态系统的健康,从而使碳吸收的能力得到增强。

第三,敏捷、果断的行动变得至关重要,因为拖延只能使行动实施后的效果不显。一旦文明的生态足迹超过了它的环境负载能力,趋势将会再次改变,文明,以及可选择性和有效时间将会再次以越来越快的速度耗尽。这就意味着,随着时间的流逝,有效应对挑战的各种措施的数量将会减少,而需要付出的艰辛将会增加。我们做任何事的风险将会因迟迟未动而升高。这在下边的情形中也是极为正确的:变化没有以平缓和线性的方式发生,而是被所谓的"倾斜点"所阻碍,在"倾斜点"上,一点小小的增量变化会导致生态系统瞬时、快速地调整到一个全新的状态。还有更加让人麻烦的是这一事实——这些突然的变化发生的可能性正在增加。2005年《千年生态系统评价》报告写道:

> "非线性(加速或突变)改变在之前已经被许多关于生态系统的专业研究所证实。《千年生态系统评价》是首个提出了生态系统的变化正在使生态系统内部发生非线性变化的可能性增大这一推论的评估报告,同时也首次记录了这一发现对

人类福祉所产生的重大影响。此类改变的例证包括疾病的发生、水质的突变、海岸水域'静区'的形成、渔业的衰竭,以及地区性气候异变。"①

我们对地球具体做了什么以及我们的影响多么有害,这本身是复杂的,且有些事实也是备受争议的。然而,人类显然正以快速破坏我们栖息地的方式行事。在这一过程中,我们捕杀数以百万计与我们一起进化的物种,也威胁着整个地球共同体的健康。当然,这一行为也可能是自我毁灭性的,因为生命之网的互联性意味着当我们家园的健康开始恶化时,我们自身也走向了毁灭。就像"盖亚理论"创立人詹姆斯·洛夫洛克评论的,仿佛人类的大脑决定它(即大脑本身)是身体上最重要的器官,因此它可以杀伐肝脏一样。

这就提出了如下问题:为何我们要这样做?为何我们又不调整我们的治理制度以阻止此类行为?

三 我们的治理制度以错误的假设为基础

目前人类社会对世界的主宰建立在错误认识宇宙的基础之上。主要的错误是人类与环境被分离了,以及在地球健康恶化的时候人类仍然能繁荣发展。事实上,我们已经确信人类的健康和福祉依赖于开发地球(只要科技允许,市场需要)而不是保护全球

---

① 《千年生态系统评价》2005 年。载《生态系统和人类福祉:综合法》,华盛顿特区岛屿出版社,第1页。

生态系统。治理结构、法律哲学（法理）和许多社会制定的法律体现并确立了分离和独立性的幻觉。这一幻觉鼓励并合法化了环境的、社会的毁坏行为，而且阻碍了许多适宜的社会组织——由那些不赞同主流社会谬见的人所建立——的发展。

我相信，主流治理制度无法提供停止或修正我们自毁式行为的措施。关于如何自我治理的一种全新视角和认识是非常重要的。这种全新视角和认识应成为面向新世界观或宇宙观这一更大范围内社会转型的一部分，而且在没有多数社会个体意识转变的情况下这种转型不可能实现。幸运的是，有证据显示这种转型正在发生。不过在这本书中，我已关注于一个特定但重要的方面：如何反思我们对法律和治理的理解，从而使我们能够以惠及整个地球共同体的方式管制人类自身及地球共同体。

四 独立性神话的产生

许多作家已经探究了这一现象的原因：为何如此广大的社会"忘记了"我们是自然的一部分，也"忘记了"我们的福祉在根本上都来源于栖息地的健康，也就是说，来源于地球。在欧洲历史中，与自然相分离的神话日渐高涨，这与中世纪后期人们对自然的观念转变之间有着紧密的联系，这一转变就是自然从养育生命的母亲变成了机器。

与自然相分离这一神话的形成和发展更多地归因于西方中世纪文明中的一些大师级人物，如伽利略·伽利莱（1564—1642）、弗朗西斯·培根（1561—1626）、勒奈·笛卡尔（1596—1650）、艾萨克·牛顿(1642—1727)等。

意大利数学家、天文学家、物理学家伽利略专门论述了科学应限定为认知可测量、可量化的现象。他在《试金者》一书中提出,自然之书用数学写就而成,因而排斥关注于自然属性的各种方法。在那个时代,伽利略是一位勇敢的自由思想家,他反对那个时代正统的世界观,赞成与他的经验性发现,尤其是通过望远镜的发现相一致的世界观。他承受了天主教教堂强加的罪责,宣称他支持哥白尼的地球围绕太阳旋转的理论而反对相反的地心说(伽利略的不同理论提出后一度引起轰动,"但事实不会改变"),在他生命的最后九年里被处以监禁刑罚。然而,像我们所有人一样,他只是一个深嵌在他的时代里的一个人而已。在一个宗教专制的时代这不足为奇,他认为科学和神学是完全分离的,原因是科学不关注现实中不可量化的维度,从而试图打开一片能使自由思想萌发的天地。

> 地球作为一个生命有机体和养育生命的母亲的形象,起到了以文化约束手段制约人类行为的作用。一个人不会轻易地残害一位母亲,掘进她的内脏找寻黄金或肢解她的身体……当地球被认为是活着的、有感觉能力的时候,如果还去对她实施毁坏行为,那就可被认为是对人类道德习性的违背。
>
> ——卡罗琳·麦茜特:《自然之死》

弗朗西斯·培根在一长串的英国经验主义哲学家中居于首位,被认为创立了科学的经验性方法。他特别提到了对原因和启示进行区分的问题,也强调了实验对于证立或证伪理论的重要性。

第二章 独立性的幻觉

显然,作为一个实用、功利主义的人,他还就人类采用科学的方法并运用技术"征服"自然,从而不再对无用的"思想偶像"顶礼膜拜的情况下如何使社会得以进步的问题秉持着被称作"乌托邦"的观点。

> 伽利略计划给予我们一个死寂的世界,视觉、听觉、味觉、触觉和嗅觉都消失了,连同一起消失的还有美感、道德感、价值观、品性、灵魂和感知精神。体验之类的东西均被抛出布道科学的王国。在过去的400年里,除了伽利略的大胆计划以外,几乎没有任何东西改变过我们的世界。在我们事实上能够毁灭世界之前,必须要在理论上毁灭他。
>
> ——莱恩,引自菲杰弗·卡普拉:《生命之网》,第19页

培根有过一段戏剧性的法律与政治生涯。他是詹姆斯一世的红人,担任过首席检察官,后来又晋升为大法官,并被授予子爵爵位。然而,他于1621年因贪污受到指控,受到法庭的处罚和驱逐,后来在关于寒冷对他身体影响的无脑实验中死去。培根写到了用实验的方法伤害、强迫、审讯"自然",强迫它说出秘密的经历。尽管培根不认为地球是无生命力的,但他的创作却在回应这一问题——为何17世纪在欧洲涌现出的思想的经验模型开始取代较早时期将地球视为富裕母亲的虔诚态度。

法国哲学家、数学家勒奈·笛卡尔致力于数学推理基础上的哲学重建。他被赞誉为创立分析推理的人,但是,可能他最有影响力的理论是人的身心差异性问题。始于他的著名命题,"我思故我在",他建构了新的论点——精神或意识,与物质都是完全分离且

第二部分　我们所知的世界

不相容的东西。在他看来,我们人类是无形的理性精神以某种方式寄居在肉体里,就像幽灵居于机器之中。对精神与物质完全分离(通常是指"笛卡尔二元论")的认识已经且仍然将对我们如何看待世界和我们在其中的地位产生深远影响。

> 笛卡尔……杀死了地球和她的所有生物。对他来说,自然世界就是一个机械装置,没有形成共享关系的可能性。西方人在与周遭世界的关系中变得非常孤独。
>
> ——托马斯·贝里,由拉尔夫·梅茨纳引自《人的心理——自然关系》,载《生态心理学》,第59页

哥白尼、培根、伽利略和笛卡尔的成果最终被艾萨克·牛顿加以综合,并完成了著名的"科学革命"。从这一点来看,物理世界被视为一架可用还原论分析法(例如,通过解剖并观察各个部件的方法弄清楚它是怎么工作的)解读的复杂机器。人的意识与这个世界相互分离,还有,宗教信条鼓励人们用一种高级的、傲慢的和主流的态度对待自然,这一事实使得自然生命被视为专供人类获益而存在。地球作为母亲的观念已死!

今天,这些观点,特别是笛卡尔二元论,仍然非常有生命力。事实上,就像我将在第四章论述的,人类的许多治理制度仍然建立在这种世界观之上。讽刺的是,当今的顶级物理学家和数学家在很多方面都曾经是伽利略、培根、笛卡尔和牛顿的继承者,但他们已经开始反对这种世界观了。当然,我们还是继续以17世纪不足为信的宇宙运行观点进行自我治理。难怪我们有很多问题呢!

五　反思现实、宇宙和每一件事

当我上学的时候我曾学到一位名叫维尔纳·海森堡的物理学家制定的一项"不确定性原则",提出电子的质量和速度不能被同时确定。该原则还提出,因为自身的一些离奇、莫测的原因,原子内的粒子有时像粒子一样运动,也有时像波浪一样运动。我宁愿毫不犹豫地接受这种观点。不过几年以后,当作为一名大学生的我读到菲杰弗·卡普拉的《物理学之道》时,我以强烈的挫败感意识到没有人给我指明海森堡的不确定性原则对我们理解现实和宇宙是多么地重要。不确定性原则证明我们是宇宙系统的一部分,也表明我们正在寻求考量或提出人类与世界整体以影响其运行的方式相互作用的疑问。从外部视角观察宇宙的运行是不大行得通的。我们作为观察者,是系统的一部分,且与我们正在观察的对象紧密地联系在一起。

事实上,以量子理论为基础的"新物理学",经由阿尔伯特·爱因斯坦、尼尔斯·玻尔、埃尔温·薛定谔和沃纳·海森堡等科学家的发展,揭示出宇宙是由动态的关系网络组成的单一整体。量子物理学提出了宇宙是一个由许多微小的"积木"建造而成巨大装置的观点。如今,宇宙被视为一个汹涌、漩涡式的跳动,而不是一件建造物。这一跳动将所有的跳跃者联合起来,形成不同跳跃者之间经常变换相互关系的样态。

如果宇宙更像一种跳动,那么只有与整体关涉起来时各个部分才能被理解。部分的属性和行为决定于整体而不是相反。这个观点是今天所指的"系统思维"的基础。这是通过观察对象在较大系统中的情境和作用的方式而不是通过剖解系统和孤立地分析各个部件的方式理解对象的知识进路。

这种方法的启示之一是笛卡尔关于精神与物质之间死板的区分的观点不会再被主张。笛卡尔阐述的"实体的观念中没有属于精神的东西,同样精神的观念中没有属于实体的东西"的观点被证明是错误的。"物质"的确当性质经由其与精神的互动关系而显现,同样地,"精神"更像是物质的固有能力。的确,越来越多的科学家开始认可物质似乎具有组织自身及以无限创造力演化的固有能力。这无疑是一种自觉认知的态度。

不仅如此,越来越多的证据表明,形成宇宙的各种关系能以特有的密切程度存在。科学家已经证实了原子内部粒子之间关联关系的维系不受群体中粒子之间时空距离的影响,也无需能量在中介时空中流动。其启示之一是:如果两个此类粒子相互作用,后又相互分离,那么通过观察其中一个粒子的行为就可以预测另一个粒子的行为,而不管它移向何处。通过对枯燥和学术化的低调观点所做的精彩展示,物理学家将这些联系描述为"域性"。

量子理论和系统思维最惊人的一面是找到了其研究结论与许多古代哲学存在共同的基础。这些平行联系已被不少研究者加以探究,或许最著名的是菲杰弗·卡普拉在《物理学之道》和加里·朱卡夫在《物理学家之舞》中的论述。当然,尽管科学理论变化不定,但对我而言重要性在于这么多的伟大思想家,他们源自不同的文化,在不同的时间,运用不同的方法,却得出了相似的结论。得出结论的所有路径好像都是相互连通的。这就意味着我选择用现代物理学的语言和见解解读这些思想的同时,运用许多思想性、哲学性的传统教义也一样能够达此目的。

主流法律制度都建立在如下假设的基础之上：人的存在仅限于皮囊之内（例如，皮囊之外的一切就不是我们自己了）以及我们是宇宙的唯一生命和主体（如第五章论述的，其他一切都被定义为客体）。这似乎是建立一套治理制度所依据的合理可行的假说。当然，从一个法律人的角度看，当我们开始淡化人与宇宙中其他事物之间区别的时候，这套治理制度将变得极其凌乱。

问题是我们知道这些假说和哲理都是错误的。我们也知道，从地球整体角度（或者从生态视角，如你更倾向于此的话）审视，我们既有治理制度的效果异常糟糕。坦率地说，我不太确切地知道，用体现我们对宇宙新认识的途径革新我们的治理制度，什么是需要我们做的。但是，继续若无其事地按照16、17世纪那些不足为信的哲学思想进行治理的做法似乎是极其愚蠢的。理想的起点是，如同我们是（我们的确是）地球共同体的一部分而进行自我规制。我们也应当乐于将古老的针对其他物种的行为所适用的"黄金法则"视为我们愿意就自我行为进行规范的法则。

六 为何还没有修正我们的治理制度？

压倒性的证据显示，在自我规制方面我们行进在完全错误的轨道上，除此之外，我们却展示了免于解决这个时代最重要问题的巨大能力。就像托马斯·贝里所强调的，当下人类必须要做的"伟大事业"是"在地球上建立一个和谐的或者相互促进的人类存在"。这不是走向全球化，也不是每个国家国内生产总值的最大化。这也不是"发展"或"减少贫困"的问题。尽管这些都是有价值的,也是重要的社会目标,但最终只有实现这些目标的方式将决定它们是否是长期有效益的。

这不可能是一项轻而易举的工作,因为我们大多数人已经从主观上内化了许多文明据以建立的错误信念和方法。我们用二元论的方法思考并坚定地相信,不断增加的消费水平可能会增进个人的幸福。拉尔夫·梅茨纳是生态心理学领域的一位杰出理论家,曾说:"多个不同的诊断学隐喻:病理性精神错乱——被用来解释发生在人类意识与生物圈其他方面之间的灾难性生态分裂。"他还建议标准的心理学分类,如沉溺、离解、自闭症、健忘症等,可提供有益的诊断学隐喻来解释我们疏远栖息地和环境的决定是如何做出的。

心理学家的洞察力在理解如何最大化地治愈这种在心理学上折磨许多社会的流行性疾病是至为关键的。最为重要的工作已经由其他许多物种通过帮助我们理解意识的属性和探究我们的所有潜能(加强与自己身体、他人和宇宙的质性、情感、心理和精神联系)的方式而完成。唯一需要关注的是书店里"精神、身体、灵魂"片段的大爆炸,"新时代"或"当今时代"精神性的增长,以及意识到很多人都在质疑已经从内心接受的哲学基础的畅销书。

人们思考方式的改变不会起到保护地球的作用。环境破坏也在像中国一样的国家发生。在中国,有许多相信所有生命神圣不可侵犯的佛教徒和道士。引发急需的变革需要对自然和法律的目的有根本不同的理解,也需要我们转变治理社会的方式。

在进入第四章、第五章讨论独立性幻觉对我们的治理制度造成的影响之前,我在下一章讨论主流文明如何围绕独立性幻觉累积为一个完整的神话。

第三章　主要物种的"迷思"

一　待到云开雾散时

　　昨天我在报纸上看到,南非一位杰出的年轻政治家刚刚死于"肺炎"——艾滋病的隐讳代称。讽刺的是,他已经是一位有名的"艾滋病怀疑论者",不相信艾滋病病毒会导致艾滋病的形成,同时还是一位激烈的评论家,批评那些竞选政府职位从而为艾滋病病毒携带者提供抗逆转录病毒药物的人。我认为,"现实是真实的,意识是空无一物的。""如此多的拒绝理由!"他并非死于疾病而是分析错误。

　　我第一次遇见此人的时候,他是一位年轻的政治激进主义者,致力于推翻种族隔离制度("种族隔离"是一个南非语单词,字面意思可译为"冷漠")。那段时期他属于获胜方。推行种族隔离的政府没有落选出局,也没有被大众革命扫除或在战争中被击败。种族隔离的国家最终步入历史的原因之一是它无法再维系其继续存在的神话。白人固有的至高无上之神话和南非白人保卫良田以防邪恶的无神论共产主义者和他们被洗了脑的盟友侵犯这一"基督徒式"的职责,都开始变得越来越不被信服,甚至对于政府的支持者而言也是如此。麻烦的是现实有这样一种不安习性——可能会

第二部分 我们所知的世界

侵入到看似最为完整和运行极佳的虚幻世界之中。这甚至影响到检信员、教师、专门服务于神话的传播者、军队,以及消灭异见的警察。

1980年代,伴随着全球谴责声音的增多,制裁措施开始伤害并同化阻力的发展,白人制造的迷雾开始变得稀疏。迷雾蒸发后的真相彻底震惊了许多南非白人。与他们被告知的及他们相信的不同,南非黑人在选举和自治方面做得非常出色,因而没有受到一些煽动者的打压和欺骗。然而更糟糕的是,荷兰归正教会改变了立场,承认他们实际上也搞错了。种族隔离曾经一直是异端邪说,而不是像牧师几十年来宣称的依教会制裁的哲学——确保相互独立但平等的发展,并确保受到那些没有很白皮肤的人的良性监督。流行的概念——"范式转变"不能公平处理磨牙、纱巾包头的身体检查,但这却是许多白人在现实中经常体验的。发现你在由奇奇怪怪的谎言构成的虚幻世界中度过了大部分时光的时候,这种情景多少有些令人不安——特别是当最终证明上帝毕竟没有推选你为最高等人的时候(当然,有些人直白地伪称,这一切仅仅是一场噩梦,最终什么都会过去的)!

作为南非朦胧的史前时代出现的前主人的家族成员,在"新"南非的阳光下眨着眼睛,开始觉察到新时代的一切并不怎么坏。首先某些领域获得了解放,从而无需再拓展压迫同胞的能力,另外开始否定以焦虑的眼光讨厌地审视一个全新的世界,同时还抑制个人自己的移情情绪和自我怀疑。成为主人家族的一个成员与其说是有益于形成自我意识,倒不如说是丧失了灵魂。其次,在南非及国际范围内,与他人联系起来的各种可能性都得以开启。

世界上的主流文明就像我们对人类优越性甚于其他物种的信

奉,以及我们对地球统治权的信奉,如同大多数南非白人对他们压迫其他南非人的权利的信奉一样。然而,真相又一次浮现了!今天的报纸头条写道:"地球,仅剩30年了。据世界首脑会议召开前提交给联合国的一份磐石报告显示,1100名科学家提出了人类社会大范围瓦解的警告。"我在疑惑这一现实遭遇将产生何种结果。这将成为否定的另一次胜利吗?

二 人类圈

数世纪以来,人类以满腔热情致力于建设一个与真实世界相分离的虚幻"人类世界"。我们已抛弃了生养我们的生物圈,并在我们的观念中形成了一个巨大且密闭的"唯一人类"世界。我们已经在这个精心设计的"人类圈"中生活了很长时间。对我们而言这是一个比地球更真实的世界,我们从中感受着人类至上的虚幻气息。由于着迷于我们的创造力和机智的抽象思维,我们无法察觉到隐藏于背后的"自然世界"的美轮美奂。当我们发送航天员去验证这一美丽景象时,罩在科技主义文明之上的泡影便瞬间失真。正如托马斯·贝里所说的,在与地球的关系中,我们是"孤独的"。就像古老的笑话中艺术家和科学家都沉溺于他们的创造模型中一样,我们处在地球母亲温暖、世俗的慷慨之中,却想着数字网络宠儿(在点下鼠标的那一刻高科技尤物或超级猛男会满足你的任一幻想,但完全不可能满足我们内心最深处的渴望)的虚假魅力。威胁在于,我们越是失去与地球、我们共同的居民之间的物质和精神联系,我们越是易于相信这些光鲜的谎言。

迄今,生活在人类圈中的大多数人相信,我们拥有继续生活于其中的既定利益。毕竟,这里是我们的自我意识籍着主宰宇宙的狂妄而疯长乃至膨胀的理想温床。在其中,我们能给急躁的青少年表达所谓的"增长的极限",并确信我们自己能够比自然做得更好。在这里,只有人类是重要的,或者是比其他物种更重要一些。任何事物都受制于这一推动力,即满足我们视为最重要的渴求。雄伟的大山,微风中波浪般的无垠草原,极其神奇的河流,美丽浅滩中五彩斑斓的鱼群,都变成了"自然资源"。点金术的流程颠倒了,生命之舞的微妙魅力转变为许多以公顷计的房地产,以千米计的公路,以千瓦计的电力和以吨位计的总许可渔获量。我们一点一点地拿地球供给着人类这一贪婪的梦工厂,以贪得无厌的"进步"、"发展"之神的名义牺牲了一切。

除了压倒性的、日益增多的相反证据之外,也许最值得关注的是我们自己深信在这个建造的世界中人类会更加健康、安全、愉快、满足。可在最近,神话的盖子开始掀起,背后的真相也偶有浮现。然而就像南非种族隔离的支持者从他们环形货车围起来的心理防御营地露出头来一样,我们大多数人惧怕想象人类圈之外的一切。在一个与以前的奴隶在一起的共同体中,前主人可能的角色定位将为哪般呢?

在人类历史中有一点是清楚的,当今工业化和后工业化的人类社会将不会以目前的方式长时期存在下去。它们还会持续50年以上,但考虑到石油生产的下降速度和人口规模的继续攀升,工业化和后工业化还会持存200年的可能性则是遥不可及的。专家对未来真正关心的问题可能将在类似于《全球环境展望报告3》的联合国文件的精细、老到的语言中得以领悟。该报告的结论如下:

第三章 主要物种的"迷思"

"当日益增加的需求都依赖于已处极其脆弱状态之中的资源时,旧有的问题将会继续,新的挑战也将会出现。为寻求变化而不断加快的步伐,地区间、各种问题间互动关联的程度,让你难以信心满怀地窥视未来。"①

52

当然人类社会能在其中适应下来。疑问在于如何适应以及以什么为导向来适应。主流观点是,事情不总是很坏,可能一部分研究和发展以及一些创新技术适合于问题的解决。认为技术能够解决所有问题的人也相信,我们的创新速度能确保我们有能力快速躲避、俯冲以及迂回,使我们绝不受到束缚或在现实中翻船。《生态伊甸园》②的作者埃文·艾森伯格将坠入这种境地的人们称为"管理者",因为他们信奉"星球管理"。艾森伯格认为,"星球管理已是科学家和政策制定者的主流世界观。在犹太教和基督教的管理职位所共有的伦理硅谷里,地球被视为一座需要我们打扮、呵护并仁慈对待的花园"。③ 詹姆斯·洛夫洛克④提出的可能发生的事——我们亟需承担一项帮助地球生命的永恒工作,因为我们已经毁坏了天然的生命支持系统——没能挫败热情似火的技术爱好者。正如艾森伯格所言,"这种未来景象不至于吓死'管理者',而是会失去他们的既得利益。"⑤

大多数不赞同"管理者"的人将技术视为一个虚伪的神灵,并把他们的希望寄托于人类经历一场快速改变我们认识方式及实现

---

① 参见第一章注释2。
② 《生态伊甸园:人类、自然和人性》,伦敦皮卡多尔出版社2002年。
③ 同上,第286页。
④ 《盖亚:重新审视地球上的生命》,牛津大学出版社1979年。
⑤ 同②,第288页。

与宇宙关联的变形。他们的关注点更倾向于如何改变或管理好人类,而不是永恒的世界。在此,我不想谈及统一化标准的思想流派,而是论及视角的多样性,每一视角采用一个特异的方法从而引起变化。比如说,有人关注于个人精神的成长,另外有人却关注于创造可持续的人类共同体,还有人关注于开发与自然合作而非对立的方式以供给人类生存的操作性方法。如果持此信念的人都有车尾贴(或许贴到自行车上),上面应该写着"改变你的是心念而非星球"。

艾森伯格带有成见地(故意且明确地)将那些反对"管理者"的人视为"星球迷恋者"。就像他提出的,"称谓就已经表明了他们将自然视为一个完美、和谐(却是人类拒之门外的东西)的整体的倾向。按照他们的观点,人类在本质上没有超过浣熊的权利"。[1] 在对"迷恋者",特别是"深生态学家"观点的批判中,艾森伯格认为"如果你试图将旧石器时代的价值观强加到后工业化时代人们的身上,那你就是自找麻烦"。[2]

本书提出的观点大体上与艾森伯格"管理者"式的世界观相悖。我对技术能解决任何事情不抱有那么必需的信念,也不对那些正在精明地使用技术的人有任何信念。当然,我正在笔记本电脑上进行这本书的写作,我向使其变成现实的人类创造力致敬。我的确相信先进的技术是将来人类社会值得拥有的东西,但它必须使用得当。换句话说,它的制造、使用和回收等方面的设计必须匹配于贝里所谓的"伟大事业"的目标。

---

[1] 《生态伊甸园:人类、自然和人性》,第283页。
[2] 同上,第285页。

这里提出的好多观点也可被描述为艾森伯格所说的"迷恋者"世界观的一部分。然而,在我看来,这不是一本艾森伯格术语中的"迷恋者"式的书。这本书拟想提出21世纪后工业化人类社会自治,及将其付诸实施的新思路。它关乎地球万世的经验和千年人类的经验所带来的知识,而无关乎尽快回向历史的努力。然而,本书的大部分内容集中于探讨各种思想而非具体的行动或者改变,这是因为理论具有非常重要的实践价值,尤其是在指引行动方面。因此,我并不认为抽象概念比经验更重要,而是为了人类能够做出一个协调且连贯的关于自我规制方式的改变,我们需要清晰地认识到为何我们这么做,隐藏于我们治理制度背后的总体目标是什么,以及我们应该怎么做。我认为主流人类社会和国际"共同体"目前尚没有这样的认识。

要明白为何要改变我们关于生命以及应改变成何种样子的看法并非易事。对许多后工业化社会的人而言,这可能关系到改变他们关于宇宙和社会的整体认识,简而言之,改变他们的宇宙观。本书关涉这一大变化中的一个非常局限但重要的方面。我们应如何改变自我治理的方式从而去解构人类圈,并重构一个更大的地球共同体呢?应如何改变我们的法律和政治结构,以抛却远离自然的"孤独"(而正是与自然的疏离,揭示了我们当下社会面向后种族隔离时代的地球社会之特性)?

第四章　缘何法律和法理重要

我在前面第一章中暗示,误解和否定当下人类社会现实——我们是生命之网的一部分而不是地球的主人(或管理者)——的某些方面有可能对许多生物,包括人类,产生致命的影响。这种主流世界观体现在我们的治理制度中。它们依这一世界观设计而成并力求规范人类行为,因而它们的运行也符合对现实的认知。在下一章中,我将探讨与此相关的一些例子。当然,我首先要探究法律的作用和法哲学。尤其,在第三章我提出的"人类圈"的建造和持存问题中理解法律的作用和法律的理念是有重要意义的。对如下议题提出质疑也是有意义的。是否应当反思构成我们治理制度之支柱的法理和法律,在当前诸多领域急需保护地球的情况下,确实是一件极为急迫的事。

一　法律的作用

我们都意识到,法律是社会用以规范人们行为的重要工具之一。因此,如果人的行为方式不良,这就说明法律及其实施可能不够好,因而需要改进。这就是当我们毁坏环境的证据开始快速积累并超过垃圾桶能容纳的废物时,为何许多社会将注意力转向发展"环境法"的原因。实际上,许多国际组织、政府、非政府组织和环境法职业人士投入了大量时间和精力,试图改进制约人类对环境的影响的法律(当然,也有一些人试图删去那些确实有效存在的环境法律规范,以免激怒正在"资源"槽里狼吞虎咽的公司)。

当法律的规范功能显而易见的时候,我们经常会忽视一个事实,即法律在组建和形成社会自身中发挥着同样重要的作用。一个社会可被视为组成社会的人类个体的集体创造结果。当许多个人最先确信自己有了群体特征,然后开始按照这些信念行动并在群体内部建造、理顺各种社会关系时,一个社会即将诞生。这是一个持续、不间断的过程,包含各种理论、价值和制度的产生和发展。社会的这一特征类似于有机体生命定义、组建、有机化和自我再生的特别方式(有机体生命的这种属性指的是"自创生系统",其字面意思是"自我创造",将会在第六章和第七章中有更为详细的论述)。

法律在"组建"社会中的作用以及它与那个社会的世界观之间的关系,也许在新的社会自我组建而成的历史时刻清晰可见。1776年美国《独立宣言》是一个恰当的例证,当时正值北美13个州联合宣布它们从大英帝国独立出来。

《独立宣言》的序言明确宣示,这个年轻的社会共有一个确定的宇宙观或世界观(例如,关于上帝创造了符合自然法的宇宙的观点),并以确定的共有价值(如平等和个人自由)为基础。1776年以后,全新的美国社会所认可的理论和理念(如人人生而平等),期望(如每个人都有能力追求幸福),以及信奉的价值(如自由)都被纳入《美国宪法》和其他法律与政治制度中。例如,基于个人自由的价值直接影响了政治制度的结构。在美国,政治权利依照权力分立原则来配置，即要求立法、行政、司法三种职能分别被赋予独立的国家机构，从而使国家非常难以在个人自由的范围内滥用其权力。

在人类历史事件的进程中，当一个民族必须解除其与另一个民族之间迄今所存在着的政治联系，而在世界列国之中取得"自然法则"和自然之造物主给他们赋予的独立与平等的地位时，就有一种真诚的尊重人类公意的心理，要求他们一定要把那些迫使他们不得已而独立的原因宣布出来。我们认为这些真理是不言而喻的：人人生而平等，他们都从他们的"造物主"那里被赋予了某些不可转让的权利，其中包括生命权、自由权和追求幸福的权利。

——摘录自1776年7月4日美利坚合众国十三个州一致通过的《独立宣言》

法律组建社会的途径主要是界定个人与社会的关系，个人、个体组织以及作为整体的社会之间的关系，还要界定其他的个人、组织和社会。这些法定关系使社会井然有序并决定了权力在社会内部的运行。法律规则被用于引导和控制个人行为，如通过禁止特定的行为并惩罚不遵守行为的人。

社会的法律构造承载着社会结构从过去走向未来。法律是社会的自主生成，是社会自主秩序的秩序。法律关系表达社会成员间的权力关系，以使自然能量——人类的能量和物质世界的能量用于社会之目的。

——菲利普·阿洛特：《欧诺弥亚》，第297页然后,一个社会通过许多不同的途径运用法律。法律被社会作为一种按照该社会的世界观(如建立或组织其自身的世界观)创建和确定其自身的手段而使用。一个社会也会利用法律以界定内部关系的方式规范和组织社会自身,以及规范组成社会的各要素主体(如个体和个体间形成的组织)的行为。后一种功能也可理解为操作生命有机体中的反馈系统。例如,刑事司法制度应该用来侦测社会规则没有被遵守(犯罪)的实例,然后给予此类行为相关的否定性反馈(通常是罚金或监禁),从而可阻止此类行为的再次发生。

就我的目的而言最为重要的是,法律制度还承担着一项保守功能,原因是一旦某一法律关系在法律中确定下来或者某一行为被法律禁止,那么在法律自身被以特别法定程序改变之前,这样的规定都不会有任何变化。

特别的是,少数规则被用在法律规范或其他可相对容易改变的法律文件中。被社会视为最重要的规则或原则,经常通过使它们难以变更的方式而确立在宪法或《权利法案》中。将理念转化为法律经常会使它们更有效力和更稳定,但另一方面,这样却阻碍了变化的发生。比如说,美国《独立宣言》后的两百多年里,那些起草人和《美国宪法》的世界观持续形成并建构着世界上大多数强国集团成员相互之间,以及与世界上其他国家之间建立联系的方式。如我们所知,这既有益处,也有弊端。

二 法律的理念

宪法、法律和司法判决也表达和体现我们关于法律是什么和应当是什么,以及社会信赖什么和社会期望什么的观念。这个问题有点复杂,因为其可视性极小。如果把法律和政治系统想象为悬挂于墙壁的一幅绘画,那么我们对法律与社会的观念就如同画框一样。通常欣赏绘画的时候,我们不会注意画框或挂画的墙面。但画框和挂画的墙面是至关重要的。相框标记了我们可视范围和对社会理解的边界。当我们观察绘画或社会时,不管问题大小,我们都不会想及绘画应该大一些还是小一些,或者应该挂在墙上还是绘就于墙面。当我们观察现有治理制度时,我们观察力的局限和我们思考的问题被已有的框架所确定。我们能看到提高绘画水平的各种途径,但我们通常无法看到其外围的东西。

> 每个人把他自己认识范围的局限,当作是世界的范围。
> ——阿瑟·叔本华(十九世纪哲学家)

让我给你展示一个例子。尽管许多活动家和尽职尽责的法律人付出了艰辛的努力,但动物应当具有权利的观念在美国法院仅仅取得了小小成功。理由之一是,好像并不是美国司法制度对动物无动于衷,而是当美国社会组建,当法律与政治制度之画绘就之时,动物已在画框之外。所以,动物应受到与人类似的对待的认知与整个法律制度的架构无法相容。事实上,这对许多人而言是不可思议的——因为这恰好是画框的原因,而且这个画框会一直存在,直到美国社会的观念"重新框定"。

然而思考一下,如果美国的开国元勋已有不同结论,那情形将会是怎么?或者《独立宣言》已经表明所有的生物天生平等,造物主赋予他们不可剥夺的权利是不证自明的,包括生命权与承担他

第四章 缘何法律和法理重要

们应当承担的某种职责的自由,情形将会如何?那么,宪法将确保给予动物的权利,而且,法律将动物视为客体的时下观念也可能是"不可思议的"。

那么,社会自身的态度与其法律之间将会有着紧密的联系。就像法哲学家、学者菲利普·阿洛特所说的那样:

> 社会不可能比它自身的观念更进步。法律不可能比社会自身的观念更进步。考虑到法律在社会自治中的核心作用,社会不可能比它对法律的观念更进步。①

这就意味着,为了使社会自我认知的根本性变化体现为社会如何运行的事实性变化,首先有必要改变社会对法律的观念。对此,我的观点是不仅要改变法律自身的内容,更要改变社会认知法律及其作用的方式。换句话说,贝里在《伟大的事业》中提出的我们社会的重新定位无法实现,除非我们一起对主流文明中的法理再次进行全面的概念界定。

我们主流文明中的法理为我们建造的人类圈温室中的自治制度提供了理论基础,被认为是人类社会(或者说是一个特别的人类社会)与宇宙其他部分相互分离的法律理论。这一法理建立在许多我们明知是错误的前提之下,如相信我们的福祉并非直接源于整体地球共同体的福祉,以及相信地球是供我们利用的无限资源。这也得到了危险的傲慢态度的支持,比如,技术可以提供解决我们

---

① 菲利普·阿洛特:《欧诺弥亚:新世界的新秩序》,牛津大学出版社1990年,第298页。

在破坏自然系统过程中所产生的一切问题的方法的假定。然而,使人类自我迷惑且如此危险的,是人类改变地球自然运行,以及影响整个地球共同体的生存和福祉这一非凡程度的事实。

三 转换旧有的治理范式

托马斯·库恩在1960年代写作与科学思想的发展议题相关的著作时提出,科学"范式"(源自希腊词汇"模式")产生于科学家共同体的思想之中。之后,范式定义了他们观察和理解世界的方式。库恩将范式定义为"一个由科学家共同体分享并被用以定义合法性问题和解决方法的成果集萃,如概念、价值、技术等"。① 显然,与治理有关的人类共同体也以特定的范式或"参照系"运行,这种情形限制了他们看到的范围以及他们认为在方法和路径上可接受的东西。我认为,治理的主流范式仍然主要是一种机械论的、笛卡尔式的人类中心主义世界观,简而言之,即人类圈哲学。

托马斯·库恩假定从一个范式向另一范式的转变不是渐进地而是以不连续的、革命性间断的方式发生,也就是他所说的"范式转变"。一个恰当的例子是"哥白尼革命",其中包含对太阳绕地球旋转观念(曾被认为是上帝将我们创造为宇宙中心的证据)的扬弃和对地球绕太阳旋转观念的接受。不可能渐进性地从一种视角转变到另一视角,因为它们是相互不兼容的。

我猜想,范式转变的完成或许可比作为电视中那些未来太空

---

① 托马斯·库恩:《科学革命的结构》,芝加哥大学出版社1962年。

第四章　缘何法律和法理重要

计划中的一项行动,届时,船长严格命令飞船提速到"经线速度"。引擎加大转速,一切开始震动,飞船以惊人的速度跃起,每个人揪心地注视着,就像整个飞船将要碎裂,船员们被抛向宇宙其他地方一样。事实上,那些在1900年代物理学范式转变最前沿的物理学家和其他人员的经历可能更为惨痛。作为现代科学的哲学启发领域的重要作家之一,菲杰弗·卡普拉博士描述了这一经历中强烈的个人体验,如下所述:

> 探索原子和亚原子世界使他们接触到一个陌生且不可想象的真实世界。在他们为了掌握这一新世界而进行的奋斗中,科学家们开始痛苦地意识到他们的基本概念,他们的语言和他们所有的思考方式难以满足对原子现象的描述。他们的问题不仅仅是知识性的,而是相当于一种强烈的情感性的或存在主义的危机。他们用了很长时间去克服这种危机,但最终他们因对事物属性及其与人类思想的关系的深入研究而获得赞誉。①

目前我认为,公平而言,极少数做了大量影响人与地球共同体其他方面之间关系决定的人,完成了从机械论式的世界观向整体、生态价值观的转换。这些决定主要由政治家、法律学者、官僚和私企管理人员做出或指导,他们每个人都在旧机械论范式根深蒂固的既定法律和政治结构中运行。这使得改变非常困难。从反馈可清晰地看出,我们已经实现了在有限时间内完成这一转变的目标。

---

① 菲杰弗·卡普拉:《生命之网》,伦敦火烈鸟出版社1997年,第5页。

复杂、精致的生命构造快速散开并在我们的手指间滑过。地球极度需要一个关于社会治理的全新范式。然而,我们不仅需要理解,更需要以新的方法去行动。所以,为了保护地球而不是与地球对立,我们也需要操作性的新方法组建社会和规范人类行为。

我认为,正是因为我们关于法律与治理的理念,我们的各种法律,以及我们的法律与政治结构对人类与地球共同体的关系有这样的决定性影响,才使得一项非常特别的责任落到了参与社会治理的人们的身上。我们需要面对并寻求一条解决知识的、情感的和存在的危机之路。就像飞船的全体船员接近经线速度一样,我们也应当对一些焦虑不安的时刻做好准备。在没有对如尼尔斯·玻尔、沃纳·海森堡等量子物理学先驱遇到自己世界观制约时感受过的个人困惑感、挫败感和期望进行训练的情况下,我们不可能取得突破并进入到生态纪的绿色景观之中。

在以下行为中做出区分是非常重要的,首先是改变我们个人理解世界的方式,其次是转换人类社会甚或大致的主流人类社会的治理范式,再次是发展一种地球法理,最后是采取荒野法的路径并实施更为荒野的法律。我的思考方式在不断地变化,我在本书中尝试举一些在我看来影响我"如何"理解世界的瞬间或文字的例子。这就是在我内心不断演化发展而不必然地被他人看见或立马显现的东西。

从人类圈到地球中心主义世界观的范式转变需要不同领域的许多人努力,然而我认为,标志着这一转变正在顺利进行的许多鼓舞人心的迹象已经出现。我最喜欢的社会变化的图景之一就是一群小鸟在天空中展翅翱翔。鸟群没有单一的领队,瞬间变为一个整体。显然,这种变化发生的原因在于每个小鸟通过瞬间改变路线的方式,发出它们要变化的信号,然后快速归入原先的队伍之中。这样,他们的意图得到交流,然后开始一致行动,直到群聚效应实现且形成许多可选择路线供其他小鸟同时跟随。这本书就是关于轻轻扇动翅膀的我,只希望其他人也能跟上。

在所有的范式转变中,面向新型地球中心主义范式的出现似乎在相对短暂的时间内实现了。基于对新观点的支持,这种转变的属性还要求弃置那些陈腐的观念。而这不能通过用新观念"合成"陈腐观念的方式而实现,因为它们是相互矛盾的。

这种范式转变的效果之一可能是我们治理制度的意图和目标的根本性变化。然而,这并不意味着治理结构或法律自身也会以单一的革命性飞跃方式改变。过程可能会更为平缓和渐进,实际上,像第一章所探讨的,我们的治理结构中已经出现了清晰可见的荒野迹象。

第五章　法律的自负

一　压制型法

能在种族隔离的南非学习法律,或许是我的荣幸。这意味着从一开始我非常明确地知道,国家将法律做为社会控制的方法,法律体现那些政治权力者所特有的世界观,法律、正义与道德之间并非必然存在良性互动关系。而且这还意味着我绝对不会惧怕"法律的权威"或相信拥有复杂但理性上一致的规范体系就是法律的全部。我被牵涉到当时学生组织的非法游行和其他反政府活动,经历的这一事实过程也让我对法律理论关注的许多相关争论产生了明智而非盲从的心理。诸如是否仅因为法律有规定而有遵守法律的道德义务,或违背道德的法是否也是法等问题,最近看起来已不难解答。不管学术观点有多么精美,一旦真正遭遇依赖皮鞭、监禁或更糟的手段而施行的恶法时,一切疑虑将瞬间消散。我,以及其他许多人都认为,在这种时候应当顺从于我们的意识和内心,而不是顺从于逻辑和理论。不过逻辑在辨识真理中极有价值,而在动荡的经验世界里,内心和直觉有时是更好的指引。

有人说,布丁(是否味美)要通过吃它来证明。在我看来,地球日渐恶化的状况证明了人类自治的"布丁"已经变坏了。调整人类行为的制度不能保护地球和我们的家园免遭毁坏，这不是它们的初衷。不充分的自治，其存在的问题无法在立法革新的层面上得以解决。问题不仅仅是现有立法亟需改进从而更为有效。大体上，事实是这些法律确实准确地表达了隐藏于它们背后的那些有瑕疵的价值观。我们的法律与政治机构保持、保护并使人类刻意设计而非偶发导致的地球持续性恶化合法化。

在这一章中我将探讨一些案例。这些案例将有助于阐明上述观点，并简要谈及体现当今主流社会文明的法律制度背后的一些法理。

二 征兆

在许多领域里，傲慢和主流社会的绝对人类中心主义世界观比法律领域更为明显。为了人类及其代理人利用和享受地球，法律保留了所有的权利和优遇。法律还将地球的其他方面以及居于其上的其他生命降低到供人类利用的客体地位。强大国家宏伟的宪法型构了人类圈的穹顶，并勾勒出人类圈及其愿景。法律规定了我们与他人、与地球上的其他共居者，以及地球本身相处的方式，并惩罚、报复那些不遵守法律的人。法律使物种的永久性灭绝以及对养育我们的地球的最大不敬和滥用行为都合法化。

如果这一切有些危言耸听，那么请思考下面的内容，它们对于几乎所有主导当下人类社会的文明中的法律制度来说都是真实存在的。

三 地球的其他部分被界定为无权利的客体

> 我们的文化与爱斯基摩人的文化之间的根本区别——即使在今天的某些情形之下也能感觉得到——在于我们已经无可挽回地将自己与动物占据的世界截然分开。我们将所有的动物和自然要素变成客体。我们摆布着它们以永世服务于我们的复杂目标。爱斯基摩人没有轻易掌握这种区分,也难以想象他们自己完全远离动物世界后会是怎样。对许多爱斯基摩人来说,做出这种区分类似于一个人与光或者水完全隔绝。很难想象如何做到这一点……就爱斯基摩人掌握这种区分来说,西方文化中最为混乱的方面是人类与共同体中的动物成员之间的关系具有人格解体的倾向。
>
> ——巴里·洛佩兹:《北极梦想》

从法律的角度来说,动物、植物以及地球上几乎所有的东西都是客体,它们要么已是人类或公司等拟制"法人"的财产,要么随时可变成人类所有的东西,如捕获或猎杀。因为一旦法律将各种生命体视为"物"而不是"生命"的时候,则是对他们可能成为权力主体(即持有者)的熟视无睹。单从法律角度来看,客体享有权力是难以令人信服的。也就是说,像托马斯·贝里强调的那样,大部分国家的法理不认为"宇宙是主体组成的神圣团体,而不是客体的集合体"。①

仅仅将人视为生命体的另一个后果是,其他生命形式甚或地球自身的一切神圣的、精神的维度招致否定,而且在法律的视野中根本就不存在。

仅由法律所认可的权利是那些在法庭上实施,以及仅由人类或公司等"法人"所享有的权利。这就意味着,从现有法律制度的视角出发,地球上数以亿计的其他物种都是不法之徒,或以不法之徒来对待。他们不是法律制度所关注的共同体或社会的组成部分,也没有生存或拥有栖居之所的固有权利。因而当大多数国家有了保护特定物种和栖息地(如在国家公园内)的法律的情况下,这听起来有些夸大其词。然而,此类立法没有赋予非人类生命体以权利,而是仅仅限制了某些人类行为,其目的通常是为了保证其他人能持续亲近荒野。

即使一项法律制度要将其他物种认可为生命②,我们仍然必须要在它们可能享有的"权利"如何得到保护和主张方面克服诸多困难。这个非常困难但又非常重要。无法付诸实施的权利根本就不是权利(权利的问题,将在第八章中详细讨论)。

四 虚构的生物,享有太多权利但承担太少义务

当今 21 世纪,拟制的、无形的主体被赋予了巨大的、无拘束的

---

① 参见第八章中引用的《权利的起源、区分和作用》。
② 主体。——译者注

59

权力,它们主宰、开发着地球上几乎所有的地方。此类公司和法人没有情感、意识、价值观、道德或与地球共同体其他成员和谐共处的能力。实际上,公司先天地具有贪婪的癖嗜,因为创制公司的法律和公司自己的章程都要求他们为支配地球的红利而激烈竞争,并且尽其所能地消耗地球,而不顾对地球自身或它的栖息地所产生的长期后果。

1970年代,大约有7000家公司在全球范围内营运,但截至2008年,大约增加到82000家跨国公司和810000家海外附属机构。[①] 公司占全球最大100家经济单位(其他经济单位是指国家)[②]中的51家,尽管前200家公司占到世界经济活动总量的25%以上,但雇佣的世界劳动力却不足1‰。公司在世界范围的绝对规模、资金来源和影响力使它们在人们心中有了神一样的地位,如若古代的巨人族一般。事实上,它们仅仅存在了几百年时间而已,且它们的持续存在依赖于我们的法律制度是否认可它们。

我们倾向于假定公司差不多总是以我们今天所知的形式存在的。事实上,最早出现的公司是以"非盈利实体"的形式依照英国法而组建的,建立这样的实体是为了增进社会整体的利益。这些实体包括教堂、中小学、大学,以及后来出现的市政当局。原初,它们的行为范围受到严格控制,但如丹尼尔·贝内特[③]所描述的,在英国(就如同在其他国家一样),对公司的公共性控制现在已经降低到了几乎不存在(控制)的程度了。

[①] 《2009年联合国贸发会议世界投资报告:跨国公司、农产品和发展》。
[②] 《200强》,政策研究所,2000年。
[③] 丹尼尔·贝内特:《谁来负责?》,伦敦:公司、法律和民主项目。

在英国,国王16世纪后期开始授权《皇家宪章》承认公司的关联交易,并于17世纪又授权《皇家宪章》承认"东印度公司"在"东印度群岛"的贸易垄断权。尽管事实上"东印度公司"依照其章程没有权利这样做,因而其行为只能是非法的,但"东印度公司"还是在内部创立了股份并用股票进行交易,从而为它的股东创造利益。其他公司也相继效仿,一时间新商贸公司依《皇家宪章》和《议会法案》而产生。然而当所谓的"蓝海泡沫事件"曝出后,这一切都结束了。"南海公司"成立于1711年,曾获得西班牙人控制的南美口岸的垄断经营权。很明显,当"东印度公司"再没有进入这些口岸的权利时,创办人叛离了国家,股市也相继崩溃。政府对此的反应便是颁行了1720年的《泡沫法案》,"有助于形成皇帝陛下的普遍性抱怨、偏见和不适"的所有商贸企业都将是非法的、无效的。《泡沫法案》也规定股份只能依法出售给真正参与公司或合伙企业运营的人,而投机性股份交易是禁止的。虽然议会通过了专门的法案以在短时期内基于特定目的而创立公司,如修建运河或自来水厂,但直到1825年《泡沫法案》废止,大多数交易仍按照合作关系的方式继续进行。

正如贝内特所指的那样,从1825年起,公司已按照英国法被授予了非常广泛的权力,而与此同时,法庭和政府控制公司的法律权力却在减少。最初,公司的权利通过皇权或政府起草、批准公司章程的方式予以确定和限制。然而,1844年的《股份公司法案》授权公司自己确定营业目的,1855年通过的法案将股东对公司债务的责任限定在他们的出资份额以内。[①]

[①] 该法案的任务是限制某些股份公司成员公司的责任。

1844年《股份公司法案》颁行之后,如果一公司想要以公司章程没有授权的方式或目的从事活动,那就表明在行使一项它并不拥有的权力,法院将试图通过裁决的方式对其行为进行一定的控制。结果,法庭可能宣布法案是非法的且不发生任何效力(即在法律上,法案是超越权限的)。尽管如此,公司继续无视对它们营业范围所做的限制,而且超越权限原则的效力在许多案件中遭到破坏,这些案例对有资格重启该原则的人做了限制性处理。最终在1966年,上诉法庭接受了这一请求:如果公司章程有授权规定,董事会就可以在公司权力受到限制的基础上做出决议。① 1989年的《公司法案》最后删除了这种无意义的资格规定,进而允许公司在与目标相一致的基础上,以覆盖所有商业活动和阻止公司行为遭遇挑战的方式确定自己的目标。②

当然,是真正的人在参与此类公司活动。然而,法律准许人们投资并运营这些拟制的"法人",从而以一种逃避公司自利行为所导致的刑事责任、经济责任、社会责任和道德责任的方式,将他们重新装备起来。为了推卸这些人以公司的名义所做行为所导致的一连串责任,法庭认为公司参与人的权利隐藏在"公司面纱"的背后,因而也从没打算揭穿一个公司其实就是一个人的本质。这样,责任也被稀释了,因为事实上登记的公司中大部分股东都有自己的公司供他人投资。在许多情况下,个人投资者既不知道也不关心他们投资的公司群组是否承担环境与社会责任。在以公司名义所做的行为中,个人责任之缺失对实际参与公司经营的人也是非

---

① 贝尔之家有限公司诉城墙财产有限公司案(1966,2 QB p.693)。
② 1989年《公司法案》第3A、35(1)节。

常普遍的。许多主管和经理依主观臆想行事,即法律和"商业道德"要求他们最优先要做的是实现短期股东金钱利益的最大化。结果,现在的状况是,大量的人参与到公司中来,不管他们是投资者、管理者、雇员或消费者,都没有察觉到以公司名义作出的破坏行为应承担某些个人责任。

到我们十分谨慎地审视公司,并自问这种社会组织形式是否仍然符合人与地球的利益的时候了。公司造成的社会与环境破坏程度能与他们预想贡献出来的好处相当吗?尤其当好处仅仅归于少数人享有时。如果答案是否定的,那么我们必须要对这种现状做出一定的改变,而无论公司的游说宣传力量有多大。人类利用法律创建了公司,我们同样可以用法律变更或废除公司。譬如说,如果有一套行之有效的法律机制确保商业活动一旦产生生态损害,相关个人和公司必须要不计成本地救济损害。在这种情况下,公司是否会很大程度地减少对环境造成的损害,我对此略有怀疑。66

五　灭绝地球上的生命是合法的

我们正当地宣布种族灭绝是一种反人类的罪行。这样一来,种族灭绝在世界上任何地方将被指控为一种犯罪行为,即使它的发生在有些国家的法律中是合法的。但是,灭绝其他物种或生命系统将会有什么结果呢?除了少数特殊情形之外,人类的大多数危险的和有害的行为,如致使其他生命形式,甚至地球生命支持系统灭绝的猎杀或威胁行为,尚不被认为是犯罪行为。我尚不知是否有国家禁止可能称为"生物灭绝"或"生态灭绝"的现象。事实上,现在地球上最为强势的人类社会不断地要求享有权利,以持续地毁坏生命所依赖的气候系统,而对此行为却不加丝毫限制。

而且,许多治理制度也助长了威胁生命的行为。激励措施促进了技术的发展和运用,从而加快了开发地球的进程,也使改变人类和其他生命形式的基因编码成为可能。大量的公共基金花费在破坏性武器的发展上,这类武器一旦使用,将会产生巨大的,也许无法弥补的环境损害。

六 司法制度易于弱化,而非修正(共同体中的)关系

在许多现代国家,被委婉地表述为"司法制度"的东西,实际上被专门设计为形式化的方法。按照这种方法,国家要求为犯罪行为受害者的利益而复仇,这样受害者就不会采取自卫报复行为,且不会损及社会稳定性。在大多数情况下,这些制度仅仅加剧了相关个人与作为犯罪首发地的共同体之见的疏离,而且有时异化为一种昂贵的手段,致使犯罪现象更加猖獗。

然而,许多对共同体健康的维系具有重要价值的习惯法制度将犯罪行为和社会冲突视为创建共同体(可能包括无生命物质、动物和神灵)的社会协约恶化的征兆。相应地,习惯法制度主要关注于破损关系的质的恢复,而不在于惩罚。典型的是,这种"恢复性司法"是通过所有相关者参与的调解和讨论程序而实现的,而违法犯罪者被要求对受害方(可能也包括神灵)赔罪并对社会协约关系做出再次承诺。

近年来,在诺贝尔和平奖得主德斯蒙德·图图大主教带领下,

致力于南非种族隔离犯罪问题研究的"和平与和解委员会"采用的是恢复性司法的方法。这种方法最开始也被一些国家用于处理年轻的违法犯罪者。

报应型(惩罚型)司法的缺陷甚至在处理损及广大地球共同体的人类行为时更加明显。尽管处罚破坏环境的公司和个人可能会起到遏制作用,但不可能修补相关生态共同体内部被损害的各种关系。

七 法律否认自己处在更大的语境之中

法律的源头是所有的人。虽然一些法律制度需要有神圣的权利来源,但都是为了实践性目的而建立在人类基础之上。即使在国际法层面上,也没有认识到人类的法律需要顾及宇宙或自然之"法"存在的更大语境。因此,即便是欧盟成熟的治理结构也逐年分配着超过渔业资源存量的捕鱼份额。许多科学家建议不能这样做,然而问题是,他们不接受(或不关心)这一事实:人类的治理制度从属于那些岿然屹立的自然法则。持续性的过度捕捞会减少鱼群数量直至无法维持商业捕捞为止,源自布鲁塞尔的指令也无法左右这种情况。违反自然之法的处罚不能采取诉辩交易的方式,也没有说客能够让它们废止。

我们不仅忘记了如何依循地球的节奏生活,而且还忘记了这样做曾是人类合规性制度的主要目的。也许,所有的人类共同体曾经自我规范,以确保他们的成员与更广阔的生态共同体相一致地生活。对于人类社会的健康运行来说,这样做是必要的。不幸的是,那些尤为重视维持与栖息地之间相互促进关系的原住民的习惯法及其实践对主流文化的治理制度根本上没有影响力。

八 "自然法"的终结

我在法学院上学的时候学习法理——法律哲学。我们学到了许多理论且讨论了"正义"和"权利"等思想。我们甚至还接触到了"自然法"。它被看做一个有趣但过时的概念,认为存在一个世界性的、恒定的"更高"形式的法律。由此推理,"自然法"可作为确定人定法是否有道德拘束力的尺度。换句话说,自然法学者认为良法以所有人(至少是"文明化的"人)共有的内在善恶观念为基础。自然法概念的经典表述由罗马斯多葛学派哲学家西塞罗在公元前1世纪做了阐释,随后由多米尼加法学家圣托马斯·阿奎那(1225—1274)在基督教的脉络中做了进一步发展,再后来又被伟大的罗马-荷兰法学家格老秀斯(1583—1645)和普芬道夫(1632—1694)在更为世俗的语境中做了进一步拓展。

> 真正的法律乃是正确的规则,它与自然相吻合,适用于所有的人,是稳定的、恒久的,以命令的方式召唤履行责任,以禁止的方式阻止犯罪,但它不会无必要地对好人行命令和禁止,对坏人以命令或禁止予以威召;要求修改或取消这样的法律是亵渎,限制它的某个方面发生作用是不允许的,完全取消它是不可能的;我们无论以元老院的决议或是以人民的决议都不可能摆脱这样的法律,也无需在我们自身之外为它寻求解

释者;将不可能在罗马一种法律,在雅典另一种法律,在现在一种法律,将来另一种法律,而是一种永恒的、不变的法律将适用于所有的民族,适用于各个时代;将会有一个对所有的人共同的,如同教师和统帅的神:它是这一法律的创造者、倡导者和裁判者。

——西塞罗:《论共和国》,iii,xxii,33(哈里斯引,1997年,第8页)

在欧洲法律思想中,法哲学和法律自身应当符合自然法原理的观念在数世纪中已被广泛接受,但在18世纪却逐渐地丧失了原来的地位,进入19世纪则在很大程度上受到怀疑。然而,这一思想中曾经辉煌的片段,仍可见诸于许多欧洲法律制度以及以此为基础的其他法律制度之中。例如,在许多国家的行政法领域,个人或履行公共职能的实体所做出的决定需符合特定的基础性标准,如在做出决定前听取双方当事人的陈述。有时,诸如此类的要求被称为"自然正义"。

自然法哲学的衰弱主要起因于两个理论流派。第一个流派是"不可知论",通常与苏格兰哲学家大卫·休谟(1711—1776)的研究成果有关。他在论著——1739年首次出版的《人性论》中指出,不管我们知道多少关于世界或人性的运作规律(即,什么"是"的问题),我们都不能逻辑地推导出什么是道德上正确的或错误的(即,什么"应当是"的问题)。换句话说,一个道德性结论(即,与价值相关)不能从两个事实性陈述中得出,而当时的道德哲学家,包括自然法的支持者却不这样认为。例如,如果有大前提"所有的哺乳动物为了生育而有性行为"和小前提"人类是哺乳动物",那么可以从逻辑上得出结论"人类有为了生育的性行为"。然而,这两个前提并不足以支持结论"人类只应当为了生育而有性行为"的正确。

休谟所表达的是对生命、社会和人性的观察。许多哲学家和法学家据此创立了自然法的内容,但它没有为得出法律(特别是将来的法律)应该是什么的结论提供逻辑基础。许多法学家认为休谟的观察破坏了自然法存在的基础。然而,这并不是问题。像哈里斯所说的,如果这种三段论式的、演绎式的推理是唯一的证明方式的话,那么我们就不能符合逻辑地确认明天太阳将会升起,因为它在过去已经升起了。此外,若从包含价值判断的陈述开始,我们就能够逻辑地推导出其他结论来。[①]

第二个抨击自然法思想的流派通常指的是"法律实证主义"。这一思想流派的拥护者认为,法律没有内在的道德内容(即,什么法"应当"是没有意义的问题),法律能够依经验决定的事项主要指的是立法、审判和习俗。

在一个更为实用主义的意义上,自然法的路径失去主流地位的原因之一是,社会中的利益群体有一个强烈的取向,即去主张他们的信念是"自然的",因而内在地优先于与此相抵触的信念,他们将其嘲笑为"非自然的"。当然,如果当你回顾数世纪前不同社会视为犯罪的和没有禁止的现象时,就很容易理解为何实证主义法哲学家会认为一个"犯罪行为"只不过是国家政治机器为了控制而这样确定的一种行为而已。今天,很少有科学家还会支持过去许多法哲学家提出的存在固有罪恶或错误(自体恶),且在结果上被

[①] 哈里斯·J. W.:《法哲学》(第二版),伦敦巴特沃斯出版社1997年,第12—16页。

广泛地认为是犯罪的特定行为的观点。在考虑到正当防卫的情况下,杀人也是一个非常相对的概念,因而也不成立谋杀。例如,妻子有预谋地杀害暴力虐待她的丈夫就是谋杀,而在战争中或作为外交政策决定的结果而故意杀死成千上万的人却不是谋杀,而且或许还被认定为是值得赞赏的。

此外,故意杀死一个活的动物的行为,仅仅在法律视其为主体的情况下才会被认为是谋杀。按照法律来说,所有的归属物都是客体而非主体。因此,在罗马法中杀死奴隶不属于谋杀,因为奴隶就是客体,因而不成立犯罪。然而,如果杀死了属于某人所有的奴隶,所有人因为其财产的失去而有权得到赔偿。类似于今天的法律,无论多么严重的杀戮或何种程度的无情、恶毒或残忍,都不可能成立谋杀动物或树木的犯罪。最坏的情形可能是触犯虐待动物的法律(主要是为了保护人类的情感),或因不符合履行环境影响评价之类的规范性程序而被宣布为犯罪。

直到最近,自然法的思想才得到著名法学家的支持,如 H. L. A. 哈特(1907—1992)提出的对自然法最低限度内容的承认。自然法还一度得到某种程度的复兴,尤其是通过《自然法与自然权利》(1980)的作者约翰·菲利斯等作家对自然法思想的重新解释之后。然而,对自然法的新解释仍然牢牢地限定在人类中心主义思维之中。例如,菲利斯就认为"正义"在于培养"共同的善",从而为共同体成员达到基本的价值标准或其他合理目标奠定基础。另外,"共同体"是指人类共同体,然后再以促进"共同体中个人自治"之善及资源开发更有成效,并通过私人而非公共企业的方式继续证明私有财产权的合法性。显然,如果转换我们的引证观点,从认为对(西方)社会中的个人是有益的转变到认为对地球是有益的,那么结论将会非常不同了。

从地球法理的角度看,当下自然法概念对人类中心主义的先天青睐,使得围绕上述观点的激昂辩论看似非常虚假。不过,自然法作为一种思想,其历史发展至少在两个方面具有启示意义。第一,它表明在经验事实或严格逻辑基础上不易得到辩护的观点,可能会受到现有权力结构中既得利益者的大力抨击。第二,它提醒应当就防范人类应当如何作为的问题,做出以特定情境的观察为基础的随意性或意识形态化的归纳。也许,它还揭示了在探求智慧的过程中唯一依赖于形式逻辑和科学方法的局限性。

九 自然之法

我们在法理分类中没有探讨的主题之一就是自然之法。就像我们现在认为的那样,自然之法在法律学者的世界里没有一席之地,这是不证自明的道理。在大众意识中,自然之法如同极其荒谬的卡通漫画一样。我们都熟悉"丛林之法"、"杀害或被杀"以及"最舒适的生存"(误认为某一特定时间里最强壮或最狡猾的人或动物)等词。总体而言,这些都是人类看待自然世界的错误印象。

更严肃地说,我们应当将自然之法认为是支配动植物生命活动的自然世界的一部分,而不当然是与现代人类仅有些微关联的法律。也就是说,迄今为止,当我们还在认真地使用"自然之法"的称谓时,就不会认为它是"真正的法律",而认为是表达世界运行状态的原理,因而与封闭的人类世界关联性不大。

然而,世俗的法哲学几乎全盘否认我们的法理需要顾及人类社会之外的其他规则、规范或原因。现有的法律全部产生于"人类圈"之中,按字面含义可理解为"人类圈"成员的法律。所有最为重要的是对相关时间段内以及成文法内容之中人类共同体进行法律确信。乍一看去,这似乎并非不切合实际。毕竟,人类的法律是人类制订的,因而仅仅适用于人类——面对一套霍尔斯伯里的《英格兰法》,最聪明的海豚又有什么用呢?所有的社会性动物都有自己的规则,并能够惩罚违法者——狮子的猎捕行为或黑猩猩的复杂社会结构即是证明。我们的法律不就是与其相同的更复杂版本吗?问题不在于我们创建了人类的法律或人类的权利,而在于我们不再意识到法律制度存在于地球规则之中,因而没有看到在法律制度与地球规则之间建立任何关联或连续性关系的必要性。

使得这种幻觉如此有害的原因是,进化过程已经给人类赋予如此惊人的能力,以致于我们在今天拥有巨大的能力去做有危害的事情,且荣耀地彰显出创造性和意识等普遍性特征来。如果蚁群、黑猩猩要做出异常的群聚性活动——破坏他们的栖息地,这或许不会对其他物种产生重要影响,这类活动的自我毁灭属性有可能会导致此类动物的长期灭绝。然而,我们掌控环境的超凡能力似乎意味着,在自己遭遇进化的灭亡命运之前,我们可能会毁坏地球的生命支持系统。据估计,如果人类当下对地球系统施加影响的程度不断地在本世纪中持续存在,那么,截至2100年(也就是说,在我们的孙辈和部分孩子辈生活的时代),今天存活物种的1/3将会灭绝。[1]

---

[1] 利布斯、莎托瑞斯、斯温:《时间漫游:从星尘到我们》,纽约约翰·威利父子出版公司1998年。

第二部分　我们所知的世界

十　为法律疗伤

显然,对地球共同体的许多非人类成员来说,主导人类社会的治理制度有非常严重的功能障碍。虽然不那么明显,但对于人类而言,治理制度也令我们失望。只要我们的社会一直未能识别并阻止威胁地球整体健康的人类活动,这些活动还将大大增多。迟早有一天,我们既要(与地球共同体的其他成员一起)承受灾难性的后果,还要对融合自我规范做出非常实质性的改变。问题是,我们的社会能够足够快地承载这种必要的蜕变吗?从许多大森林、古珊瑚礁和许多精巧建构的复杂生命社区来看,答案是"不能"。在人类行为有重大改变之前的很长时间里,人类社会的治理制度仍将以既有方式运行。对人类和其他许多物种而言,该问题的答案可能刚好在人类下两代或三代人生活的时候得以揭晓。

认识到本章中所表述的各种征兆,就算是疗伤的第一步了。第二步就是诊断更深的病理,并且确认我们需要做的比仅仅治愈病症多得多。然而,疗伤还需要了解现有健康状况如何,以及修复过程如何操作。在第三部分(第六章到第九章),我要探讨如何识别治理制度曾经对人类产生的积极作用,以及发挥这种作用的治理制度应具有什么样的特性。在第四部分(第十章到第十四章),我将讨论要把现在的治理制度变革为"地球治理"制度,我们应当做什么。第五部分(第十五章)将对迫切变革人类社会和治理制度的各种观点进行检讨,并审视未来发展之路。而"补篇"部分将对迄今取得的进步做一记述。

第三部分　地球治理

生态自我发展成为一种与地球有关的道德责任意识，就像我们对他人的道德责任有着生动的体验一样。生态自我力求将这种道德责任植入社会关系结构和政治决策之中。

——西奥多·罗萨克

第六章　尊重伟大之法

一　大山

窗外绵延起伏的桌山一如往日般地静谧。长若薄纱的白云静静地飘过峻峭的灰色山峦。就在几分钟前,当太阳沉入远山之外的海面时,慢慢翻滚的云团在斜阳的余晖中五彩斑斓、光芒四射。这会儿,当晴朗的傍晚归于平静时,云朵看上去更蓝、更浓,飘向那草木茂盛的山坡。突然间,大山在轻纱般飘荡的雾气掩映下动了起来。

当夜幕渐浓,森林和薄雾从视界中淡去的时候,大山也看不见了。我知道,大山还在那里,如果我去寻找,一定能够找到它。当我爬上山坡时,呼吸的加快让我感受到它的存在。它的险峻使我的肌肉膨胀,他的美丽将唤醒我的灵魂。有一个需要关切的真实现状,立于山巅之上没有准备的粗心流浪者,也许会发现他们在突然飘过的雾霭中身处险境。

然而,如果我尝试仅仅运用理性思维解决这一处境时,结果可能更加难以捉摸。雾霭源于何处,又将飘向哪里? 大山是什么,山脉又是什么? 它们由什么构成? 白云、森林和小溪是组成部分吗? 我对它意味着什么,它对我又意味着什么? 它是敬畏的对象吗,是启发我的冥思吗？或者它仅仅是巧合而成的一大堆砂石和花岗岩？在困惑中，我的脑际掠过了那些词典定义的令人欣慰的抽象概念和法定地图上紧密聚集的轮廓线条。大山始终保持着它的样子，稳固依旧，而且发挥着共建我周围微气候、我心中的意义和内心愉悦的作用。

二　区分伟大法理和其他地球法理

我不是大山的一部分，大山也不是我的一部分。我们之间有着明显的区分，然而却是同一地球，同样的亚原子粒子和流经我们的能量的组成部分。内在相互区别但又共同构成整体的一个部分，这一特征也适用于我们理解"地球法理"，因为它也有不同的组成部分。一方面，有那些执掌宇宙运行的"法律"和原理。在有着同一渊源的意义上，它们是永恒且统一的。这一"伟大法理"显现于宇宙自身之中。譬如说，重力现象体现于行星之间的组合、行星的成长以及昼夜循环中。所有一切都是存在这一"法律"的明证。

另一方面，"地球法理"指的是人类创立的，并在很大程度上源自且相容于"伟大法理"的法律哲学。基于本书论证的明晰性起见，我较为狭义地使用了"地球法理"一词。然而，那些真正的"地球法理"必然嵌含于"伟大法理"之中，并且是"伟大法理"的延展，认识到这一点是极为重要的。因而两者不是彼此分离的两个事物，而是同一事物的两个不同方面。

三 伟大法理的本质

"伟大法理"如同大山一样。它就是它本来的样子,我们对它的描述只能是抽象的近似。它非对非错,是所有事物固有的属性,因为所有事物都是宇宙整体的部分。在这一意义上,"伟大法理"更应被认为是世界的一个属性而不是执掌世界运行的规则或原理。它没有像规则或原理那样为达到某一特定的结果而被运用。相反,可在自然世界的现象中察觉到它的存在和运行方式。它也可被理解为设计参数,由我们中间那些从事为了人类利益而创立"地球法理"的人来操作。

如果我们在为人类创立可行的"地球法理"之时要受到"伟大法理"的指引的话,那么我们需要尝试着去辨识"伟大法理"的属性和内容了。自然世界(即世界如它应当的那样运行)为我们提供了最好的指南,引导我们掌握世界的本质。为了重新发现"地球法理"并创立适合于我们时代的"地球法理"形式,有必要审视世界的基本法律和原理,因为它们提供了所有人类法律制度得以存在的终极框架。就最实际的意义而言,这意味着领悟了地球上自然世界的运行规律。在将我们自己重新融入广大的地球共同体之中的尝试中,记住这一事实是有益的,即我们脚下的,与我们一道协同进化的动植物根茎、脚掌、鳍及触须之下的地球是团结我们大家的共有基础。它给了我们共同的家园,提供我们得以繁衍的基本质料和供济我们的食物。

四　人的属性与伟大法理

尤其在最近数十年中,科学共同体搜集的经验性知识为世界的运行提供了有价值的洞见。然而我坚信,理性分析不是获得有效且有用的信息和洞识的唯一办法。"伟大法理"刻入世界的方方面面。关于人类的任何一件事,从我们大脑的大小,到每个牙齿的形状,以及我们关于美丽和颜色的意义,均是经由我们与世界以及与我们据以顺利协同进化的植物、动物和微生物的互动关系而形塑的。一旦有什么不同的事情——也许是地球引力,那么我们也会有所不同。因此在某种意义上,"伟大法理"也被镌刻在我们身体的骨头、肌肉、筋腱和思维模式之中。

因为我们是世界的一部分,这在逻辑上对我而言,我们有能力通过移情式地参与自然和反省的途径领悟"伟大法理"的原则。换句话说,不同于第四章中对"自然法"的经典解读,运用"理性"(至少在该词的狭义上)之外还有其他路径可以发现"伟大法理"。创立"地球法理"的过程中,对人类自然及其与世界之间的联系的考量也是极为重要的。"地球法理"之于"伟大法理",就如同人类自然之于自然。

五　伟大法理的特征

那么,"伟大法理"的一些主要特质又是什么呢?在《宇宙故事》一书中,布赖恩·斯温和托马斯·贝里提出了一项"宇宙进化原则",强调宇宙所有组成部分和所有维度的演化可用三个特性或论题所"描绘",即分化、自创生(字面意思是"自我创造")和共融共济。[1] 他们认为,宇宙的这些特征源于对宇宙的观察而非理论的演绎。这样一来,随着我们知识和认知能力的提高,我们能够寄希望于对这些知识的认知逐年深入。

这些词汇无法简单界定,但就对人类的用途而言,我们可把"分化"理解为面向多样性、变异性和复杂性的内在趋势;将"自创生"理解为自我组织和自我认知的固有能力;将"共享"理解为宇宙所有组成部分之间的互联性。通过将自身分化为不同的方面或组成部分、不同部分的自创生结构以及相互之间得以组织起来的共享等途径,宇宙才能自我有序运行。

作为一个系统的地球,正在向日益复杂的组织体层次快速演化,这也是非常有可能的。在每一个新的层次上,新的机能开始涌现,其结果是新系统大于组成它的部分之和,而不能被认为仅仅是一个低层次体系的组合。

扬·斯马茨(1870—1950),另一位经常光顾桌山山脉的行者,曾写道:

> 物质和生命共同组成了单位结构,许多单位结构的有序聚合产生了我们称为主体或有机体的自然界整体。"整体"的这一特征存在于我们的方方面面,且表达着世界的根本性意

---

[1] 布莱恩·斯温、托马斯·贝里:《宇宙的故事》,旧金山哈珀柯林斯出版社,1992年,第73—75页。

义。整体论……就是为这一根本要素而创造出来的词汇。①

斯马茨认为,无机物产生了生命,生命又依次产生了思维。每一更高层次大于较低层次之和,且不能降低为组成它的子部分。

支持地球成为一个通过生命有机物之间以及生命有机物与非生命环境之间的相互影响而共同创造的演化系统的观点,因借助于诸多假设和发现而得以不断加强。其中包括前美国国家航空航天局科学家詹姆斯·洛夫洛克的"盖亚理论"。他提出了一个令人信服的例子,认为地球是一个有效自我调节的系统,就如同我们熟悉的其他有机体一样。② 的确,越来越多的证据被发现,都表明地球在数百万年以来一直将空气的化学成分和它表面的温度控制并稳定在适宜生命的最佳水平上。例如,大约21%的空气是由极强活性的氧气构成,而发现甲烷保持在一个相对恒定的水平上,占到百万分之一点七。借助太阳光,氧气和甲烷相互反应产生了二氧化碳和水。将甲烷维持在这个水平上就等于生命有机物在一年内生产出大约5亿吨甲烷。如果地球上的生命活动终止,所有的元素将会不断地相互发生反应,直到更多的反应不可能发生,而地球将会变成一个酷热、不适应生命存活的地方,没有氧气也没有水。③

大卫·博姆(伦敦大学伯贝克学院原理论物理学教授)的理论

---

① 扬·斯马茨:《整体论和进化论》,引自佩珀:《现代环境保护主义:导论》,伦敦劳特里奇出版社1996年。

② 参见詹姆斯·洛夫洛克:《盖亚:重新审视地球上的生命》,牛津大学出版社1979年。

③ 詹姆斯·洛夫洛克:《盖亚:行星药剂的实践科学》,伦敦盖亚出版社1991年,第23页。

也能支持地球像蓓蕾绽放它的潜能一样演变的观点。博姆认为,系统整体的各个方面被包含进组成整体的部分中,就像全息照片的片段保存着整个照片的影像一样。他指出,被"包含"进每一部分且无法被我们看到的有序整体能以自然的方式演变并逐渐清晰,如同电视可以放出可视影像,而这些影像却包含在它所接收到的无线电信号里。①

另外,《觉醒中的地球》(1982年)②一书的作者,天主教神父德日进和彼得·罗素将地球视作一个向超级有机体方向演化的有机体。已经完成从能量层次到物质,以及从物质到生命的跨越之后,地球正在准备跨越到有序的全球性意识阶段。

这些观点看似遥不可及。当然,我还记得当听到洛夫洛克提出的关于地球被视为一个有机体的假说时,还像自认为头脑清醒的年青航运律师一样对其加以嘲讽。而后,当我读到他严密的科学观点时,我对自己当初的偏见深感遗憾。充分的证据已经被发现,证明洛夫洛克的假说应被接受为科学理论。比如,像林恩·马古利斯一样的科学家们已经揭示出诸如海藻之类的微小有机物有助于稳定地球大气层的成分。她还指出,演化经常并不是太多地源自于物种种群的扩散,而更多地源自于为形成复杂实体(共生起源)而化合成共生关系的独立实体。换句话说,演化进程中的合作和相互依赖已经远比竞争重要。③

---

① 大卫·博姆:"整体性和隐秩序",载威廉·布卢姆:《新时代的企鹅图书和系统性写作》,伦敦企鹅图书出版公司2001年。
② 《觉醒中的地球》,伦敦劳特里奇和基根·保罗出版社(1984年方舟出版社平装版)。
③ 如参见林恩·马古利斯、道林·萨根:《微观世界》,纽约极点出版社1986年。

> 生命不会以争斗的方式而是以网结的方式掌管全球。在我们肤浅的差异性之下，我们都是缓缓而行的细菌共同体……世界发出闪烁的微光，点彩派景象也由微小的生物塑造而成。
>
> ——马古利斯和萨根:《微观世界》，第15、191页

然而在眼下，我想可以很保守地说，在为我们的时代而进一步发展地球法理的过程中，我们能够理智地从内心接纳自然系统所展示出的"整体性维护"（爱德华·戈德史密斯[①]提出）特性。或者说，合理运行系统的每一方面都是按照有助于整体健康和完整的方式行动的。如果不能达到这种水平，那么系统整体即将恶化，从而对所有的组成部分产生相反的结果。自我调节是一切生命有机体或有机物群体的重要部分。一切不能按照确保其组成部分或成员有益于整体的运行方式自我调节的有机体或群体，最终将走向衰变。这也意味着一个活的自我调节系统必须具备反馈机制，以便于识别和纠正那些破坏整体性的机能。

当然，愤世嫉俗者或许认为，如果地球是一个合理运行的自然系统，那么我们不必担忧，因为当我们对地球捉襟见肘的"管理"使我们自身灭绝或急剧减少我们的数量时，均衡或"内稳态"会及时恢复到正常状态。就我自己而言，我对此没有找到非常令人满意的观点，因而宁愿认为我们应当足够聪明才能非常精致地演化，并及时地用自我调节机制避免这种长期的纠正。然而，即使我们是

[①] 爱德华·戈德史密斯:《道路:生态世界观》，伦敦赖德出版社1992年（1996年格林出版社修订版）。

这样的,问题却是地球将在此期间要永久地失去许多的生命。

六 从伟大法理中获得指导的意义

为了理解"伟大法理"对人类法律制度和法理的影响,有必要将个人的参照点从绝对人类中心主义中自觉地解脱出来。这样做类似于为了领会哥白尼日心说而不是地心说大发现的正确性所需的思想改变。当时,包括当局在内的许多人因如此惧怕他们所理解的——如果接受地球,根本而言即人类,不是宇宙万物的中心——的不利后果,以致于试图强迫哥白尼认错。即使这样做,他们还是没有认识到这在事实上没有任何作用,而且如果哥白尼是正确的(就像最后所证明的那样),那只能证明地球绕太阳转动不是他们所理解的灾难。事实上,唯一真正的损害只是教会和当时人们所推崇的某些自我标榜的幻想而已。同样地,接受人类法理须从属于"伟大法理"的观点看似是危险的,但实际上总是正确的。

那么,宇宙的主要特征(即"伟大法理")之于地球法理的发展有何影响?

其一,如果我们认识到"伟大法理"之于人类法理的有效性与关联性,那么法理和法律的终极来源就要跳出人类圈且远离人类的掌控。也就是说,正如托马斯·贝里提出的,"宇宙是首要的立法者"。[①] 承认了这一点,政治权力才成为对错及是否合法的最高裁判者。这在起初看似危险的观点,尤其对于试图维系权力的既

[①] 托马斯·贝里:《伟大的事业:人类未来之路》,纽约贝尔·托尔出版社1999年。

有政治和法律建制而言更是如此。然而,重要的是要意识到这是再次加入地球大家庭的代价,而地球大家庭提供了比人类圈的事业更加宏大的愿景。

其二,如果有人接受"权利"的终极来源是宇宙而不是人类社会的话,那么就可以得出人类法理嵌含和受限于更大、更重要的"伟大法理"之中的结论。换句话说,我们须意识到现有法律理论和法律企图发挥规范作用的局限性。

其三,人类的法律和治理制度需要以促进人类行为朝着有助于更大的生态共同体及地球自身的健康和整体性,而不仅是人类社会自身的方向而设计。所有自我调节的群落或生态系统是更大系统的组成部分,这一更大系统自身又是比它更大的系统的组成部分,诸如此类,不一而足。相应地,在按照"整体性维护"原则评估和设计治理制度的过程中,我们也安排、组建着整体性共同体。在这一意义上,运用"整体性维护"原则也就意味着对整体性的修复。

其四,我们必须重新评估"强制一致性"的欲望,并庆幸能自我调节的制度——如果你愿意的话就称为地球民主——的多样性。我们所知的关于分化性质的启发是,稳定性和创造性的演化以多样性而非一致性为方向。大多数法律制度会在方法和内容方面扩散出企图"强制一致性"的能量,对其予以说明是非常有趣的。全球化也建立在一致性的增强以及文化性、区域性差异减少的基础之上。在某种程度上,我们对一致性的欲望根植于我们臆想控制包括环境(即我们周遭的一切)在内的每个事物的牢固信念之中。管理思维或许对于将真实世界的复杂性简化到可以批量做出决策的接近程度而言是有必要的。例如,世界银行的管理者不大可能在有权解读每个项目的细微差别的前提下对所有的项目花费大量的时间。他们只需做的就是分类和分级,以便于能够概览并促进批量决策。

如果"地球法理"与分化的性质相一致,那么就必须要拒绝建立在人类优越性基础上的管理方法,并力图创建一种多元方法共存的环境。一旦我们认识到所有事物的必要统一并以"整体性维护"的方式运作为荣,那么我们无需再担忧:对多样性和"异常"的允许会导致既有社会制度的支离破碎。事实上,为了对共同体及我们自己的先天创造力和自创生能力有更大的表达自由,我们需要弱化某些领域的法律控制。

当然,核心问题之一是,我们如何辨识何为"整体性维护",什么又不是"整体性维护"。这就是共享之所以重要的根本。共享可被理解为宇宙各个不同部分之间的关系之网或共舞现象。按此,共享就是宇宙据以形成的"材料"。这一相互关联性因宇宙的必要统一而不是性质上的异化而一直存在。以强烈的、互惠的、相互关联性为特征的关系就是紧密关系。如果这是持久的关系,那它就会显示出交流和相互作用等对所有相关者有益的特征来。这就好比捕食—被捕食关系是人类的情侣关系一样。其意义在于表明那些与特定关系或共同体紧密相关的各部分被放置在互惠性"协商"的极佳位置。如果关系是互惠的,动态平衡就会出现,这种关系将会持续,并有助于(系统)整体的维护。既然在大多数情况下我们关心的是与无法说出我们语言的生命体而不是与人类之间的关系,那么我们首先必须领会(或者重新领会)如何感知亲密的地球大家庭中其他成员的需求。然而,我们首先应知道我们是谁?

第七章　铭记我们是谁

一　我们来自何方？

在我出生的非洲一角,当你知道祖鲁人的姓名后,问候语就是祖鲁语的"Uphumaphi",意思是"你从哪里来？"对许多非洲人而言,确认一个人的祖籍以及他(她)的族人生活在哪儿？对于认识这个人是谁非常重要。在祖鲁人和科萨人的文化中,当一个婴儿出生后,脐带会被埋在牛棚的地下,这是族群的精神性和经济性感情之所系。理解了这一惯例的脉络,传统的文化才有更为深刻的意涵。它不仅仅是问询你的族群的故地,而是事关你扎根于地球的何方。因此,像一个要离开绵延起伏的绿色山峦和祖鲁兰乡村清早的温暖炊烟,去城市里闯荡的孩子,仍然以叫出他(她)故土之名的方式回应着传统的问候。

起源于非洲的人类大约有700万年历史了。较早的几个原始人的种群已在东非大裂谷、南非以及最近的西非被发现。然而,最早的类人祖先通常被认为是"南方古猿非洲种"(遗骸已在约翰内斯堡附近的斯托克方丹石灰岩洞发现)。一般认为,"南方古猿非洲种"进化为"巧人",然后再是"直立人",最后在大约50万年前进化为"智人"。据我们所知,这些种群在最初500—600万年中只

第七章 铭记我们是谁

生活在非洲境内。大约5万年前,人类历史才以贾雷德·戴蒙德所指的"大跃进"速度发展,①大量的手工工具在今天所说的克鲁马努人遗址中找到。我们的祖先大约在100万年以前才向非洲之外繁衍生活,而更为晚期的克鲁马努人在4万年前才进入欧洲,并取代了已在那儿生活的尼安德特人。

这些人都是狩猎—采集者,直到距今大约11,000年内,人们才开始用驯养野生动物,将野生植物种植为庄稼的方式生产食物。数千年里,农业和狩猎—采集共存,成为选择性的生存策略。一些族群选择不再采用农业生活方式,其他一些族群则选择彻底改变生活方式,也有一些族群以狩猎和采集作为补充,还有族群甚至在放弃传统生活方式前的一段时期里采用农业方式。② 随着时间推移,以及其他一些原因,开始倒向平衡农业。随着收集、加工和存储野生食物技术的提高,人口密度逐渐增加。这又导致更多的食物需求。倘若一个族群有合适的作物以及种植、储存和加工的技术,每公顷农业耕种将会产出比狩猎和采集更多的可食用卡路里。农业工作者还没来得及变换场地,生育间隔期却已大大缩短,人口密度开始增加,如此一来,对食物的需求增加更快。这一动态过程如此明显,以致于早期的农民必须要花费更多的时间去保护食物的安全,而且营养补给比他们狩猎—采集的祖先还要差,因为人口增长速度超过了食物供应。人口与食物供应之间的这种关系产生了扩张的持续压力。密集的食物生产者几乎总是有能力取代那些没有改变食物生产方式的狩猎—采集者,这一趋势一直持续到

---

① 贾雷德·戴蒙德:《枪、病菌和钢铁》,伦敦英特吉出版社1998年。
② 同上书,第109页。

今天。

> 克伦邦婴儿出生时,父亲会带着胎盘和脐带走向森林深处,并在那里挑选一棵大树,在树枝的弯曲部位放置胞衣,用这样的方式以示供养。象征生命与长寿的大树将成为这个克伦邦孩子终生的暗示。他(她)的健康和幸福与那棵树的健康和幸福关联在一起……当孩子长到能够走路并懂事的时候,父亲会带去森林看他(她)的"生命树",让他(她)懂得必须要养育、呵护这个古老的生命。
>
> 摘自塞里·索恩马克、大卫·L.赫尔斯关于缅甸和泰国高原的克伦邦人生活的著作。
>
> ——《转变的风向:克伦邦人与世界遗产的和谐与共》

显然,在人类历史长卷中,要么以狩猎采集者或食物生产者,要么两者结合,人类种群总是以小部落族群的方式生活在与自然友好相处的关系中。至于我们的祖先是否"与自然和谐相处"(我用此以表明对他们生活的环境没有造成长期的严重退化)地生活,却是一个广为争辩的问题。必定,有(争论的)证据显示,早期的采集—狩猎者可能造成澳大利亚、新几内亚和北美的大型动物(所谓的"梅加浮娜",即非洲语中的巨型动物)灭绝,因为它们大约消失在那些人类到达的相同时期。的确,很少有证据表明现今社会和古代狩猎—采集者社会都是生态友善的。

农业生产(特别是大规模种植)和生态损害之间的关系变得更加紧密。事实上,有重要的证据表明,某些古代的食物生产文明走向了衰落,因为这些文明使环境变得非常糟糕。肥沃月湾的美索不达米亚人将绿树成荫的山丘破坏殆尽,并且无节制地灌溉他们的土地,直到含碱地下水水位过高而损及作物的根茎。一段时间里,他们用改变小麦为耐盐碱大麦的方法维持着食物的生产。但考古学家告诉我们,在南美索不达米亚,小麦相对于大麦的比例持续下降,一直从大约公元前 3500 年持续到公元前 1700 年,之后便再没有种植小麦了。艾森伯格认为,土壤的不断盐碱化(最早在低洼地带显现出来)或许是政治力量"沿着河流从苏美尔到阿卡德和巴比伦(通过向南到乌尔的便道),从巴比伦到尼尼微"。① 今日,这一区域的许多土地都是盐性的,大麦和小麦的产量也都比古代要低。然而,像南美印第安等社会却依然能够维持农业生产惯例,且"经营"雨林千年而没有破坏环境。

不出所料,决定人类社会是否对环境造成破坏的关键或许并不在于其族群是狩猎的,采集的抑或是种植庄稼的,而在于他们如何做。然而,农业与人口增长之间的关联性意味着单独种植几类作物的大规模农业更易于促使人类不断地将荒野土地变为农田。直到最近,"现代"农业实践极大地削弱了人类与自然之间的广泛联系。随着"农业综合企业"的大规模发展,许多乡村区域的人口数量开始减少。而与此同时发生的是,过多倚重拖拉机、杀虫剂、化肥、转基因物质和种子的昂贵进口,以及与主要食品零售商之间紧密关系的现代农业已替代了小规模农场和农业劳动者的角色。这一趋势已触发了城市和贫困人口的指数式增长。

在持续了 700 万年甚或更久的年代里,人类社会走完了这种迅速又十分浅见的旅途,而与此相关的是,我们对过去发生过的事情

---

① 艾森伯格:《生态伊甸园》,1988 年,第 124 页。

的观念对今天我们是谁以及我们(和我们的社会)将要变成谁(或变成什么)产生了很大影响。有些人认为,我们正行进在康庄大道上,理由是因技术和科学的原因,至少我们当中的一部分人能舒适地坐在冲水马桶上,而不是身着又脏又破的衣服蹲坐在火堆周围,担心是否有大型凶残动物会在我们病死之前吃掉我们。而其他人则认为,我们已经从富于生态智慧的祖先们曾经栖居的"伊甸园"中坠落而出,正在变成非常堕落和卑鄙的幽灵般的人类,而他们将注定在电视机前慵懒地虚度光阴,或者在棚户区的脏乱和暴力中勉强维生。不同于前述的第三种观点则认为,人类是天生的破坏性物种,绝大多数古代人类文明没有毁坏栖息地的唯一原因在于,人口数量过少或当时的人类没有足以毁坏栖息地的科技水平。每一种观点都倾向于将人类历史作为他们观点正确与否的证据。

而我自己的观点是,那些面对现代工业和后工业社会的破坏性行为而高度颂扬乡土社会优点的现代"环保人士"(Greens),有时或许夸大了乡土文化的"环保度"(greenness)。将这样一群人刻画成被从伊甸园驱赶出来却天资聪慧的"高贵野蛮人",诱惑可谓非常之强烈。另一方面,虽然有许多时事评论人士对——现代社会可以从那些"原始的"文明中获得有益经验的观点冷嘲热讽,但他们中的许多人远远没有像那些观点一样被当成笑柄,且他们自己的文化偏见与文字之间有着显著的不同。

二 原住民的启发

我既不是人类学家,也不是生态学家,且没有专业知识得出关于哪些人类文明以生态良好的方式传承而哪些却没有的明确结论来。尽管如此，我自己就非洲习惯法及非洲、南美和其他地方原住民文化的有限经历和感悟足以使我确信，我们可学的知识太多。我确信，21世纪的主导性文明可以从那些原住民的治理制度中借鉴重要的原则和技术，以在当今地球中心主义的治理结构中发扬光大。如今，当我们面临严重失衡的治理危机时，能够获取的所有灵感都是需要的。原住民聚居区孕育出来的智慧大多已不复存在了，而可为我们所采纳的剩余部分也因主流文明持续不断且势不可当的推进等各种原因而正在快速消失。因此，我们极力保护此类聚居区并从中学习经验是至关重要的，否则就是极其傲慢、愚蠢和罪恶般的不负责任。

即使就那些对原住民治理知识的价值存疑的人而言，我认为至少存在三种据以近距离审视原住民文化的正当理由。

其一，很显然的是，特定的文化总是能够衍化出法律以及其他规范人类行为的方式，并作为生命体和非生命体组合而成的大社区的一部分而长期有效存续。也就是说，原住民文化总体上似乎在避免原住民聚居区的环境恶化方面取得了成功。对于我而言，此类文化似乎可以知晓我们不曾知晓的事，而这却有助于我们的认知。 88

> 尽管原住民的智慧植根于人类的最初起源，但它却是一种累积性、动态性的文化进程。它不是某位专家在图书馆的新发现，而是从我们直接关联的大地中习得的智慧。自然界的原初环境才是启思的根源。探索人与宇宙之间的无限性关联，将使我们获得一种存在感、祖源感和幸福感。
>
> ——婆罗洲可拉必族人，穆汤·乌茹德

其二，正如世界可持续发展大会所表明的，在如何以改善我们与其他"地球共同体"之间关系的方式进行自我治理方面，似乎可信的新观点极为匮乏。我们处理与地球关系方面的根本性问题与人类自身的历史一样古老。我们可能是十足的傻瓜，没有在资料丰富的图书馆中查阅有关几千年来人类治理的各种成功秘笈。

其三，在沉闷且本质上单一的治理思想持续很长时间以后，当置身于这种氛围之外的宇宙论和世界观之中时，难免使人感到极大的鼓舞和振奋。这些治理制度属于另一范畴，有助于在面对可能性的时候"重构"我们的思想，拓展我们的视野。有这样的亲身经历，当虑及如何形成一套关注其他物种利益的治理制度时，秉持西欧文化的人们的最大绊脚石之一就是我们无法与他们（其他物种）对话这一事实。这就意味着我们无法知晓他们的想法，从而人类的作用似乎是为了他们的利益而控制他们的生存。当然，当谈及指派律师在法庭上代理"自然体"或鲸鱼，以保护它们的权利的时候，上述思想似乎还会造成无法解决的难题。对这一难题我无以回答。但是，艾尔利会议期间的某个傍晚，从事与哥伦比亚亚马逊族印第安人密切相关工作的人类学家马丁·冯·希尔德布兰德，给大家分享了一个引人入胜的宇宙论观点，而这一宇宙论源自于他所熟知的族群之一。

他谈到的内容之一是，在每个聚居区里，萨满巫师的职责之一就是确保"元气"得以持续流动，以及在人类社区内在的能量与他们捕获动物的能量之间维持一种相对的动态平衡。萨满巫师在出神迷幻状态中与猎物的守护神之间相互通灵，从而定期"商定"人类可以获取什么，或在获取太多的情况下如何恢复平衡。然而，我并不建议我们在这样的社会塑造自我，并将法官替换为萨满巫师

（尽管进一步追溯上述观点后，可能还会发现其优点）。我的观点很简单，我从未考虑过与其他物种对话，除非我能知道这些人的宇宙观中包含如何这样做①的见解。我因受制于自己的世界观而相信这种情况不会发生——我没有察觉到文化结构会限制我的眼界。既然我已得知其他文化已经找到了处理这一难题的方法，那么很可能我们也能够想到一些适合于我们文化和时代条件的方法，从而实现同样的目的。

> 在同一地方生活较长时间但没有毁坏该地方的民族并不是"正常的"。他们聪明也很幸运。由于已经在同一地方生活了很长时间，他们有能力调整与自然之间的关系。存续到今天的原始民族不再是真正意义上的原始。他们都经历了几千年的磨练和试错。在许多情形下，他们已经具备相似的基本技能达数世纪之久，这些技能使他们解决了许多困惑——如技术消解了他们对抗自然、族群和自己的错误方式。从这一点而言，我们才是原始的。
>
> ——艾森伯格，《生态伊甸园》，第317页

在本书第二章中，我认为主导21世纪的世界观和宇宙观存有缺陷的根源是我们自己出了问题。我的观点是，我们需要进行一场"范式转变"，从而全新地理解我们是地球的一部分而不是与其截然分开。我们也需要形成融汇了这一新思想的治理制度，以有效阻止人们以损害地球及我们自己的方式行事。这一观点所固有

---

① 与其他物种对话。——译者注

的理念是：一个社会的宇宙观与它的治理制度之间存在紧密的联系。如果真是这样，从以一套完全不同的世界观为基础的治理制度中获得益处是可能的吗？

三 图卡龙族人的宇宙观

在考虑（上述）问题的过程中，我认为对实例的分析是非常有益的。赫拉尔多·雷赫尔·多尔马托夫确信，在据以提高他们作为一个族群或个体（即他所说的"适应性行为"）的生存可能性的行为形成方面，位于哥伦比亚亚利桑那的图卡龙印第安人发挥了重要作用。他在自己的文章中力求表明：

> 原始宇宙观与神秘结构以及由此而产生的仪式性行为，从不同方面表达着一系列生态性原则。这些原则型构了一套社会经济规则系统，以在维系环境资源与社会需求之间适度平衡的持续努力中发挥极具适应性的价值。[1]

在上述思想脉络中，图卡龙族人的宇宙观特别引人注目，因为不同于当今主流社会的宇宙观，每个人都将自己视为宇宙间相互关系之网的组成部分。维护生态平衡是重中之重，每个人都明白，所有人应当与所有环境要素合作共处地行事。在他们的观念中，

---

[1] "宇宙论做为生态分析方法……热带雨林的视角"，载《生态学家》，第7卷第1期，第5页。

第七章 铭记我们是谁

世界上不断流动在人类、社会、动物和自然之间的能量是有一定限量的。人类虽然可以利用动植物的能量（如以它们为食），但仅以需要为限，且非常重视的是，要确保能量流动不发生堵塞或失衡现象。

这种宇宙观对印第安人的行为方式产生了重要影响。他们本来对能够帮助他们在超过实际需要的情况下从森林中获取物质的技术尝试没有多大兴趣。他们的兴趣点反而在于对环境有更多的新发现以及环境对人类的需求。雷赫尔·多尔马托夫解说道，"印第安人信仰的这一套知识体系具有重要的生存意义，原因在于，如果一个人想作为自然统一体的一部分而存在的话，那么就应将自身融入与自然的一致性之中，同时还应当使自己的需求与自然的可利用性相适应。"他们如此近距离观察动物行为的原因之一是，动物表现出了与有效适应性行为有关的可能模式。也就是说，印第安人或许从中受到了启发——美洲豹的行为能够精巧地与环境相适应，从而更加优美地以地球的旋律与地球共舞。同样，他们与自然世界之间的融洽关系也为我们提供了振奋人心的可能模式。

图卡龙族人在有效防止环境恶化方面有着极为丰富的实践经验，尽管这些经验可以有其他解读方式。人口水平主要通过口服由植物提炼而成的避孕药，以及诸多家庭支持的性节制等方式而得以控制。农业收获借助一系列技术手段保持在可持续性的水平上，包括进一步加强仪式用食物的限制，并要求从仪式上对狩猎和捕鱼做好精心准备。在他们的观念中，各种猎物受到一尊名为"动物之主"的神灵的庇佑，猎人必须服从严格的要求，从而才能获得"神主"的捕杀许可。这些要求包括性节制、遵守节食要求和忍受洁身礼等。在猎物匮乏的时候,萨满巫师就要通过迷幻神游的方式与"动物之主"取得联系。接下来,萨满巫师将(与"动物之主")就猎物可否被人类获得进行协商,并以如下承诺作为回报:将所有死亡之人的灵魂送往"神主"的储藏库,以便于重新补足因猎杀动物而损失的能量。

在控制人们从自然界索取方面,萨满巫师发挥着非常积极的作用,包括决定在特定时间内猎杀多少动物,以及哪些鱼类应被抛回自然。因为在有人扰乱了生态平衡(如过度捕猎或浪费稀有资源)的时候,疾病和损害被认为是必然结果,所以萨满巫师倾向于集中处理生态系统中遭受不良影响的部分,以解决社会性紊乱。这通常需要规则的重建,从而避免过度利用环境或不切合实际的人口增长。

图卡龙族人相信,宇宙处在持续恶化的过程之中(就像物理学家在熵理论中推论的那样),其结果是他们有规律地参与各种仪式,宇宙的所有方面也从中得以仪式性重建。正如雷赫尔·多尔马托夫的如下阐述:

> 在此类仪式性时刻,当宇宙及它的所有组成部分得以更新时,如下这一目标变得至为重要:即重申过去与当下世代之间的联系,以及表达对未来社会福祉的关切。对仪式的倚重取决于社会群体的联合,取决于联系性,以及取决于具有承前启后特征的密切关系。似乎这种意义上的联合有效地为生态责任提供了促进性价值和有效的刺激。族谱的长期传承以及仪式性的对话具有非常有效的聚集功能,在诸多此类仪式中,一般认为动植物的灵魂也以相互关联和相互依赖的方式参与

其中。需要指明的是,宇宙中的仪式重建通常会伴随着对植物类麻醉剂的集体使用。在这种借助于药物的迷幻而神游的状态下,……参与者与神秘的过往之间建立了联系,确切地说,他们视自己回到了神灵创世之时且参与创世之中。①

与图卡龙族人身体力行的、精神性的及情感性的方法形成明显反差的是,绝大多数政府或国际社会惯于采取极其可怜且不适当的方法表达"代际公平"的重要性。我们负责环境事务的外交官和政府部门的部长在有关可持续发展问题的"权利走廊"②里羞怯地小咳,并就有关不侵害后代人满足其需要的能力的国际文本进行注解。若不借助于那些给予我们历史感和集体意识的共有神秘过往或创世论,我们就很难与政府权力部门进行对话。与此不同的是,图卡龙文化却用长达数千年历史的影响力、神秘造物主的权威以及经验性语言与其族人对话。显然,每一种(对话)方式的结果分别如何,都是不证自明的。

92

四 从原住民那里学到的知识

图卡龙族人错综复杂而又精致深刻的宇宙观与他们居于其间的河流、山丘以及森林交织在一起。尽管每个部落或部落团体的

---

① "宇宙论做为生态分析方法……热带雨林的视角",载《生态学家》,第7卷第1期,第11页。
② 即暗中控制政府决策事项的权利中心。——译者注

宇宙观都是独一无二的,但是在世界范围内,相互之间也经常有着极其相似的内容。与图卡龙族人一样,许多部落文化:

- 有一种非常真实的归属感和作为一个由现世的人、故去的人、即将出生的人,以及非人类生命体构成的更大环境或社会之组成部分的存在感;
- 逐渐形成与包括其他物种和已消亡物种在内的非人类生命体相互沟通的稔熟方法;
- 尊崇那些在他们看来是恒定而非人定的法律和准则;
- 信奉人类在确保自己作为一分子的自然世界得以合理运行方面发挥重要作用;(例如,澳大利亚原住民相信让世界变得真实以及维持世界的原样是他们的天职)
- 强烈地意识到其社会实践与自然世界的节奏需要相适应,而不是注重于改变自然世界以适应人类的需要;
- 特别强调对各种环境要素(特别是他们作为食物的猎捕动物)的尊重,以及避免浪费或过度使用;
- 通过对互惠原则的重要性以及强调(对自然)有回报的各种索取方法,力求保持世界内在的某种动态平衡;
- 有各种仪式和约束性活动可用以恢复人类与非人类生命体社会之间已被察觉的失衡和冲突;以及
- 极为重视将他们的神话历史、世界观和律法内化于每个社会成员的内心。

  部落法绝非创制的法律,而通常是被认可的法律。它们绝非生命个体组成的委员会的杰作,而通常是社会进化的结果。它们造就了鸟喙或鼹鼠爪形成的方式。它们也不体现出

第七章 铭记我们是谁

部落对何为"正确"、"善"或"公平"的关心,而是为了特定的部落而简单的运行。

——丹尼尔·奎因,《B 的故事》,第 314 页

对于我们可以从这些文化中学到什么做过多讨论,必是超出了本书的范围,当然这也可能是一个令人乐此不疲的研究领域。[93] 另外,也难以想象去说服 21 世纪后工业化时代的各国人民接受类似图卡龙族人的宇宙观。(虽然我承认对如下想法产生了一定的兴趣:通过让参加 G8 会议的全球领导人感受仪式化的、迷幻的神游状态的方式,推动全球范围内的范式转变。)然而,我认为形成于原住民部落社会的有效制度的许多实例是有益的。即使他们运用的治理机制无法适用于 21 世纪的高科技社会,我们依然需要建立替代机制以达到同样的目的。

> 伊努伊特族人强调,人与动物关系的核心是人的认知——以共有环境中的参与者身份与动物平等共处……通过将过去与现在的土地、动物和社会联系起来的生存方式,因努克族猎人获得、重建并实现了一个世界景象,给予其自己身份和行为导向方面的安全性保障。猎人猎捕动物不只是将其作为食物,而是为了建立他的社会,以及最终建立一个关于世界的认知模型,并用以评价和引导自己。(成为一个真诚的人的过程,)就是要积极地参与人类和非人类生命体环境之间相互关系的生命周期循环和认知诠释。
>
> ——斯泰尔斯、阿琳、温策尔、乔治:《我就是我和环境:伊努伊特人的狩猎、社会和特征》,载于《原住民研究学报》,1992

年冬,3:1,第4、6页

　　铭记我们从何而来以及我们是谁,对于重建我们在地球共同体中失去的角色,以及建立一种我们将变成谁的愿景而言是尤为必要的。那些依然与自然世界之间保持牢固联系的现有部落社会,能给我们展现更多关于人类过去的以及被人类忽视的知识。向后回溯到地球创世之时或更早,有助于我们记住人类是演变大世界的一个部分,同时还记住分化只是一种错觉。只有在地球上生命故事存在的大视野中和人类持续共同进化的过程中审视今天我们的处境,我们才能获得在当下做出明智选择所需的方法。

第八章　有关权利的问题

一　认真对待权利

一旦提及动物或环境的"权利",尤其是有法律人在场的情况下,就会面临从当前治理哲学到地球法理层面的固有难题。普通法律人总是做出鄙视的或幽默的反应——或许是因为这种潜意识的假定:既然这个命题在我们所知道的法律概念框架之外,那么很明显它们①是荒谬的。克里斯托弗·斯通教授于1971年写了一篇有影响力的文章《树木应有诉讼资格吗?——迈向自然体的法律权利》(本章中简称《树木》),记述了法律评论家以幽默而非严肃的方法讨论他的观点,即美国法律制度应该允许为了树木之类的自然要素的利益而提起诉讼,这就如同它们也是人一样。② 事实上,许多人赞同斯通文章中的观点(这些观点在塞拉俱乐部诉莫顿案中被道格拉斯法官所引证)。③

---

① 即动物或环境的"权利"。——译者注
② 克里斯托弗·斯通:《树木应有诉讼资格吗?》,纽约奥希阿纳出版社1996年,"导论"。
③ 405 U.S. 727(1972).

二 权利的问题

实际上法院插手了,当树木的主人起诉一位疏忽大意的司机撞坏该树时,密歇根州奥克兰地方上诉法院以下述意见支持了驳回诉讼请求的一审判决:

> 我们认为我们再也看不到,
> 一例赔偿树木的诉讼。
> 诉讼请求的准备,
> 依赖于受损树木的意愿。
> 撞坏的树木躯干就在眼前,
> 紧靠雪佛兰起皱的车体。
> 树木可能永远需要,
> 长期的精心看护。
> 我们三人虽是植物爱好者
> 我们也必须支持法庭判决。①

至于斯通自己,则以自嘲的方式承认,他已认真研究树木享有权利的可能性,而这仅仅是为了重建他在学生当中的威望。他回忆道,为了在一节物权法授课临近结束的时候仍然保持学生的兴趣,他大声地感叹道:

---

① 费希尔诉洛案,密歇根州奥克兰市,[No. 60732,69 A. B. A. J. ,436(1983)]。

"明显不同的、受制于法律的意识是怎样的呢?……其内容之一即是自然享有权力,……是的,如河流,湖泊……树木,动物。"①

这种"在授课核心环节抛出的含糊但发自内心的观点"引起了学生的哗然。基于自己的威望,斯通随即通过撰文(可能会对真实的塞拉俱乐部诉莫顿案的结果产生影响)的方式表明他的观点并非不无道理。

斯通的原创性文章《树木》,及之后的一些作品,对诸多实践中的难题做了跟踪调查。如果我们要以人类实现自己权利的方式,通过法庭强化地球共同体中其它成员享有的权利,这些困难有必要得以解决。(事实上,对绝大多数法律人而言,如果法庭不认可某项权利,那么它就不存在。)然而,我的愿望并不是关注于将地球共同体的其他成员引入法庭(裁判)并人道地对待他们所产生的复杂性,而是关注于"权利"本身所具有的属性。

三 除人之外的其他生物,应当享有权利吗?

托马斯·贝里从地球中心主义视角阐述权利问题的观点在《权利的起源、区分及作用》一书中有清晰而简洁的论述,相关观点在本书第103页也有论及。他对于地球共同体其它成员享有权利

---

① 克里斯托弗·斯通:《树木应有诉讼资格吗?》,纽约奥希阿纳出版社1996年,第8页。

的认定理由是简练的,而且就我看来是具有说服力的。其实,他认为所有生命体的权利都来自所有生物的本源——宇宙。因为按他的话来讲,宇宙"是主体的共融而非客体的集合",由此可以得出,组成宇宙的所有成员都是能享有权利的主体,而且拥有和人类相同的权利。这种方法的好处之一是消弭了这一难题——困扰着那些试图论证唯有特定"感知"能力或"更高级"生命形式才拥有权利的人。

法律人士经常用"权利"这一词语指涉某种可在法庭强制执行的意义上得以合法保护的利益。然而,即使对法律人士而言,这一词语也有不确定性。事实上,美国法学家韦斯利·纽科姆·霍菲尔德提出著名的论断,即"权利"通常被律师和法官用于指涉至少四种不同的法律概念:产生他人义务的权利、特权、权力以及豁免权。[①] 如果有人以严格的法律意义阐释这一词语,那就意味着诸如"昆虫权利"之类的词语是没有意义的,因为没有法庭会认同或执行那些基于昆虫的利益而主张的权利。但是,如果允许拟制法律主体拥有如此宽泛的权利,的确是过于乐观了。简言之,承认地球共同体其他成员权利的想法简直不可想象。(显然,克里斯托弗·斯通敏锐地意识到了这一点,他的《树木》一文以标题为"反思不可想象之事"的段落开篇)

然而,相比于法律人士通常对"权利"一词的使用,贝里对其使用的范围更为广泛。正如在2001年4月召开的艾尔利会议上,当他面对别人问及在《权利的起源、区分及作用》一书中使用"权利"

[①] 韦斯利·纽科姆·霍菲尔德:《适用于司法推理的基本法律概念》(1946年),该书以1913年和1917年发表的两篇文章为基础。

一词时的回应：

> 当我们使用"权利"一词时，就意味着人类有践行自己的义务、责任和基本禀性的自由，依此类推，也意味着这样一项原则的成立，即：其它自然体有权实现在地球共同体中的作用。

如果我们接受了贝里关于地球是各类主体共享关系之整体，以及权利源自宇宙起源而非人类法理的论断，那就意味着在没有承认地球共同体其它成员也拥有权利的前提下，我们不能主张人类有人权。也就是说，共同体成员的权利是不可分割的——如果没有所有成员的权利也就没有部分成员的权利。如果是这样，那么关于地球非人类成员法律权利的讨论则关乎法律制度是否选择并认可这些固有的权利。换言之，如果我们的法律制度所用的"权利"一词无法适用于其它共同体成员的话，那就清楚地表明法律制度的发展无法充分关照到其他共同体成员的存在之事实。（从地球中心主义的观点来看，哲学的短视——无法认可流动河流的"权利"、物种免受基因破坏之自由的"权利"，甚或地球维持其气候状态的"权利"，都是让人费解的）

如果我们将既有的法律制度和人类法理作为讨论权利问题的起点，那么很容易被卷入复杂的法律纷争。解决这一问题非常棘手，因为这些问题产生于人类中心主义世界观之中，且无法在现有法理或法律框架内得以解决。托马斯·贝里则通过对本源，首要原则的最深层，所有根源之根源的追溯，而达到规避这些困难的目的。

四　我们应该谈论权利吗？

在法庭之外使用"权利"一词究竟是否合适，有人已经提出了质疑。这是一个重要问题。为了试图逃离当下法理的概念性牢笼，我已不止一次地发现，语言文字是我们认知这个世界的桎梏。这就好像某一天有人正在注视人类圈以外世界的时候，瞥到了一种在人类圈并不存在的颜色。人们应当怎样描述它？如果你称其为某种颜色，其它人则会说它不能在调色板中被找到，因此不是某种颜色。如果你给它起一个全新的名称，可能会掩盖它就是某种颜色的重要事实。

在使用"权利"一词描述包括非人类的地球共同体成员在内的相互关系时，这一难题就会浮现出来。当我们坚持人类和法人拥有及于河流与土地的权力的时候，那么我们也必须要认识到，河流与土地作为主体，必须拥有及于人类的权利。如果我们不认可这一点，那么我们就是维护了一种根本性的不平等，这种不平等将阻碍我们用法律语言描述真实情形的欲想。另一方面，即使法律承认一条河流有资格享有权力，但与非人类主体相关的权利和责任的语词性延伸仍然可能是令人困惑的。"权利"和"义务"等词，充满了既有法律制度的经验，并承载着对立冲突的内涵。我们真正使用的语词表达当面对人类圈产生的世界观时就改变了。

在法律意义上争辩"权利"一词的使用不仅仅是术语运用正确与否的问题。如果一项"权力"不能用法言法语设计和表述出来，那么我们的治理制度在决策之时也不会认可它，或给予其足够的重视。

在没有合适的替代性词汇表述包括人类在内的地球共同体所有成员的"权利"时,我也会使用"权利"一词来描述地球共同体其它成员的权利。我也会偶尔使用"地球权利"一词,强调源于宇宙的地球共同体成员的基本权利与我们的法律制度创设的其它权利之间的区别。事实是,"权利"一词的使用有时可能会引起冲突或不适,但对于我们的法律思维和术语的不合理限定而言却是一个有益的提示。

五 关系与权利

权利存在于由关系组成的脉络之中。如同上文所论述的,美国法学家韦斯利·霍菲尔德认为,法律可在法律关系角度得以分析,在这种关系中,个人享有的任何权利都可能与他人的义务相关联,每一项权力都可能与一项责任相关联,等等。当然,并非每个人都同意这种分析观点。尽管如此,既然我们正在讨论人们应该如何进行自我治理从而避免地球的进一步退化,那么在不考虑关系脉络的情形下讨论权利是无意义的,而各种权利正是在关系中被主张的。因此,让我们把关系作为权利脉络讨论的开始。

存在于主体间的某一关系可能有很多不同的面向,也可以用不同的方式来表达,而这又取决于所处的脉络或目的。举例来说,我和我儿子之间的关系可以在属性层面(我们是亲近的)、生物层面(他是我的后代)或法律层面进行描述。从法律视角来看,我们关系的本质取决于我们每个人的固有属性(在这个范围内它影响着我们的关系)和我们彼此关系中的角色。该例子中,这一关系的根本属性取决于这一事实,即法律认可生物学意义上我们的关系,但是法律上的关系也同样受到我们彼此之间各自角色的影响。而相互之间各自角色的影响可能会随着时间的推移而改变。在我儿子年幼之时,我就有抚养并帮助他的法律义务,但是有一天,当我年迈且陷入贫穷之时,情况可能正好是相反的,那就是他有赡养我的法律义务。因此,每个主体的法律权利和义务仅存在于特定关系脉络之中,且与每一个参与者的内在特征密切相关。

从治理的视角审视,分析和描述某一关系的最重要的方法就是法言法语。这是因为,治理制度体系运用法律分析方法来决定(某种关系)是否属于法律关系。国家通常不会关注我是否终止了与儿子之间的亲密关系,但是在他还是一个需要被抚养的小孩的时候,如果我不履行抚养他的法律义务,那么他就有权要求国家强制我履行这种义务。换言之,法律语言被用作定义人们应该如何与他人相处,被用来阐明任何人一旦不尊重法律关系条款所产生的后果。

当一个人正与生物体,即不被法律认定为有能力参与法律关系的主体相处时,情况就不同了。例如,主人可以虐打他/她的狗而不受惩罚,除非有法律条款禁止他们这样做。如果法律上没有禁止虐狗,邻居就没有法律权利干涉和阻止。事实上,主人有权请求警察出面,以阻止邻居进入他的花园并干涉他/她的虐狗行为。当然,很多国家已有禁止残忍对待动物的立法,按照此类法律,如果某人虐狗,一些社会组织将出面干涉,并且这个人最终将被处以罚款或监禁。然而,重要的是要知道在这种情况下,狗不享有不被虐打的法律权利。既然狗不是法律主体,那么法律就无法规范人和狗之间的关系。法律分析方法只能用于处理人类和国家机构的权力、权利和义务等事项。

六　地球的权利

如果人类不是地球共同体唯一享有权利的成员,且权利的来源不是人类法,那么我们就需要反躬自问了:地球作为整体享有什么权利,地球共同体其它成员又享有什么权利？这一问题(的澄清)对于界定人类的权利尤为必要。

在地球系统之内,星球整体的福利是最为重要的。在地球生态系统之外,地球生物圈的所有组分都无以维系。这就意味着地球共同体中每一成员的福利都源自于,且不能优先于地球整体的福利。相应地,地球法理的首要原则是将整个地球共同体的生存、健康和兴旺置于优先于任何个体或人类社会福祉的地位。这一基本原则所产生的既定效果实际上也是保护人类长远利益的最好途径。正是因为我们未能领悟人类是地球共同体的一部分,才导致我们相信并做出相应的行为,就好像人类不是地球共同体一部分的观点是正确的一样。

为了寻找以常用的法律术语表达上述内容的方法,我们可以选择在大部分现有法律制度中国家与其公民之间的关系来做类比。国家和创建它的宪法,被认为是所有公民权利(人权可能除外)的来源。国家要求他的公民对它保持忠诚,并且明确了谁要想损害国家(的权益)就被当作叛国者,应该接受国家最严厉的法律惩罚。当然,我并不建议地球法理要遵循这种模式运行。然而,这确实表达出了如下观点:如果我们要用法言法语表达人类和地球之间的关系,那么就必须强调这种关系的首要本质和重要性。这种关系不是平等主体之间的关系而是整体和部分之间的关系。相应地,当部分的需求必须得到尊重的时候,企图用平衡的方法避免损害整体权利的做法是不可取的。整体性权利不能被损害。

人类对于地球的忠诚更像是细胞对于躯体的感恩。细胞的"天职"就是实现如下功能——自我进化,并以助益于躯体健康的方式连续行动。如果不是这样,细胞就会死亡或发生癌变。同样地,我们对于地球的责任就是在地球系统运行中发挥应有的作用,并以维系地球综合性和整体性的方式行事。如果我们不这样做,那就是对我们赖以生存的地球共同体的背叛,最终也将是对我们自己的背叛。

七 地球共同体成员的权利

地球(事实上即世界)可被理解为一个由相互关系编织而成的巨大网络,而这种相互关系也就是一种过程,因为它处在不停的变化之中。物理学家告诉我们,山川、河流、人类、洁白的花朵以及蜻蜓都是地球的不同组成要素,他们由相同的亚原子微粒通过一段时期内特殊的重新排列组合而成。然而,我们的感官告诉我们,我们周围的世界却不同于我们自身。相反,它是一个囊括不同实体的万花筒,其中的每一实体都有自己的角色。在某种意义上,这两种截然相反的观点都是正确的。正是这个系统中许多不同部分之间的相互作用,才创造了一个比其组成部分之和更大的整体。我,就像我面前的其他人一样,以共同体由不同成员组成的隐喻来表达如下观念:地球是由各部分之间的相互关系创造的一个整体。

第八章　有关权利的问题

那么,怎么才能把此类关系"转译"为治理的概念和法言法语呢?

托马斯·贝里的观点是:"地球共同体的每一个组成部分都拥有三项权利:成其为(某种组成部分)自己的权利,栖息的权利和履行他们在地球社区不断更新过程中发挥作用的权利。"综合而言,这些"权利"意味着共同体的每一成员在与其他成员以及整个共同体之间形成的关系中的重要作用。对这些权利的确认等同于承认共同体的每一个成员都是享有不可剥夺的权利(成其为共同体的一份子,以及在与共同体其他成员的关系中不断表达自我)的主体。

不管你是否用法律术语表达(上述权利),但有一点是清楚的,那就是作为整体的系统(比如地球)要求每一个共同体成员保持其特性,并参与和共同体其他成员的互动关系。而正是这些关系,对共同体的整体健康和每个成员清晰的自我定位都是至关重要的。就像科萨人说的:"人因共聚而成其为人"(科萨语即是,Umntu ngumntu ngabanye),意思是说,只有借助我们与其他人之间形成的相互关系,我们才能感受到完整的人性。

如果转变话语权,那就是共同体的每一个成员既拥有成其为共同体一份子的权利,也拥有被确认为共同体中一类独特实体存在的"权利"。(如果不被确认为独特的实体存在,那就可能是某一更大的实体存在的一部分,而不是共同体的一个成员了。)共同体的每一个成员也必须要参与到与其他成员之间的相互关系之中,且用这种方式对各自的角色进行定位,以及为社区做出贡献。因此,这种"因独特性而被确认的权利"与所谓的"自我决定的权利"之间有着紧密的联系。例如,在去殖民化的进程中,曾经作为殖民帝国之一部分的新兴国家为了能够在全球共同体中获得被以独特实体(像独立的一个国家)对待的权利而抗争。作为独立实体的权利一旦被确认,他们就有权规范自己的内部事务,并与其他国家平等协商。不管地球共同体的成员是物种还是社区,都必须被确认拥有相同的权利。

在最近的几十年里,很多原住民社区还在为他们的权利得到确认而抗争,而这一权利就是允许他们在栖息地生活并进行自我规制,而不是外来法律和文化强制规定他们相互之间以及与其他地球共同体成员之间应当怎样相互联系。认识到这一点很重要,即这些部落总体上还不曾诉诸主流文化为其拓展某些"人权"。他们的诉求是借助主流文化(由国家的政府来代表)打消这样的企图:将人类应有的角色观念强加于他们相互之间以及与作为整体的地球共同体之间的关系之上。如果国家政府认为存在这一自我决定的权利,那就必然意味着政府应限制并减少它的影响和权力范围,并允许这些原住民社区在更大范围内实现自治。同样的道理,就人类法理而言,第一步就是要认识到当下主流文化没有权利阻止地球共同体其他部分完成其进化使命。我相信,这一点比精准确定河流、动物和树木的地球权利内容更重要。

八 侵害地球的权利

主流文化最危险的错误之一是,因为人类治理制度基本不会对侵犯共同体其他成员的地球权利进行惩罚,因而不存在相应的制裁措施。对于不能获得地球权利的情形,自然有其自己的一套应对方法。对权利的每一次侵犯都会损及地球共同体,且对人类与其他共同体成员之间的关系产生更加恶劣的影响。人类已经完成了进化和遗传编码过程,进而将成为共同体的一部分,并与共同体共享这一认知。最终,随着不断将主流人类社会从地球共同体中分离出来,越来越多的失落和空虚也随之而来。已经显而易见的是,通过剥削关系替代与共同体成员之间互相尊重和敬畏的关系,我们不仅减少了整个地球共同体的完美与复杂性,同时还减少了我们自己的完美和复杂性。

102

《权利的起源、区分及作用》

1. 权利产生于存在的源头。什么决定存在,什么就决定权利。

2. 因为存在的特有秩序没有更深层次的型构背景,因而宇宙对生于其间的生命体进行自我指涉,并对其行为进行自我规范。而这也是对生命体和所有生命体衍生模式行为的首要指涉。

3. 宇宙是所有主体的共荣共生,而不是客体的集合。作为主体,宇宙的组成成员能够拥有权利。

4. 在地球这个星球上,自然世界取得权利的根源与人类一样,那就是使人类幻化为生命体的宇宙。

5. 地球共同体的每一个组成部分都拥有三项权利:成为其自己的权利,栖息的权利和履行他们在地球社区不断更新过程中发挥作用的权利。

6. 所有的权利都是物种所特有的,而且还是有限制的。河流有河流权。小鸟有小鸟权。昆虫有昆虫权。人类有人权。权利之间存在质的而非量的差异。一只昆虫的权利可能不比一棵树或一条鱼的权利更有价值。

7. 人类的权利不能抵消其它各类物种在其自然状态中存在的权利。人类的财产权不是绝对的。简单地说,财产权其实就是特定"主人"与特定"财产"之间的互惠关系。

8. 物种以个体和种群(如丛状的、群体的鱼类,等等)的方式存在。权利具体涉及到个体和种群,而不是简单适用于所有物种。

9. 这里所说的诸项权利也确立了地球不同组成部分之间的关系。地球是一个由相互依存关系织就而成的共同体。地球共同体的每一个组成部分都直接或间接地依赖于其他成员而获得其自身生存所必需的食物和帮助。这种相互取食关系,包括捕食与被捕食关系,与地球的每一个组成部分在综合共同体中的角色融为一体。

10. 人类有按照特定的方式利用自然世界的需要和权利。这样做不仅仅是为了给他们提供物质需求,而是提供人类智慧的奇妙,人类想象力所及的美感,以及人类情感的亲密程度。

——托马斯·贝里,2001年[①]

九 人权

当然,人类可以拥有更广泛的权利。但是,当我们使用"人权"

[①] 该文献是托马斯·贝里在艾尔利中心的会议上演讲的内容(见第11页)。题为"修正法理的原则"的修改版,见于《静夜思:反思做为神圣共同体的地球》一书的"附录2"。

第八章　有关权利的问题

一词时,权利就被特定化为在我们看来是值得特别保护的类型了,因为这类权利与确定我们人性的基本特征相关。法律人士或许会辩解道,大多数此类权利都有它们在诸如《权利法案》等文本中的出处,但是,绝大多数人还是将生存权等核心人权视为与生俱来的权利。也就是说,我们把它们当作地球权利。这里或许存在对于各种权利详细内容的论争。然而,大多数人相信,所有人都有资格享有被他人尊重的特定权利,剥夺个人享有此类权利的企图都是非法且不道德的。一般认为,为保护人权而颁布的法律体现、阐明或增设了这些核心权利(的内容),从而使我们的权利更难以被剥夺。

对人权的保护也被视为是保护我们以充分表达人类本性的方式而生活的自由。如果没有组建家庭、自主表达、免于非法监禁的安全等自由,那也就意味着我们充分表达人性的能力受到了限制。如果一个国家或某些政党不允许我们践行这些自由,那就是说他们已经侵犯了我们的人权。今天,全世界的人们都将抗议侵犯人权的行为,而不论行为发生在何地。有一种团结的意识源自于如下观念,即对基本人权的侵犯也是侵犯了人类的共同本性,因而抵制那些否认人权的人是我们的共同责任。事实上,我们把某些有组织地侵犯人类权利的极端恶行,如种族灭绝和种族隔离等,界定为"反人类罪"。此类犯罪行为如此严重以致于经常凌驾于我们惯用的法律制度之上。举个例子,一个人随时随地可能因犯下反人类罪行而被审判,而常用的法律却规定,被指控犯罪的人必须在犯罪发生的国家以该国的法律来审判。

设想一下,如果我们正在讨论河流而不是人,我们的结论将是:一项基本的河流权(即相当于人权的河流权)可能就是河水流动的权利。如果水本身不能流动,那就不能成为河流,因此流动的能力(假设有足够的水)是河流存在的根本。所以,从河流角度来说,横穿其上建造那么多的水坝并从中抽取大量的水,会导致河水无法流向大海,这将是对其地球权利的侵犯。

十　理论上受限的人权

为了使人类法理融入伟大法理并与其保持一致,首先,它不能和伟大法理的基本原则相冲突;其次必须要承认,人类法理的范围具有局限性。循此,人类法理须自我认知到,还有一些在其调整领域和意义范围之外存在的事物,它们在人类法理所及的范围之外运作,因而(在地球法理看来)各种运作行为是无效的。

换句话说,为了让人类(或任何其他的物种)在地球共同体中发挥"整体性维护"的作用,我们必须意识到,人权必须受制于共同体其他成员的"权利"。这就意味着,为了使我们在前文中讨论的"自我决定权"发挥作用,地球法理必须意识到它的局限性,同时,地球法理的重心应着眼于人类治理。我们面前的任务并不是将人类法理发展和扩展为适用于共同体所有成员的普遍性法理。这将相当于人类试图对所有共同体成员卖弄大道理并进行规制:简言之,这是一种"新殖民主义"。相反,我们需要做的是,去领悟人类法理和人类治理是更大范围内地球自我治理制度的一部分,并建立一种更好的认知观,即有必要限制人类法理的范围并尊重其他治理制度。

因此,人类的起点建立在这一原则之上:地球共同体的每一个成员有发挥其在地球共同体中应有功能的自由。为了使这种自由存在，人类应无权阻止其他共同体成员发挥他们的作用。这也意味着我们必须要建立这样的治理制度——阻止人类在江河上建造水坝，以免使江河不再发挥它在生态系统中的作用，或者阻止人类去破坏物种赖以生存的栖息地。然而，这不是意味着我们必须要确保某一物种持续发挥作用或永远存在。在没有人类干涉的情况下，物种灭绝也会发生。可是，另外一种情形是，如果我们制造了可能导致物种灭绝的条件，显然我们就已经限制或消灭了（上述讨论中）物种发挥其作用的自由。

十一　实践中对人权的平衡与限制

地球法理所形成的挑战之一就是如何创造能够有效阻止人类侵害地球共同体其他成员基本地球权利的治理策略。我们何以确保人类不去侵害地球共同体其他成员发挥他们作用（就像贝里所说的，"其在地球共同体不断更新过程中的作用"）的权利呢？

譬如我们就以斑马为例。所有斑马发挥其在自然界中的作用，这一被人类地球法理所认识的"权利"，可能无法为斑马提供任何对抗狮子的保护手段。首先，人类地球法理无关乎狮子的利益。其二，即使人类地球法理关乎狮子的利益，也不能对狮子适用。其三，则是因为斑马在自然界中的部分作用就是为狮子提供食物。这就意味着，即使狮子吃斑马结束了斑马的生命，但这也是继续发挥斑马种群作用的方式（从而对物种的持续繁衍做出贡献），就像它穿过狮子的肠肚那样。

另一方面,地球法理是否已授权人类猎杀斑马？我认为答案是"这取决于不同的情况"。它取决于各种不同的环境状况,而且不同的(物种)共同体将对地球法理有不同的认识角度。对于以捕猎为生的布什曼人(非洲西南部,尤指卡拉哈里沙漠地区的原住民)/萨恩人来说,答案可能是"是的"。(虽然从他们的地球法理视角来看,答案可能是"不",比如,某人没有遵从恰当的风俗行事。)如果某个狩猎者射杀了一匹怀孕的母马,希望它的胎儿正好发育到了有松软的棕色条纹毛皮的时期,从而可以赚取更多额外钞票的话,答案或许就是"不"。在第一个例子(狮子猎杀斑马)中,捕杀将会增强当地地球共同体成员间的亲密度。而在后一例子中,捕猎者将野生动物视作商品,他对怀孕母马的捕杀可能是一种浪费、不尊重和有害的行为。然而,在这两个极端案例之间,可能还有更难以定论的例子。我们需要根据伟大法理的精神创造更为精致的决定机制——就像图卡龙族人所做的那样(见第七章)。

因为捕杀斑马行为的对错在大多数国家不被经常提及,因此我们来讨论一下有关河流权的例子。试设想,有一个小型的人类族群在河边定居,基于家庭生活所需,他们开始取用河水并用以喂养牲畜及灌溉庄稼。从地球法理角度来讲,人类对河水的取用是一件有意义的事情,因为这样增强了人类与河流之间的联系。人们从河流中舀水不会影响河流的流淌,并且水生生态系统会从不断增加的人与牲畜所产生的营养物中获得惠益。

我们设想一下,经过一段时间,定居在这条河边的小型人类族群的人口数量将不断增加,一个城市将逐渐形成。现如今,附近是大面积农田,农民抽取了大量的水用于灌溉,这大大降低了河水的流量。很快，市政当局就想到以建造拦河大坝的方式来满足城市居民日益增长的用水需求。在这一点上，河流与人之间的关系就开始变得紧张起来了。从我们人与人的关系可知，少量的给予和索取不是问题，甚至没有给予而只有索取也在一段时间内是可以容忍的。然而长远来看，平衡是非常重要的。当关系中的一方开始大量索取以致于影响到其他各方的重要特质之时，这种关系就变得不正常并且具有侵略性。

依照地球法理，一旦河水流动这一基本地球权利遭到威胁，法律制度就应当禁止人类的这种威胁行为。因此，一部法律若要体现出这一意义①，就应禁止此类行为。不管怎样，我们可以说河水流动的能力没有受到威胁。相反，当河水经常泛滥并且冲毁了无土地者在河岸边建造的小棚屋时，（他们之前定居在这里，因为这里是这个城市中唯一一处能找到水源的开阔之地。）有人为此丧命，那在这种情况下河流是不是应该被开凿为运河呢？这是不是构成对河流权利的侵犯呢？果真在河流流动这一地球权利仍然能够得以维系的情况下，保护人权就是正当的吗？

答案取决于我们对河流本质属性的认识。幸运的是，河流表达了它的很多本质属性。我们知道，河流就是流动的，河水富含氧气，聚集着来自上游的巨大力量，一路冲刷着岩石而来，又缓慢、蜿蜒地流过有着明显坡度的下游河段。河水创造了沿岸的小气候和河流生态系统，河流时常爆发洪涝灾害，用富含养分的淤泥弥补因大量盐类物质造成的损害，且将一个泛滥的平原收归入河流的疆域之中。换句话说，河流暴涨洪水肯定符合于它的属性。这

---

① 即地球法理。——译者注

就是说,河流应该被赋予优先权(至少在通常的泛滥平原中),而人们也能够在任何地方居住。开凿一条运河以避免洪涝,就如同射杀非洲食蚁兽以杜绝它们在防豺狼的篱笆下面打洞。只要非洲食蚁兽还是非洲食蚁兽,那它就会打洞,同样,只要河流还是河流,那它就会发生洪涝。这既是它们本质属性的一部分,也是它们对生态系统的贡献之一。这是非常原始的,因而受到荒野法的保护。

地球法理的要义是,我们不能以消灭非洲食蚁兽或控制河流——直到不再流淌乃至于几乎变为用混凝土构筑的下水道的方式应对问题。这就需要我们确立并实施荒野法,从而能够确认并宣誓河流与非洲食蚁兽的独特本质。这可能也意味着能够为无土地者找到合适的土地,在泛滥平原上阻止栖居之所的建造,或者修复湿地以防止洪涝灾害。我不无怀疑,一旦开凿运河不再是一种选择,人类的聪明才智将会找到能与地球大家庭其他成员共存共生的更好途径。

十二　地球法理视角下的权利

因此,地球法理对权利问题的触及始于地球及其本源。对于联合地球共同体的所有成员以及界定这一共同体来说,这是一个共同性的基础。从这一点我们得知:要成为一个生命体,也就是要有某些不容剥夺的权利。此类地球权利可以被理解为:明确是什么使得共同体成员相互区别开来,呈现共同体成员必须被赋予的自由,即在共同体及向前不断演进的地球长河中发挥其作用的自由。此类权利体现在共同体成员相互之间的关系之中。这些相互关系限制和平衡着共同体中处于某一特定层级的不同权利,这一限制和平衡方式将强化共同体中下一层级的权利。因此在个体层面,捕食者获取食物的权利可能会结束被捕食者的生命,直到有一天因被捕食者数量太少而结束捕食者的生命为止。无论如何,这种动态平衡的维系助益于由捕食者和被捕食者组成的生态系统的稳定性和良性运行。在一个健康的生态系统中,(不管)狐狸或兔子在哪一天死亡,但(狐狸和兔子作为组成要素的)生态系统的"权利"在地球长河中扮演的角色依然不变。

建立在地球法理基础上的治理制度不仅应当有一个概念性的框架,从而确认地球共同体中非人类成员能够享有的"权利",而且也要设计出一套术语来描述那些能给予它们充分认知的权利和法律机制。在这个过程中,我们应以适度的谦逊和一定的前瞻性眼光妥善处理。问题并不是我们所想象的那样,即对人类是否应当"赐予"其他物种或环境应有的权利做一决定,(它们已经享有权利,但因我们的法律制度未曾对其予以建构,而在现有法律中找不到)其挑战还不如说是再次概念化和建立一种人类自我组织和规范的哲学基础,以便于紧密地与宇宙中相互关联着的事物真实性保持一致。

十三 地球权利胜过其他权利

我们还必须要认识到,不是所有的权利都被赋予同样的地位和分量。我们已经知道,某些基础性权利,如生命权,就不应该用合同条款和法庭强制的方式来进行评价。的确,我们也没有对所有的地球权利采用同样的方法。例如,在国际舞台上,WTO贸易规则与很多地球权利相违背,这些地球权利在一定范围内受到国际环境协议,甚或人类共同体权利的保护。通常情况下,贸易规则被给予优先的地位。为了践行地球法理,就有必要废除传统法理所支持的某些权利或作出重大修正。例如,如果我们把宇宙视作所有主体的共融共济而非客体的聚集的话,将土地和生物界定为人类拥有和使用的财产的观点在顷刻间将对地球共同体产生无用且具毁灭性的影响。这种性质的财产权反映了一种世界观,即人类作为主体,单方面地去主宰地球共同体其他成员(视为客体)是正确的和合理的。事实上,把地球共同体其他成员界定为客体,主流法哲学不仅合法化并助长了我们对地球共同体的利用关系,也阻止了主体之间双向关系的出现,其间,关系双方[①]都享有法律所认可的"权利"。

自然的互惠关系向单向度利用关系的概念化、法律化转型也产生了一些失衡现象。财产所有者喜欢对土地或生物所享有的真正不受约束的权利,代表的是一种危险的失衡力量。这种失衡的毁灭性后果是显而易见的,我们将在第十四章做一全面论述。

如果有人能在须臾之间跨出人类圈,那么贝里基于对地球所有成员的固有本质和权利起源的观察而建立的真理便得以清晰显现,而且易于理解。而恰恰是事关此议题的诸多法律讨论所带有的极端人类中心主义论调掩盖了这一点。权利拥有者的宇宙观对于那些置身于人类圈法律传统之中的人而言,似乎是非常激进的。

---

① 即人类和地球共同体其他成员。——译者注

然而，正是因为我们在处理与自然关系时的自我中心主义和人类在自己种群数千年历史面前的文化遗忘，才使这一观点看上去非常古怪。从一个原住民部落成员的视角来看，人们发明公司之类的虚拟生命体，赋予它无穷的力量，并进而献身于利用虚拟生命体毁坏自己的自然栖息地的观念，看上去是多么的不可理喻！109

第九章　地球治理的要素

一　地球法理

在第六、七、八章中,我讨论了地球治理的不同领域。我从认识伟大法理之脉络的必要性开始(第六章),(然后)继续关注对人类共同体知识汲取的重要性,这些人类共同体表现出了地球治理的丰富实践(第七章),然后再讨论我们为何需要以一种全新的方式去理解权利(第八章)。在这一章,我尝试把这几个不同的方面结合起来,以便于对地球法理和地球治理的一些主要特征做一全景式的概括。

地球法理应该反映特定的人类共同体的认识,即如何像地球共同体的一部分那样进行自我规范,还应宣示其作为伟大法理之组成部分的特性。换句话说,一个健全的人类地球法理应该是伟大法理的物种特异性构造。它可能以各种不同形式来呈现,或许出现在一本书的字里行间,也可能出现在一部法律的条款中。当然,它也可能会出现在一粒种子里。传统农作物种子的基因里蕴藏着几百年乃至上千年人类选择的结果,这个选择是通过对某个特定地方什么作物长得最好进行仔细观察而得出的。这是实践中自觉的共同进化过程。祖祖辈辈的农民和他们所处环境之间的亲密合作所孕育的种子,有两个方面的需求:充足的营养以回馈农民的辛勤劳动,足够的恢复力以应对微气候的异变,尤其是适宜于土壤肥力以及种子生长之地对水和阳光的利用率。

然而,种子并不代表一切。种子被人类持续传承下来的关键因素是对它进行种植、培育、收获、储存,以及烹调的传统知识和实践。与此相关的是专门的技能、技术和栽培实践,如对这一过程进行庆祝或奖励的仪式。交换种子经常是增强社会性联系的方式,在许多社区中,用于种植的种子以增强社会性联系的方式被有意地交换,而食用的谷物则通常被当作商品而卖掉。在有人与地球亲密关系的地方,人类文化的多样性及本质与植物、动物、土壤的多样性及本质是密不可分的。

然而,形成这种地球中心主义的实践要花费时间和辛劳,就像图卡龙族人所做的那样,有意识和持续地参与使人类实践活动与地球相适应的过程而不是让地球去适应人类实践活动。这样做,我并不是说人类不应该在地球上留下他们的足迹。其实这也是不可避免的。事实上,即使是图卡龙和亚马逊族印第安人,他们已经有意且明显地改变了在外观上依然原始的亚马逊热带雨林,而不同的只是他们做此改变的目的和意图。毕竟,培育种子的多样性和种子的转基因不同,培育种子的多样性的目的是在特定社会、生态制度的限度内生产更多的食物来惠益人类共同体,而转基因种子能够被大量生产出来,目的是用以增加利润,以及提高证券交易市场的股票价格。转基因种子并未被人类用于适应某一特殊环境的变迁或对某一特殊环境做出贡献,而是与为了盈利而获得专利的除草剂共存。它们不是地球共同体成员间长期的密切关系和永恒的共融关系的产物,而是在公司的无菌实验室中强制性生产出的产品。当下世界,从进化经验中积累的智慧与生命形态的整体性变得一文不值,而 CEO 的股份认购权却决定着一切。

如果时下主宰这个星球的人类文明即将改变其世界观,以便于我们能再次更好地理解人类在适应、促进地球系统及其演化进程方面的主要作用,那么,治理的目的将会改变。这样以来,年复一年地增加国家或全球 GDP,或基于 GDP 的增长而提高国际贸易水平的努力就会变得不那么重要了。我们就治理所做的努力将主要着眼于重构我们自己的社会形象和增加我们规制的先进性,从而确保人类的真正影响在于增强而非弱化生命之网。在人类治理制度中,地球法理的主要作用在于提供一套指导其发展和实施的哲学基础(可能包括伦理观、法律、习俗制度、政策、实践及其他)。就法律而言,地球法理可以被视为像法的精神那样起作用(借用孟德斯鸠的话)①,而我坚信,这种法的精神将使荒野稳居法律的中心。在本章中,我对那些可能就某一特定社会标榜人类法律的一些特征做了辨正。

二 法律、权利的渊源及其合法性

地球法理的基础是这一认知,即它存在于一个比现在更为广阔的脉络之中,其间,地球法理得以形成,且其运行也决定于这一脉络。(根据系统论思想,这意味着我们须认识到,正是较大的系统脉络才决定着组成部分如何运行,而不是相反)

---

① [法]孟德斯鸠:《论法的精神》,张雁生译,商务印书馆 1982 年。

在法哲学背景下,这一见解对于与法律人士相关的两个核心议题——法律的渊源与合法性有着深远意义。法律的功能之一就是规范社会中权力的运行。这使得理论解释——为何某些人民和制度可以创造法律,如何使法定权力的运行得到控制——非常关键。例如,社会的开创者(他们通常是专属于男人的)在宪法制定过程中的精诚团结就是许多国家的重要历史时刻。一部宪法通常载明,立法机关遵循特定的程序,有权创制任何与其不相抵触的法律。按此程序制定的法律又给各类国家行政人员和其他人员赋予权力,然而,他们只能严格遵守赋予他们权力的法律来行使这些权力。在西方的法律体系中,行政人员的行为如果超越授权立法设定的界限,就是超越权限(在他们的权力之外),而且是无效的。按此,社会建立了一套法律制度来决定一项法律是否合法,以及公共权力(通常用于限制私人领域的自由)的运行是否有效。

然而,如果人类法理(甚或地球法理)源自于更高层级的伟大法理,那么它就有一定的局限性,而且处于从属地位。首先,它的范围受到伟大法理的决定和制约。例如,如果其他物种的权利直接产生于伟大法理,(那么)必然就不会受到人类法理的合法性制约抑或废除。第二,人类法理,以及体现人类法理的宪法和法律必然处于从属地位,因为它们应当与伟大法理的精神相符合。而在与伟大法理之精神不相符合的情况下,宪法和法律应当被认为是非法的,以此类法律为基础的权利运行也被认为是类似于超越国家法律制度授予的权限的行为。

法律理论专家长期争论一个论题,即在何种程度上,法律制度中的某些规则因为与更高层级的法律(通常是自然法)相矛盾而是无效的或不是真正的法律。在这里,我并不想重温这些关于伟大

112 法理或地球法理的争论。我的态度比较简单,那就是,如果我们从概念上接受我们的治理制度首先应当与伟大法理相契合,其次与我们的社会据以发展演进的地球法理相契合的话,那么我们需要创制法律或其他的机制以实现这一目标。

三 辨别对与错——伦理问题

法理、法律,特别是主流文明中的刑事司法制度,在很大程度上依赖于区分对与错的能力。分界线总是精巧设计的,但作为错误一方的结果却是严苛的。道德和伦理信念影响着一个社会能接受什么以及不能接受什么。在实践中,分界线应当被精确地置于何地,取决于一系列因素,如立法或合同的言辞表达,能被证明的"事实",对当事人主观状态的法庭意见,以及行为人行为合理的程度等。

即使在环境法领域,一个人是否因为侵害地球的其它组分而被处罚,很可能决定于设置人类行为标准的解释文本。因此,人类的权利,或者更典型的公司实体的权利,仅决定于地球共同体中一系列特定关系(现已受到损害)得以明确厘定的整体脉络。例如,当某一公司向河水排放的特殊污染物浓度超过法律允许的限值时,可能会因此而承担罚款的责任。总体上说,我们的治理制度还没有发展到从生态的角度去考虑问题的程度,也未能就排污对河流、生态的功能性影响(也可能包括人类)进行探究。斯通认为,在涉及数字标准上所谓"非人类"的关系中,不去划定允许与不允许的界限,将是极有助益的。这样"我们就能够改进那些规制我们与非人类之间关系的法律规则,以及那些致力于抓住本质的规范。对于一条河流而言,我们不应只注重于使用兆比率标准或一些难懂的指数(去测度),而是去调查河流的'水文状态'是否正在受到威胁的情况。"①某些理由或许认为:此类方法(即调查)标准在实施过程中可能不切合实际,会造成一定的困难。这些标准可能会使更多的排污者逃避排污行为的最后责任。这在我们当前的治理结构范围内可能就是这样的。我们应当改变这些问题的应对策略得以建立的哲学基础,然而在实际上这一点并未改变。如果我们认可这一点,人类的聪明才智将很快探索出提高实施水平的新途径。正如斯通所说的那样,美国环境法已有与实现这种方式相接近的赔偿制度。《海洋哺乳动物保护法》规定,当捕鱼等人类行为威胁到某一特定栖息地的"最优可持续种群数量"时,法庭可能会介入到保护濒危海洋哺乳动物(如海豚)的行动中。法庭对此已做了解释,意在表明一旦达到临界点,"对商业捕鱼和海豚之间的利益平衡就是无意义的,(这种情况下)海豚必须获胜。"②

即使将人类损及地球共同体某些非人类组分的行为宣判为不合法,我们的治理制度总是通过对他人强制罚款或赔偿支付命令的方式做出应对。这里没有提到根本性的问题,即如何在特定脉络中恢复健康、整体性地维系相互关系。现今,很多国家都制定了环境法,要求排污者负担所谓的"清洁"成本。这些条款在一定意

---

① 克里斯托弗·斯通:《地球的和其他的伦理:道德多元主义的案例》,纽约哈珀-罗出版社1987年,第60页。
② 人道立法委员会诉理查森案(540 F. 2d 1141,1151,n. 39(C. A. D. C. 1976))。同注①。

义上通过减弱物理性损害的途径增强了与生态共同体之间的联系。不幸的是,这些条款实际上经常被设计成允许公共权力机构为他们已经造成的事故买单,而不是以减少事故再次发生的可能性的方式去恢复排污者和河流之间的良好关系。

地球法理关乎地球共同体所有成员之间相互关系的维系与增进,而不仅仅是人类之间。在这种情况下,考虑严苛的对错之分基本没有意义,尤其在这种区分仅基于人类单方面决定的僵化标准时。(无论如何,尽管许多标准并不符合人类社会的长远利益,但却决定于人类社会的权势利益集团所看到的眼前利益)如果我们关注的是对地球共同体整体性和完整性的维系,那么评价一种行为增强抑或减弱全系统的整体性和健康以及各个组分之间相互关系的质量和亲密度,将是非常有用的。

这种方法近似于奥尔多·利奥波德著名的大地伦理,其中描述道:"当一件事情趋向于保持生物共同体的完整性、稳定性和优美时就是正确的,而向其他方向发展时,则是错误的。"①

一个类似但更个人化的倾向是,托马斯·贝里描述了一个11岁的男孩,在一个阳光明媚的午后,如何横渡他家旁边的溪湾,并意外地邂逅了一片漂亮的白百合花丛的情境。这一场景成为他人生中一个重要的试金石。如他所说,经验具有规范性,因为从那以后,他总是以百合花为参照来判断事物是"好的"或是"不好的"。他说:"在那片花丛演变的自然循环进程中,起着保持和丰富作用的任何行为是好的,而与此不同或相悖的任何行为都是不好的。

---

① 奥尔多·利奥波德:《沙乡年鉴》,第224—225页。

第九章 地球治理的要素

我的人生态度就是那么简单。"①

在1987年出版的著作《地球和他种伦理》中,克里斯托弗·斯通阐述了他所说的"道德多元化的例子"。② 他对试图建构一种统一化原则体系的惯常方法持反对态度,这种原则体系经常被用于在每一具体情境中得出"正确答案"。他认为,我们需要一个蕴含不同原则和方法的多元性道德框架。这不是说任何伦理的或道德的框架都是适宜的,而是我们应该在这里认识到并且尊重多样性的重要意义。

> 在生态学意义上,伦理是对争取生存行为的自由之限度。而在哲学上,伦理则是区分社会行为与非社会行为的标准。这是一个事物的两种定义。任何事物都可在趋向于相互依赖的个体或群体的合作模式进化过程中找到起源。生态学家称之为共生现象……迄今为止,所有伦理的进化均依赖于这一前提:那就是个体是组分之间相互依赖的共同体的一员。他的本能促使他争取在共同体中的位置,但他的伦理意识也促使他(与其他成员)合作。(也许是为了得到竞争的位置)
> ——奥尔多·利奥波德:《沙乡年鉴》,1948年

我认为,一旦我们意识到宇宙如同一场舞会,凭借所有相关者之间的协作关系而存在,那么我们的治理制度应着眼于培育和发

---

① 托马斯·贝里:《伟大的事业》,第13页。
② 克里斯托弗·斯通:《地球的和其他的伦理:道德多元主义的案例》,纽约哈珀-罗出版社1987年。

展地球共同体成员之间的亲密关系。对此,有一种观点还认为,我们应该通过观察是否趋于增强或削弱与地球共同体之间形成的纽带,进而来判断行为的好坏。换句话说,有利于整体的综合性、优美感以及持续演变的事物理应比减损整体综合性、优美感以及持续演变的事物更受欢迎。只要符合于伟大法理,人们对其是否有益的判断方式就会发生变化。伟大法理自身不仅认识到了这一点,而且还坚持多样性的发展演变规律。

四 平衡、互惠和正义

地球法理必须要考虑到自然界中最为重要的平衡问题。不是正义天平两端相同重量的静滞状态,而是宇宙中不断变化的流量和"创造性的不平衡":不停地运动,不断地改变,但是从来不会朝同一个方向运动,而是会旋转回来寻找平衡点或重建平衡模式。如同阴阳爻生动地表明的那样:当阴盈时,阳必然要亏,直到阴亏阳盈的情形出现,但反应与逆反应之间的循环始终保持一致。

和平衡问题相关联的是互惠原则——一份索取,一份给予。就像每个有经验的农民所知的那样,如果我们从土地中索取,那就必须要补充养分以滋养它,否则土地就会变得贫瘠。在原住民部落的文化中,这一原则是通过许多惯例(尤其是与狩猎和采摘相关的习俗)而被认知和尊崇的,尤其在和狩猎与收获相关的领域。全世界的狩猎者都遵循着一个简单的惯例,那就是感恩已死的或将死的动物为了狩猎者家人的生存而牺牲生命,而且普遍承认狩猎者总有一天会贡献他(她)体内的营养和能量去回馈地球系统。此类生活实践不仅使互惠原则在人们大脑中刻下烙印,而且也是敬畏的表征,以及作为整体的地球共同体成员之间合和运行的表达。在这里,地球被认为是能量和精神的循环涨落,在某个点之外试图积累(这种能量和精神)就等同于寻找非平衡点。

我们当前的法理的确对这一观点给予了足够重视,即平衡人类的各种权利是重要的。(一般认为,"正义"一词不包含此意。)许多法学家和政治学家可能也意识到:在治理制度中,重要的是把权利和责任联系起来。权利或特权越大,与其相伴的责任也更大。我也可以依据经验得知,没有责任的平衡作用,一项不受限制的权力将不可避免地破坏其行使。更有甚者,像西塞罗所说的,一个人不受制约的权力将会毁灭所有人的自由。而且,我们好像对如下事实视而不见——那些源于生物奇妙的天分以及与其他物种和地球相关的伟大力量的基本权利,在没有相应责任的情况下无法存续。也就是说,人类在共同体中的作用包括特殊的权力和责任,而且互惠原则也表明,过去我们从地球上的大量索取需要我们大量的给予。

五 地球治理

世界上的民主国家吹嘘的是"人民政府为人民"。许多公民对这种言论的反应可能是嗤之以鼻,并指出这一言论通常意味着"精英的政府,以大多数人的利益为代价而服务于大企业"。然而,如果有人退而从地球中心主义的角度思忖政府的作用,很显然,我们关于人类治理的观念无以敷衍更大的地球共同体了。即使一个真正"由人民产生并服务于人民"的政府也很有可能是毁灭性的,除非我们有意识地将人类得以获取福祉的地球福利放在优先位置上。

因此,地球治理即是人民产生的政府服务于地球。这就需要我们把治理和民主的含义拓展到包括整个地球共同体在内,而不仅仅是人类范围。这种观点反映在印度地球民主运动中。对此,范达娜·席瓦博士写道:

> 地球民主在将人类重新做为地球家庭(Vasudhaiva Kutumbkam)一员的背景中应予以审视,多元的文化促就了文化的多样性,这使我们的生活更加丰富多彩。①

地球治理建立在如下认识基础之上:除非我们有意识地将人类得以获取福祉的地球福利放在优先位置上,否则人类不会长期兴旺发达。从某种意义上说,将系统整体的健康置于地球治理的优先地位也是为了人类的治理,因为我们的福祉就是从这个系统中获得的。事实上,从长期来看,地球治理所要求的整体论方法将会比当前基于追逐短期政治目的和政治利益的治理制度对人类更有益。然而重要的是,要理解所谓地球治理并不是企图管理地球的各个方面。

为了达到地球治理的目标,人类的治理制度应包含指引人类

---

① 范达娜·席瓦文,2002年7月,未发表稿。该文的编辑版见于2002年9/10月第214期出版的《复活》,题目为"范式转变:地球民主——在不安全的时代重建真正的安全"。

行为的方法,以确保我们在践行自由的时候既不损害其他地球成员的福祉,也不阻碍他们完成自己的进化使命。

地球法理为此类治理制度提供了哲学和理论基础,并且会促进荒野法的发展。地球法理将会因社会的不同而有所不同,但每种情形之下的地球法理都有着共同的要素。如上所述,这些共同的要素可能包括:

1. 认识到所有地球共同体成员基本"地球权利"的渊源,是宇宙而不是人类治理制度;

2. 认识到地球共同体中非人类成员发挥作用的方法,以及限制人类那些无理阻止非人类成员完成使命的行为的方法;

3. 对所有地球共同体成员之间互惠关系和动态平衡的关注,这取决于何者对作为整体的系统更有利(地球正义);以及

4. 以人类行为是否能够增强或削弱组成地球共同体联系为基础,而容许或反对这些行为的方法。

第四部分　荒野之旅

所有的生命都来自海洋;我们每一个人都来自于子宫中的羊水;潮涨潮落就像我们的呼吸一样起起伏伏。当你遵从你内心的感受,没有任何破坏性的事物可以触动你。上帝与你同在;它将保佑你并带你到一个新的天地。要精神上有所依托,就要遵从内心的感受。

——约翰·奥德诺休:《灵魂之友》

第十章 寻找地球法理

在第三部分,我已尝试着表达地球治理可能会采取的某种形式。在接下来的五章(第十章到第十四章)中,我将探索人类应当如何走向地球治理。

我发现对地球法理的个人经验就如同漫步在阔别已久的荒野中一样,充满惊恐、兴奋、不安和深深的满足感。我把这种体验讲给所有对当下治理制度及人与地球失衡关系绝望的人。就像荒野一样,地球法理和荒野法可以作为精神的食粮。

一 从汽车中走出来

在欧洲度过了 10 年后,我于 1999 年携家人回到我的家乡南非。2001 年的 4 月,我在弗吉尼亚州艾尔利会议中心遇到了正在与托马斯·贝里讨论问题的罗伯特·格林韦。罗伯特从 1960 年代起就一直潜心研究荒野体验的心理学问题,他问我最后一次荒野体验是什么时候。我惊讶地意识到,我和灌木丛的正式相遇已是好多年前的事了,于是当机立断,决定重建与荒野的联系。另一个参与艾尔利中心会议的人是布鲁斯·德尔,他是南非德班荒野领导者学校的主管,曾在灌木丛中度过了他的大半生。我们从美国一起飞回南非,事后我决定尽我所能同他一道再次游走荒野。

2001年的9月,我在乌姆福洛济河野生动物保护区进行了为期五天的荒野体验。这次体验由布鲁斯带队,当地祖鲁兰裔人曼德拉·布特莱齐协助。我们开车进入自然保护区,把手表留在车上,背上背包和武器,跟着布鲁斯和曼德拉进入到灌木丛中。在我们走了几百米之后,一只小鸟从我们面前的灌木丛中飞出并哀号着。这是一只牛椋鸟,是自然保护区的朋友,对有经验的护林员来说,它的出现是泄露秘密的征兆。布鲁斯和曼德拉立即发出信号,我们都呆立在那儿。与此同时,一只长有巨角的领头牛椋鸟在我们前方飞出几米,回应前面那只牛椋鸟发出的警告。幸运的是,在灌木丛后面低着头打盹的犀牛的屁股朝着正好路过的我们。多亏我们的引导者的警觉和对灌木丛的了解,才使我们能够在一群犀牛的周围轻轻地、安全地经过。在几分钟之后,再次避免了惊扰一只隐藏在矮树丛中的成年公水牛。

很快地,我们又看见了狮子的足迹,开始觉得我们在这个看似非常危险的地方是那么的微不足道且不堪一击。我们离开安全的汽车后,尽管有护林员的步枪,但还是意识到我们尽管屈服于科技的力量,但还是不再能够控制局面。

经过了几天的行程,我们的认识发生了变化。当我们逐渐认识到我们需要知道自己所在的具体位置,具体的钟点时刻及下一步要去哪里,我们的恐惧开始被一种归属感所代替。我们所有的人都以不同的方式经历了一个深刻的、无法预料的,可能还有点儿不切实际地想成为这个世界之一部分的渴望。很清楚的是,正是我们的引导者与灌木丛之间的亲密关系以及他们的常识,而绝非他们的步枪,才保证了我们的安全。我们也突然意识到,这种地方在很多方面都要比我们来的那个地方(即城市)更安全。在这里,我们可以饮用水坑里的水,因为这儿没有受到人类的污染或致病菌的感染。在这里,尽管有野生的狮子、鬣狗、河马和鳄鱼出没,但我们还是可以在露天的、接近篝火(警告其他的生物这里有人)的地方安全地睡觉。而在城市中的很多地方做这样的事情,可能会受到严重的袭击或者更糟。

现在是21世纪的初期,我们迫切需要一种如何进行自我治理的新视角。我们美丽星球的急速退化及越来越多的证据表明,我们正处在第六个灭绝期的前期阶段,这些告诉我们,人类正在做的许多事情都是极度错误的。对我们来说,仅存的真正意义上可持续的人类治理模式就是那些留存不多的原住民社区,这些社区在非常有限的技术条件下能与自然和谐地相处。在一个太空旅行、全球化互联和纳米技术的时代,让我们仿效这些原住民社会的建议似乎是难以置信的。

迄今为止,统治者(政府、国际组织,实力雄厚的私人公司)的反应依然是在更多的技术和对自然更有效的"控制"中寻求安全。这种方法有点像待在荒野中的一辆汽车里一样。这样的确使我们安全,但我们与环境之间互动的可能性却是极为局限的,而且从长期来看,没有可以获得的食物。迟早汽油将会烧完,你将不得不冒险出去寻找食物,否则就在"安全的"汽车中死去。这完全可以理解为,我们被封闭在一个被荒野包围着的高科技气球之中。然而在今天,大部分的荒野已经被汽车充斥的世界所破坏。我们用道路和城市把荒野包围的越多,就越不容易理解为什么我们还要从汽车中走出来。在一片沥青铺就的停车区中,坐在车里看似是常事,如果所有的树木都没有了,似乎也没必要从车里出来。

为何在走出汽车并走向荒野的时候我们心里充满恐惧,一个原因就是因为它与传统智慧相悖离。这也让我们知道,"荒野"是危险的,我们需要的是一个能被合理控制、被净化的、所有偶然性被防范的世界。事实上,人类社会的传统"观念"也包括这些"观念"据以形成的偏见和谬误,因而这是一个主要的障碍。寻求一种全新的治理形式,需要我们警惕、质疑,最终抛弃那些被人类社会认为正确的东西。尝试着既要以一种不仅超越人类社会的组织区隔知识,还要在很大程度上考虑到我们自身文明的方式思考,这是困难的。

二 看看已经痊愈的国家

通常,当我们思考未来的时候,我们总是从过去和现在开始推断。然而,如果我们想完全改变现有治理方式的话,这种推断是无益的。我发现的一个能帮助我避开从过去开始推断未来的方法是,要超越现在并设想如果我已经获得了我所寻找的结果,那将会是怎样一番情境。比如说,我会尽力把人类社会的存续想象为一个有效的、极具价值的生物共同体成员。然后再设想这样一个人类共同体应当拥有什么样的法律及他种治理机制。联想到罗伯特·格林韦提出的"已经痊愈的国家",在我们审视现代社会之后,就很容易理解可能让我们接近或更加远离未来向往的健康国家。

这种方法也有它的局限性。我的文化、教养和学习使我倾向于做出抽象化和理论化的思考。我发现,要限制我自己在进行抽象化和理论化思考的时候不要离地球太远,是一个持久性的挑战。就像地球岛研究所的卡尔·安东尼所说的,"抽象远离直接经验和恼人的具体细节,是对某一感官实在性的远程符号性替代。而这就是生态学关注的全部——真实的复杂性"。① 我想,以一种"生态的"方式思考治理不仅在实践中需要接地气的理论,还应把情感和物质的因素考虑其中。如果我即将感悟大地,需感受沙土柔软、蜿蜒地穿过我的指缝,并且欣赏它丰富的内涵。要清晰地领悟地球法理,这将需要我们具有超乎一般想象和逻辑的能力。我们还应当用我们的指尖和内心全方位地感知它。

三 生态性思考

我希望这种更复杂的、更富生态性的感知和理解方式最终将变成我的第二属性。但此刻我发现,需要持续关注我自己的思想进程。就这一点而言,我发现记住迄今生活教给我的一些简单经验是很有益的。首先,重要的是,通过辨别和扭转我的偏见,以及牢记谦逊的重要性来解放思想。第二,我一直尝试着回归第一原则并不断探求简单事实。第三,我一直提醒我自己需要学会如何学习的方法,需要广纳各种新方法。最后,我发现,聆听或受教于那些在我想涉足的领域已有经验和知识的人是非常有价值的。

四 扭转偏见

当我17岁做为新西兰一所学校的劳特莱青年交换学者时,我

---

① 罗斯扎克等:《生态心理学和白色的解构》,1995年,第272页。

第一次意识到我的许多信念并不是我自己的。学校有个男孩正好给我看他尼日利亚笔友的妹妹的照片。尽管在事实上他的笔友和我都来自非洲,但我却不认识(他的笔友),他对此曾经很沮丧。在此之前,他已经热烈盛赞他笔友的漂亮妹妹,而且还带了一张照片来学校。就在那时,当我看到了照片上女孩的笑脸,我才意识到,只因我的朋友之前曾说过她漂亮而且性感,我就推断她是白人。就在那一刻,我如此荒谬的推断有力地震惊了我。一个尼日利亚女孩是白人的几率非常微小,但是,我成长的南非白人区的世界观蒙蔽了我的双眼,其实,任何不是白人的女孩都有可能是性感的。

  我被我的推断触动和震惊了。我们怎么能有这种荒谬的想法,而全然没有意识到这一点呢?我怎么就不加批判地,无意识地吸收那么多来自我曾成长的种族隔离区的思维方式呢?我甚至不支持所谓的"异族"通婚的法律禁令。之后,我回想起当我还是一个满脸青春痘的学生走在南非大街上时,潜意识地扫视着过路的人群,去寻找有魅力的女性。我又一次惊奇地意识到,我潜意识中根据她们的肤色筛选出了最美女性。不用说,直到那时我还受困于那种无意识的偏见。而我不知道现在我能够筛选出多少他种漂亮生物。我只能猜想我和其他人每天因我们的偏见而受困的程度,而这些偏见关乎我们与其他生物之间关系的属性。

  第一次接触托马斯·贝里的著作就让我发现了自己的一些偏见。一方面,他优美的辞藻和通俗易懂的逻辑在知识和情感两方面与我产生了清晰的共鸣。另一方面,当我开始思考他的话语的内涵时,我的本能是从曾经看似很激进,很幼稚的结论中退缩回去。我以前认为环境法中的动物权利路径是出于好意的,但最后(发现),它对于科学的自然保护方法来说是无益的,而且可能是不

第十章 寻找地球法理

达目的的。(我在想,将非洲马戏团里年迈狮子从死亡线上拽回来,可能是动物爱好者最想看到的,但这可能会把杀死大批野生动物的疾病带进来。)我也注意到,在西方的法律制度中,要把动物权利纳入其中也是一项难题。这种不只是动物权利,还有树木、山川和河流的权利都应被法庭所认可的观念,似乎明显是不切实际的,尽管诸如克里斯托弗·斯通等学者正在争论(动物权利的合理性)。

我还记得第一次走进大学时的感受。我从智识和情感方面都被所谓的"左倾"同学的观点所吸引。(事实上,在1980年代的南非,除了那些主张种族隔离的政府所持的右倾观点以外,所有的政治观点实际上都是"左翼"。)但是,我继续反对,在将近6个月的时间里,我将所见所闻视为这些争论所产生的更加激进的后果。对于论点,我总是一个接一个地变换,直到有一天,我发现原来一直反对的观点才是更好的。然而,经过很长时间才使我放弃以前立场的原因是,作为一个学生,我无知地吸收了那些或多或少错误的,或恶的"激进的","左翼"的信条。我如同反对"左翼"一样"理性地"反对"激进的"以及"明智的、冷静的"的观点,由此形成的这种自我形象实际上影响了我的认知。为了能使我从智识和情感两方面转向为种族隔离和白人特权制度的终结而积极奋斗,我首先不得不承认和放弃这些被扭曲的偏见,从而调适我的自我形象。同样,弃置人类的霸权和特权也需要一个类似的自我调适。

很多接触到这些观点的人,尤其是法律人士,当他们被地球中心论方法的真相和我所坚持过的真理所吸引时,也会经历类似的思想波动。对于那些自认为明智,应受尊重的现代人类社会成员来说,即使读这样一本书也可能会暗自产生一种羞愧感来(如果你想象着在一家律师事务所、政府办公室或者"感觉比较好"的其他密闭性地方阅读，你或许会用牛皮纸盖起来）。当然，面对巨大挑战时想退缩的邪念，以及智识上的折衷和陈腐（因惧怕被认为是狂癫而边缘化），都是非常重要的，也是可以理解的。但为了走出这种恐惧并走向一个广阔、富于希望的未来，这些问题都应当被克服。

发现并彰显地球法理也需要某种程度的谦逊。为了领悟人类在增进整体性方面所起的作用，我们需要变得谦逊。也就是说，我们每一个人都要成为团队的成员。

五　从最初的整体性开始

如果要重新全面定义我们对于法律和人类治理的认识，回到第一原则并从头开始是极为重要的。无论我们信仰何种宗教，我们所知的万物的终极本源都是宇宙。先于宇宙而存在的任何事物都是难以明了的，而我们对它的认识也只是源于信念。因此，我认为宇宙的起源是最有意义的起点。这也就是我们作为部分的"整体"。

地球不仅仅是我们的栖息地，实际上我们也是它的一部分，记住这一点非常重要。我们已经忘记了我们不仅生活在地球上而且还属于地球，也忘记了我们的生存和使命都源自地球。正如托马斯·贝里所说：

> 与地球的空间以及实际的宇宙自身相比，人类仅是地球上或宇宙中的一个很小的生物。人类生存模式的形成依赖于

事物复杂秩序的支撑和指引。我们是宇宙间各种生物中最为重要的一类。我们对任何重大问题的引导最终都产生于这一复杂的渊源。

——《地球之梦》，第195页

在智识层面上，对我们是一个独立系统的组成部分的理解，相对而言较为容易。毕竟，西方物理学家已证实，同样的原子和亚原子微粒可能周一是土壤的组成部分，周二是星球的组成部分，周三却是我们的组成部分。从更深层的非智识层面"得到它"或从本质上掌握这种同一性较为困难，特别是当你不与自然界发生亲密联系的时候。

我在一个叫彼得马里茨堡的南非中等城镇外山丘上的一个小农场里养尊处优地长大。我家三面被种植园和土生土长的灌木所环绕，这里也是羚羊、猴子、豪猪和许多其他动物、植物和鸟禽的家园。孩提时代在这些山间漫步和溪边嬉戏的经历，给了我与自然之间紧密关联和共鸣之感。然而，这仅是我在20岁时有意识地感悟到我就是单一整体的组成部分，如同身体的一个细胞一样。我清楚地记得当时的情景。当时，我正在伊索波的佛教禅修中心散步冥想，突然顿悟到这样一个伟大的真相：那就是我是一个独立整体的部分，就像细胞在人体中一样。对此我无法解释，而我也确实没有一直按此认知行事。但是，从那一刻起，这种思想深入我的骨髓，我坚信这是对的。从这个角度来讲，如果我去污染溪水，那就是自我毁灭，像在切开我自己的胳膊一样。因此，当我能够避免这样做的时候，我是否应该污染溪水的疑问就不复存在了。避免污染溪流的决定不是基于遵守法律甚或道德原则的愿望，而是一个朴素的观念,即污染行为是愚蠢的。

六　追根溯源

我的一个在伦敦的退休教授朋友喜欢提醒我,"回到第一原则吧!"我已发现在很多情况下这是一个好建议,当然除了运用非常有限的知识面对复杂情形的时候。那时,我作为"国际法律专家"被经常派往发展中国家,给他们的治理制度提供咨询意见,或帮助他们起草新的立法。这就要求我在至多几个星期的时间里掌握一个国家治理制度(包括法律)的相关要素。这样的时间显然是不够的。主要的问题经常是,我不知道什么问题是我不知道的。也就是说,不管我怎么查找问题,总是有可能存有我不知道的一些重要的法律或事实。但是我发现,当我根据第一原则仔细思考这个国家想要实现什么,想要解决什么问题时,我总会问到合适的问题。这也就意味着,我的建议在原则上可能是有益的、正确的,即使我忽视了一些重要的事实。

我想,这个建议也同样适用于找寻地球法理。在找寻地球法理的过程中,我们要面对宇宙无尽的神秘和我们理解的局限性。这就是我为何在这本书中致力于探讨宇宙与现实的本质理论的原因,这似乎与那些参与法律和治理的人们毫不相干。当然,或许这些理论可能是错误的,也或许我对这些理论的理解是不正确的。我深信不疑,无论在任何情况下,这些理论将随着时间的流逝而改变。然而,我认为重要的一点是,我们的方法应该回归到我们所知悉的地球和宇宙的本质中去,然后努力运用这些原理与我们的治理进行协调。

我朋友的建议也提醒我,从探究问题本源(根)的意义上说,采取激进方法解决问题的方法显然要比治标的尝试重要的多。这也是我作为学生活动家的时候学到的,但是,我仍然惊愕于这种观点是怎么威慑到那些在稳定社会中舒适生活的人的。不像改革家们,这或许是因为激进不能消除这一可能性——根除系统整体应当是系统性的问题。

七 学会如何学习

尽管我们幻想着与栖身之所相分离,并居住在人类主宰的虚幻王国中,但人类终究还是属于地球的。这意味着,我们还有感悟伟大法理这一与生俱来的能力。然而,我们需要不断提高感悟伟大法理的能力,尽管伟大法理已揭示了宇宙如何运行的奥妙。幸运的是,我们能从尚存的荒野之地和原住民文化中学到知识。当然,我们首先应当学会如何学习。

接受地球法理这一理论预设,对于研究法理、法律,和治理问题有着重要的启示意义。当前,我们在完全排除自然世界的法律图书馆和大讲堂中学习法理和法律。从地球中心主义观点来看,这意味着我们正在设计没有参考"原始文本"(如自然)的法哲学和法律,正在图书馆寻找并不包含那些(原始、自然)内容的答案。许多法律人士和法学院将会探究(或至少应该去探究)这个令人深感困惑的议题。那些被耶鲁大学、牛津大学和索邦大学所运用的方法真的有可能错了吗?对多数人而言,我揣测,全盘拒绝地球法理理念要比认真思忖这样一个亵渎上帝的命题容易得多。

宇宙的语言在根本上是经验的。它讲给我们的是炎热与寒冷、美丽与惊悚、事件的模式、表象和联系。但是,我们必须仔细"聆听"这种语言才能与它对话。书本知识和科学原理只能带我们走到今天。我们还需要来自自然、直觉和情感的直接经验。因此,为了变的更有生态修养,并重新关注治理地球生命的原则,我们必须努力地与原始、自然(有可能的话与荒野)重建关系,并设身处地地参与其中。

接下来,我们必须仔细地观察和聆听——从生命和宇宙丰富经验的意义上去"听"。为了再次明确人类的角色以及人类如何进行自我治理,我们必须弃置偏见、理论和可能有局限性的观点。

这对于我们中间那些在西方文明中成长起来的人尤为重要。主流文化的信念和世界观已如此广泛地充斥着我们的意识,因而很难想象我们的社会会以与自然相协调的方式运行。我已有一些个人亲身经验可供采纳。自从人类共同体与地球家庭其他成员之间建立了和睦共进关系以来,已经有成百上千年了。大多数教给我们知识的口述传统在很久之前就已失传了。人类在生物圈中的角色被99%的人类历史广为认可,但在最后,这种观点听起来有些怪诞,而且对21世纪城市化的人类来说是危险而激进的。

> 在克里族人的教义中,"聆听"对我们而言比其他任何东西都重要。克里族印第安人学会了如何聆听环境、风和岩石。我们学习如何聆听一切。有老人说,我们年轻人需要得到帮助,从而回到"聆听"中去。
>
> ——加拿大弗农哈珀,北方克里族人

因此,学会如何学习,首先需要我们净化直觉之门,并走进威廉·布莱克。[①] 我们要尽力使直接生活经验进入内心,当我们解释我们经验的时候,我们必须要对有色文化镜片(我们透过它来观察世界)可能产生的扭曲效果保持警惕。这样做并不是一件容易的事——在我们能清楚地听到宇宙的音符之前,这可能需要献身精神和密切的关注。就此而言,那些曾有很好实践经验的极少聪明人的指点可能是没用的。

作为人类,我们虽然不可避免地做出人类的思考,但我们也需要尽力从其他角度来审视这个世界,这样才能更为设身处地地认知地球。如果我们要超脱物种和文化带来的精神枷锁,并全身心参与到更大的共同体中,那我们不仅要像大山一样思考(如奥尔多·利奥波德所建议的那样),而且还要像树一样呼吸,并让我们的思想像水那样流动。这样做意味着:我们需要感悟并有意地体验我们和地球大家庭其他成员之间互相支持的共生关系、二氧化碳的、氧气的释放和吸收以及营养物和能量的不断交换。其寓意是,我们也应该让我们的意识深深植入到泥土之中,直到与地球上大量的原始地下水相接触。在我们自由地验证新的认知方法之前,我们不会相信一定程度的意识分享能力要比一个浪漫的隐喻还重要。

　　自然本身并不会用我们能随意听懂的声音说话。正在受我们的威胁而要灭绝的动物和鸟类也不会和我们对话。在这

[①] "如果认知之门纯净,任何事物将呈现出它们本来的样子"。选自威廉·布莱克(1757—1827)的《天堂与地狱的结合》。

个世界上,谁能为自然以及产生于流淌在所有生命体中的精神力量代言?每个地方都有和你一样的人类,但是都没有分离于大地和自然界。通过他们的声音,自然能够与我们对话。

——亚利桑那州北部沙漠,霍特维拉村庄,霍皮长老汤姆斯·班亚雅

我们还要记住,关于宇宙的知识不仅仅可以从仔细观察我们周遭的世界而获得。宇宙的固有特性还栖居在我们身体的每一个细胞中:它的生命力赋予我们每次呼吸和脉搏的跳动,而我们的思想和我们身体之外的意识相互关联在一起。因此,聆听并认识宇宙也必然意味着,要仔细地聆听我们每一个人的直觉或智慧。

我们的社会完全尊重以经验性实证数据为基础的行为。但是,科学理性遍地都是,以致于我们经常(非理性地)否认知识和智慧还可能通过其他方式获取。结果是,从不能被科学证实且不符合常理,但由个人深层经验所获得的知识而形成的观念,尚需某种程度的自信心来维系。然而,重要的是要接受,如果不再打算专门依赖于"科学的"手段推广并评估我们的观念,那么我们仍然需要以一定的方式确保我们并不是简单地否弃理性,也不是因我们的傲慢和偏见而被引入歧途。当然,这里也存在从非常主观的经验角度过度归纳提炼的危险。

八 谨防万能灵药

我们特别要谨防被设想的"伟大措施"所引诱("伟大措施"能

让人类所有法理即刻转变为伟大法理）。我们已经通过将人类主流文明提高到更高层次的方式，滋生了以野生性、多样性和奇异性为代价的过度简化、统一和浅薄。在没有使得他们变得更加地肤浅和缺少亲密性关系的情况下，共同体无法提升发展。我们要记住，地球的演化方向是多样性而非统一性。

第十一章　生命的韵律

一　时间和时机

和谐与冲突如同一首美妙的乐曲,成为贯穿本书全文的主旋律。对生命、自然和宇宙的音乐比拟似乎能与我们的思想和耳朵产生共鸣。无论是真实的音乐还是比拟的音乐,对于整治冲突、提升和谐均是有益的。正如艾森伯格所说,"正因为眼睛将对象特化而耳朵却将对象统一化,所以音乐向来被认为最能给人类带来个体与宇宙之间相互统一的观念。"①

音乐也事关韵律、节拍和时机。时机与时间有关,但与现代社会习以为常的以线性、间断性、碎片化兜售、最后期限确定等为特征的时间无关。时机关乎你把握恰当的时间点拍打铙钹,也关乎你按着心跳的频率击鼓,直至美妙的环绕音波扫过舞池中的击鼓者和舞蹈者。

> 在我出生的地方,大家都说韵律是生命的灵魂,因为整个宇宙围绕韵律而循环;而我们出离韵律的时候,也就意味着我

---

① 艾森伯格:《生态伊甸园》,伦敦皮卡多尔出版社 2000 年,第 292 页。

第十一章 生命的韵律

们陷入了困境。因此,接近人类声音的鼓声是我们最重要的乐器。因而鼓非常特别。

——尼日利亚,著名鼓手巴巴通德·欧拉屯吉语

时间和时机也是治理的一个维度,而这一点我们从来没有考虑过。谈及我们的社会处在一个紧要时刻,通常意味着对即将到某一重要关头的担忧,这就是一旦到来就会决定大量物种生死的关头。时间的这种线性思维有其现实意义,也许有助于形成人们的紧迫意识。当然,按照人类思维,它可能在区隔时间与行为方面并无太多意义。这里的人类思维是:视产生事件的时间和相同的内容而决定如何思考,如同以敲击鼓膜行为和选择敲击的时刻组成音乐节拍的方式思考。从这个视角来看,我们必须要留意身边发生的一切,这样才能选择恰当的时刻做出一定行为或不做一定行为。地球治理(和生命)无关乎将"行为"强行挤入由期限、计划和目标等要素区隔而成的线性时间结构的空隙中,而是关乎仔细的聆听,让智慧在适当的时候出现以及识别行动和不行动的时刻。[131]这意味着地球治理事关某件事情现在该做还是推后再做,因为每个事件都不同,而且对宇宙所产生的影响也非常不同。因而时机(非时间)是最为重要的。

当然我并不是建议人类彻底放弃行为计划和时间表。实际上,我难以想象一套治理制度能在无行为计划和时间表的前提下运行。我想竭力表达的是,这是一个需要事实检验的另一个领域,这样我们才能发现宇宙如何运行和我们如何行事之间的矛盾。智慧,无法在每月第三个星期三日记的字里行间里瞬间习得,而是需要从容不迫的空间和合适的时间才能绽放出来。这也是对我们面

临的深奥问题的伟大智慧见解不大可能出现在世界可持续发展首脑会议等重要国际会议上的原因之一。利益群体和政府的熙熙攘攘中没有智慧生成的空间,他们在首脑会议召开前的一年里或更早时间就开始的日渐疯狂的各种举动,好像消失在了预备会议、部长会议的漩涡以及其他的空洞之中。不久,一切都平息下来了,狂躁也将沉息一段时间。我们或许都不是聪明人,但无论所从事的未竟事业多么紧迫,我们都能从这种事业闪烁的希望之光中得到慰藉。

二 时间和金钱的专横

在我供职的律所中,我们用一套专门的计算机程序记录完成每件文案所用的时间。这帮助我们把时间变为金钱。我们和几乎所有思考这个问题的委托人都知道,以我们提供的时间长短来衡量服务的价值是非常荒诞的。然而委托人和律师还是(在小幅变化之内)能够坚持这一制度。这是因为我们能够衡量完成一件任务所花费的时间,也相信时间就是金钱。这虽然不恰当,但从根本上来说是一种将我们的专门知识和技能转化为有价商品的便利方式。(你可让经验丰富的 X 女士每小时赚很多钱,或者让无经验的 Y 先生只得一半)

和许多人一样,我也是个忙人。生活在这个世界上,意味着我没有时间。当然,我有工作的时间,我会留出时间和我的孩子一起度过,但我似乎还是没有足够的时间。我说服自己,我没有自己专心做事或陪伴亲人的时间,也没有度假或写作这么一本书的时间。

然而当我的确花时间做了上述事情的时候,我总会有一种挥霍和任性感。一年一年很快过去了,我能感觉到生命走得越来越快。132 我生活于其间的文明激励着我去做更多的事,以免"浪费"这越来越少的时间。实际上我明确地感受到,我没有时间活着,这从根本上来说只是个时间问题!

当然这都不是真的。但在糟糕的一天里待在办公室的时候,似乎这又全是真的,我敢对此发誓,我也能证明给你看。

这种情况不只是我有。有时我听到其他奔命于数码生活的人勉为其难地谈到"花点时间闻闻玫瑰的香味"是何等的重要。这好像他们在重申再造自然与真实的感觉经验世界之间关系的价值意义。然而,像我一样,他们未受关注的出发点就是要去知道,人类圈中此类行为需要花费时间才能做成。生存的首要意义需发生转变。我们会默许,花不多的时间没任何问题,但花费太多时间就成问题了,而且你在窃取时间,并没有真正做出你应做出的社会贡献。

三 原生时间

几年前,我有过一点"自由的"时间,因为我当时正参加一个会议,期间与杰·格里菲思有过交谈。她是一位开朗、直率的女性,经常乐此不疲于词语的模糊性,并有天赋揭穿各种浮夸。杰给了我一本她的著作《嘟嘟:侧眼看时间》。[①] 当我读了它,才发现这本

---

① 杰·格里菲思:《嘟嘟:侧眼看时间》:伦敦火烈鸟出版社1999年。

书深深吸引我的地方是,我们建构的线性时间理论在维系当下治理制度方面占据着多么中心的位置。在她的书中,她清晰地论述了我们是怎么否弃充裕而循环往复的自然时光的,事件发生之地就是时机成熟之时,而不是格林尼治标准时间的三点半。现今,我们的生活依赖于线性的、可计量的时间,而古希腊人把它与"克罗诺斯"(Chronos or Kronos)神联系在一起(附带说一下,"克罗诺斯"神因吞下活着的孩子而出名)。我们已经忘记了与时间之神"凯洛斯"有关的特质。这已成为促使我们与自然世界相分裂的一个重要方面。正如杰·格里菲思所说,"自然曾经一度是最大的公用时钟,它的韵律形成了共同行为的'时间共同体',如共同体察自然事件和季节变换,共同播种,共同收获。"[①]

如果我按照自己的理解试图探究这些思想的演变,并回顾将这些思想变成文稿的艰难过程,就会清楚地感受到这一切几乎都发生在我没有掌控并计算我自己时间的时候。不在我"花费有用时间"或努力工作的时候,而是在弃置了线性时间的时候,我已有清晰的所见所闻,如在清晨醒来后的懵懂意识里,或在穿透林冠的旭日唤醒我的时候。在偶尔反对物理时间那种铁定的连续性,并将其变为可分割的、可操控的和可兜售的时间时,深刻见解或新的观点就会进入到我的意识之中,这时候,我才"脱掉了时间的外衣"。

> 让我们虔诚地保存、看守并保护人类生存与自然生存之间的一致性……我的生命原本属于当下,就像春天的一棵柳

[①] 杰·格里菲思:《嘟嘟:侧眼看时间》,伦敦火烈鸟出版社1999年,第21页。

树一样。而现在，柳絮开始飘落，黄色的树皮泛着亮光，树液滴滴答答，而你一定要把握时机，拿柳条吹口哨。

——亨利·梭罗（格里菲思引述，1999年，第21页）

无论以何种形式（除了对时间线性的、顺序的以及飞逝的理解）思索时间问题，都是困难的。然而，如果我们重回第一原则，看看宇宙的本质以及原住民社区事实上如何生活，很显然地球时光非常不同。形成伟大法理之一部分的时间是灵活的、循环往复的，也是渐进的。如杰·格里菲思所说，这就是活的、无拘无束的"原生时间"。它不会耗尽，它是富足的，也是灵活的，因而如孩子们知道的那样，很有可能"在一小时里把握永恒"（诗人威廉·布莱克语）。真正重要的是生命时间的完满和富足，而不是期限。采摘水果的最佳时间是它成熟的时候；任何强加的外在计划都是徒劳的。

四 死亡竞赛

关于"原生时间"的讨论在现代社会看来非常抽象且不切实际。我做为个人，要坚持时间是充裕的这一真相是非常困难的。然而，在不顾及原生时间和时机的重要意义的前提下，依钟表时间进行全面治理也有非常实际的意义。有时通过观察速度这一克罗诺斯的现代追随者就能明白这一点。速度是致命的。我们虽然都知道这个道理，但不会相信会发生在自己身上。即使我们知道它是致命的，然而我们难以抗拒速度以如此美好、光鲜、阿谀的姿态出现。速度也是能将时间变为金钱的炼金术师。

速度遭遇伟大法理之原生时间维度的一个地方就是基因工程领域。正在被技术改造的生命体,作为永世演化历史中的特殊地球共同体成员而协同进化。随着季节轮替,共同体成员以各种方式重复性地互动,每一个成员都会帮助其他成员的塑造。经过一段时间,最成功的关系保持了下来,而其他的则慢慢地消失了。在这一意义上,吸花蜜的长喙太阳鸟和它的生活习性都与当地花朵的性质及生长季节保持一致。在某种意义上,通过培育那些在特性上仅对人类产生最大利益的物种,早期的人类已开始有意识地引导农作物和饲养动物的物种进化。当然,这并没有对共同体产生显著影响,因而可被视为共生关系的一种新形势。

当一些国家利用法律对转基因生命形态设立具有法律强制力的财产权的时候,一切都改变了。这产生了几方面的后果。首先,这使得公司能够将生命体变为私有财产并垄断所有生命体,包括细胞中记载的地球共同体的累积性经历。正如杰·格里菲思雄辩地提出的:"以专利法作为保护伞,基因工程窃取了每一个人的共同历史,从而使一些跨国的'时间所有者'能从其私有化中赚取利润。"[1]

其次,通过建立新的财产权形式,这些法律也为贪婪的大型公司创造了非常诱人的新型食品来源。当然,财产能被转化为金钱。为了赚取更多的钱,速度非常重要——第一时间占领市场,并经常推出新产品。当参与者是每时每刻要上报新增利润的上市公司,且受制于高管们股票期权的管理时,其承受的压力就会更大。加速吧!

---

[1] 杰·格里菲思:《嘟嘟:侧眼看时间》:伦敦火烈鸟出版社1999年,第274页。

在很多方面,这是资本家的世界里每天上演的剧情。最大的不一样就是,我们正在将生命形态融入地球共同体这个非常不同于转基因有机体演化的共同体。这些新品种的转基因有机体已被刻意设计,匆忙加工并大批量生产,以实现利润的最大化。特别是它们含有工程师认为的可能在技术上与人为问题相结合的可能性(这主要与大规模的单一栽培有关系)。不像土生土长的有机体,它们为了存活,会长时段表达出一种非增强而是弱化特定地球共同体的作用。当然,有一些或许对地球共同体有益,从目前来看,相信它们会在较长一段时间内有益,主要靠的是信念,而不是科学和逻辑。确切的是,如果我们释放到自然界中的活着的转基因有机体最后是可靠的地球公民,那它可能是幸免于转基因的设计。它们按照利益最大化被设计,而不是服务于地球共同体的完整性。

关于转基因的争辩所表达的其中一项内容是,我们的治理制度如此失衡于伟大法理的一个原因在于我们已经错过了时机。正如经常所说的,我们的政治结构鼓励甚至要求短视重利主义。政治家通常不会比下一任选举看得更远,最多就是四年的时间范围。在地球中心主义视角下,这是非常愚蠢的鼠目寸光。至于转基因,我们正在努力将进化进程的速度提高到非常危险的高度,但却没有花时间去思考这样做的道理,或者去全面剖析可能产生的后果。

五 舞出地球的节拍

有人说,地球自身就有可以衡量的"心跳",还说有特定的标记可用于更新与地球之间的联系——即实现我们与地球的和谐。音乐在宇宙形成过程中发挥了一定的作用,而且我们内心对韵律和音乐的渴望与更大的宇宙和声之间有一定的联系,这样的观点是陈旧而固执的。比如说,在欧洲文化中,毕达哥拉斯(希腊哲学家、神秘主义者、数学家,逝于公元前6世纪)的追随者认为,天体有规则的运动产生了庄严、神圣的音乐,而人类的耳朵却无法听到。"球体音乐"的观念激发了数代诗人的遐思,而宇宙和谐的观念直到今天仍然很强烈。

> 如果你没有确切地知道盖亚(地球)如何运行或者她想要干什么,你如何与她合作?我想,你会以演奏"地球爵士舞"的方式去做。你在即兴演绎,非常灵活,非常敏锐。你在小范围内表演,已做好了立即改变方向的准备。你鼓励多样性,留给每位表演者——人类或非人类尽可能伸展手臂的足够空间。你利用四人舞蹈与女神你来我往:演奏四根金属棒,聆听她的回应,唱和,再听,再唱和。的确,有时在长达数世纪的时间里她的回应也许不是很清楚。但之后,没人说这是轻而易举的事。
>
> ——艾森伯格:《生态伊甸园》,第294页

的确,所有的人都在谱写、热爱、响应音乐。你说看到的任何地方,总有我们的同胞在击鼓或哼唱、摇摆或舞动、击打或轻敲、跳跃或摇滚、起舞或共舞:我们正听着地球的共鸣板。歌声和舞蹈让每个欢快的孩子大喊大叫。音乐占据了我们人性的全部。它激发了想象力,使我们的情感同它一起荡漾,还让我们的身体跟着它一

起摇摆、轻拍、跺脚并发出滑音。

埃文·艾森伯格在仔细探究了"人类、自然和人性"[1]之后认为,"星球迷恋癖们"希望人类在他们想象的自然和谐中只发挥微小的作用,而"星球统治者们"希望整个地球融入其所演绎的和声之中。他驳斥了两种观点,得出自己的结论:就自然而言,我们应把人类想象成萨克斯管吹奏者以比波普爵士乐四重奏的方式演奏"地球爵士乐"。[2] 我并不完全认为我们应将自己看做是独立于地球的乐队领队。(毕竟,我们没有能力使地球和谐起来,除非我们知晓地球谱写的伟大法理之和弦是什么?)然而,我认为他的隐喻还是恰当的。特别是它表达出了仔细聆听以及回应灵敏度和灵活性的重要意义。它还传递出了让人类关系的时间维度由节拍和韵律所建构的重要性。这里的节拍和韵律则是产生于演奏者之间的跌宕起伏关系,而不是建立在预先确定的时间线上。

韵律、音乐和时间都与治理有关。尽管我们没有意识到这一点,但不同的治理制度的确在不同的韵律和不同的时间里运行。快速决策所产生的慌乱、心跳的加速、断音的电音节拍最受企业的青睐(以及忘我的寻欢作乐者)。其他官僚机构则倾向于按照冠冕堂皇、聚精会神的维也纳华尔兹做出决定。当然,所有的人都以线性钟表时间思维,而且丝毫不考虑决策的时机是否成熟了。它或许是一个在政治上"合时宜的"时刻,但与地球韵律的关系却没被考虑在内。

地球治理将要求我们反思治理,尤其是要反思有关决策的时

---

[1] 艾森伯格:《生态伊甸园》,伦敦皮卡多尔出版社2000年。
[2] 同上,第294页。

间维度。我们需要在行动的时刻到来之际立刻行动起来。在其他情形下,我们需要运用智慧来识别我们尚不需决策的时间,并建立起将行动延后到时机成熟时候的信心。我们要全力参与地球共同体的舞蹈,那我们就需要仔细聆听节拍,并相应地调整我们的韵律和时机。

第十二章　大地之法

一　神圣的大地

大地是地球的另一个名字。我们都属于大地,它的矿物质以及植根于泥土中的植物赋予了我们身体形态;我们的思想和美感形成于大地的轮廓、颜色、质地、味觉和嗅觉;我们注定要在死亡的时候再次融入泥土之中。许多文明和哲理也认为我们生命力或生命能量在泥土、岩石和植物体中流动、聚集。而且,这些文明和哲理还认为我们所拥有的只不过是一种有关地球的主观存在、灵魂或意识。也就是说,将大地想象成一个生命体身体的一部分而非无生机的客体是非常正确的。世界各地的原住民都认为人归于大地且由大地来形塑,而不是相反。这一真相曾被绝大多数(如果不是全部的话)人类文明所认可,但是在现代主流人类文明中却被忘记了。实际上,传统法理否弃这种单一的可能性,即将大地神圣化为是与宗教仪式发生地不同的地方。

> 大地是我们的文明。如果我们即将失去大地,文明和灵魂将不复存在。
>
> ——库那族长,老巴拿马

第四部分　荒野之旅

无论你是否相信大地和地球有神圣的一面,但大地给人类思想和心灵施加的影响力总是无可否认的。我们的文明充斥着流浪的悲哀曲调,哀悼人类被迫离开儿时的土地。远离家园的同胞通过思念故乡的山川地貌、气味和方位的方式,延续着他们与故土的联系。而从古至今的颂歌都传唱着国家疆界内的大地之美。在进化论的词典中,"泥土"与"血液"及"牺牲"相并列。

你应当教导你的孩子,他们脚下的大地是你祖父的骨灰。告诉你的孩子,泥土之中有我们族人的很多生命,这样他们就会尊重大地。我们教孩子说,地球是我们的母亲,请把这教给你的孩子。发生在地球上的任何事都会在地球孩子的身上发生。如果人们向大地乱吐口水,其实也就是侮辱自己。我们知道:地球不是属于人的;而人是属于地球的。我们要谨记这一点。

——西雅图酋长,于1854年1月的演讲①

既然所有的大地都是地球的组成部分,那么人与大地之间的关系对地球治理和地球法理而言尤为重要。当下,主流文明中的法律难以让人类共同体维系与大地及地球之间的亲密关系。如下文要论述的,大地在诸多法律中的含义都表现为这样一种迷思,即大地就是商品。(虽然一个明显的事实是,大地绝不是为了销售而

---

① 该演讲为了回应美国总统购买其族人占有的土地,具体内容具有争议性。没有记录本,实际上流传很多版本。首个版本于1887年10月29日发表在《西雅图星期天》上,诗歌版分别由威廉·阿罗史密斯等人完成于1960年代、特德·佩里完成于1970年代。

制造的)假使大地是一种像桌子一样能被拥有和交易的商品形式,那么就等于法律制度合法化并鼓励人类伤害地球的行为。

二　大地作为财产

主流文明认为土地是财产。因而法律视域中的土地就是可被买卖、被定义为没有人格或高尚品格的物、客体。在法律的视域中,敬畏土地就是盲目崇拜——只是膜拜一个物体。呵护土地或许有经济上的节俭意义,但绝不是所有权的固有属性。实际上,所有权人或许从来不会看一眼他所支配的土地,更不用说与土地之间建立某种密切关系。而更糟糕的是,当所有权人是一个如公司一样的法人的时候,它更是无法爱护土地。

> 我们每一个人都紧密地依附于这个美丽国家的土地。但凡我们某个人触碰到这片大地的泥土时,我们都会感到心旷神怡。
> ——纳尔逊·曼德拉
> 他在南非共和国总统就职典礼上的讲话,1994年5月

经过勘测并与周边土地区隔这一过程,地球被匪夷所思地变成了商品。划定土地区块的地籍边界都被标注在地图上,并且被钉上了铁桩。土地一旦被切开并钉了铁桩,就能按平米或公顷在市场上出售。被划分的地球的每个部分,其大小范围和位置,以及它的所有权人的详细情况将会被记录在所有权登记簿上。

所有权登记簿确定并及时从空间上划定土地财产的四至。它将记载以前的所有权人,但会从新所有权人登记之日起终止前所有权人的土地权益。以后的所有权人则不在考虑之列。即使用益物权授予所有权人之外的其他人在使用期内或某一确定的期限内利用土地并收益,这仅仅是延迟了所有权人对各项权利的行使而已,而不是为了对占有该土地的子孙后代的权益进行保护。前所有权人是谁,他们如何利用土地,此类问题通常都不会影响到现所有权人的权能。当然,如果有立法规定(前所有权人)获得了能够产生土地用途变更的授权时,这将产生间接的后果。

139 在许多治理制度中,现所有权人几乎被赋予了绝对的土地权力,包括将一部分或所有权力转变为他种永久性的或临时性的权力。私人土地所有权人还经常能随意变更土地的物理特征,如修建公路、种植蔬菜或增加、减弱土壤的肥力。在一些国家,这种权利包括从底土和岩石中开采矿物质,而在其他一些国家,这种权利被认为太宝贵而保留给了国家。

由于传统法理把土地视为商品,因而一般来说,土地所有权人没有承担看护土地或栖居在土地上的其他生物体的法律义务。实际上,基于个人利益,土地所有权人有权(有时利用补贴来鼓励)开发土地。这可能不仅包括种植庄稼和饲养家畜,还包括狩猎、捕捞野生动物,以及收获长在土地上的野生山珍。

现今,许多国家给土地所有权人强制规定了一些间接义务,如禁止特定土地用途(举例来说,将农用地用作工业目的),以及禁止诸如违禁废弃物处置或侵扰濒危野生物种的特定行为。虽然如此,在绝大多数审判中,基本原则仍然是:土地所有者可以将土地用作他途,并且可以以不被(法律)禁止的任何方式利用。而结果是绝大多数国家都有了这样的推定：法律在绝对需要的时候只应以限制土地所有者权力的方式进行干预，如保护公众健康。

三　土地作为权力

从历史视角来看，土地所有权与政治权力联系在一起。比如说，发端于欧洲中世纪的封建主义制度就是建立在土地占有制度之上。封建制度的顶端就是君主制，其绝大多数的世俗权力都来自于这样一个事实，即王权是所有土地权利的渊源。王权用土地权法律文书奖赏那些效忠的人，相反，背叛者的土地将被充公没收。被赏给土地的王公贵族反过来又把利用土地的权利授予对他们效忠的其他"地主"。如此一来，从农奴到达官显贵的每个社会阶层都从土地上获得了维持生计的能力，当然这种能力不是从土地本身而获得，而是从他们对社会金字塔中更高层次的那些人的效忠和服从中获得的。

直至今天，土地所有权还与其他一些法律权力及政治权力联系在一起。例如，土地所有权人或占有人通常有权角逐当地政客的竞选，还拥有以非正当方式阻止他人利用自己土地的更高权力。许多国家还有限制外国人拥有或利用土地的资格的法律。

四　土地管理制度

伴随着人类对土地的占有日益加剧，全社会已意识到有必要限制特定区域的土地使用目的。这样做的理由很多,如降低不同所有权人之间发生冲突的可能性,或者确保一定的土地留作停车、医院和学校等公共用途。大多数国家的土地利用规划立法允许公共实体(以市政当局为典型代表)概略地表明:在他们看来,人类在特定地区或范围内对土地的利用是站得住脚的。记录在土地利用或管理规划中的分区方案经常能够体现出这一点。

有代表性的是,土地利用规划制度与规定了场地利用详细额度的开发控制制度联系在一起。在许多案例中,建造房屋以及其他种类的土地利用,特别是那些可能影响到土地所有权人对其土地使用和收益的开发行为,都需要许可审批。在决定是否应予许可的过程中,决策者通常以预先设定的土地管理规划和分区方案为准则。

如今,越来越多的国家要求,事关环境的各种拟开发项目必须要经过评估,而且在决定是否应予许可的过程中给予重视。当然,即使为了保护环境而对特定区域的土地利用强加限制是值得的,但若表明能够减少人类的短期收益的话,那么毁坏环境的土地利用行为还将被频频允许。换句话说,即使在环境法领域,决定土地是否被允许以毁坏环境的形式利用的主要因素是拟利用活动对人类产生的功效。

五 以财产权为基础的土地治理体制之效果

财产法在土地上的适用反映了这样一种世界观:人类主体单方面地将地球共同体的其他物种当做客体来主宰是合理的,也是恰当的。通过将土地界定为一种商品的方式,主流法哲学合法化并推进了我们与地球之间的开发性关系。此类哲学也阻碍了我们建立以人与土地、地球之间的敬畏关系为基础的治理制度,而且还阻碍了我们对具有固有地球权利的主体间互惠关系的认识。长此以往,这样的哲学观加剧了我们与自然界之间关系的疏离程度。

从概念以及法律的角度来看,自然的和谐关系向单向度开发性关系的转变也会产生失衡。法律在特定时间内赋予拥有或占有土地的所有人非常宽泛的管理甚或毁坏土地的权力,同样也赋予了涉及生活在土地上所有生物的几无拘束的权利。这代表的是一种极其危险的失衡性力量。这种失衡的破坏性后果可在近乎所有物种栖息地的大规模、大范围毁坏中清晰地看到。

六 核心关系

人与大地之间的关系具有根本性意义。正是这种关系才形塑了个体的思想和心智,以及国家的身份特征。改变我们理解和认知这一关系的方式是转向新的治理体制的核心问题。果不其然,这也是本土文明和古代智慧给我们提供了独特指引价值的领域。

出发点在于要认识到,这个领域中的治理关乎地球共同体组成部分(人类)与提供我们身心供养的那部分地球之间的基础关系。与土地密不可分地生活着的人们非常清楚地知道,这是一种包含着深层情感的,甚或精神性联系的互惠关系。选择将这种关系描述为主人与奴隶,那我们就是自惭形秽,而且还阻碍了我们从这一根本性关系中得到体验和全部惠益。

第四部分　荒野之旅

> 我们的资源来自大地，因为大地使我们成为它的一部分。它是食物之源，食物就是在那个特定区域创造出来的；而就是食物，创造了我的生命。三万年的传奇从口耳相传中飘过，就像是教我们如何依靠大地来维系生存的工具，以及如何确保我们不去侵扰资源。
>
> ——阿拉斯加东部，内陆阿萨巴斯卡格威迅人，大卫·B.安德森

人类与自己赖以生存的土地之间的关系不是平等主体间的关系。这是一种被许多文明比作慈祥的母亲和受供养的孩子的关系，而且还有敬畏的一面。当然，这种关系还包括："孩子"理应在看护供养他的土地方面发挥积极作用。当今时代，那些深切关爱地球上某一特定部分的人逐渐被唤醒，他们投身到保护土地整体性的行动中去，以免被他人所破坏。复兴并适应"人以及共同体是大地的守护者"这一古朴观念，并以神圣的责任永远呵护大地，这也许是日渐勃兴的地球法理的一个重要方面。

人类作为土地照看者和守护者的角色也要求人与土地之间私密的关系。这种亲密需要真正的人：他的身体易于感知一晚寒夜后怡人清晨的微风和刺眼的光芒；他在内心里能与创痛的地球产生意识和情感的共鸣；他的舌尖能尝到遭毒害污染的水，鼻子能捕捉到污染城市的黑色污浊物，肺叶能愉悦地呼吸山里的纯净空气。

这些都不是公司之类的法律拟制人具有的特征。人与地球关系的衰弱因这一事实而加剧：许多土地所有者都是以法律拟制的方法而存续的公司类主体，因而完全没有能力与土地建立亲密关系。这种能力的缺失意味着他们不能与共同体相互联系、相互沟

通,因而也无法像共同体的组成部分那样起作用。不同于土地所有人,土地看护者则需要爱心和热情。唯有与大地有实质关系的真正的人才能充当好这一角色。

> 我们将自己看做是大地的监护人,而大地对我们来说不仅仅是土壤和岩石。大地就是万物一切——全部的土地、水、空气,以及各处的生命,还有人类。凡此种种,都在开天辟地之时相互关联并联系在一起。
> ——澳大利亚,邦加隆部落原住民,保利娜·戈登

七 大地传奇

看护大地对一个人来说并不仅仅意味着一种角色。它也是存在于共同体中的相互关系或共同欢聚。看护、保护地球的某一地方,需要人们之间形成的共同体无时无刻付出,而人们的生活与该地的风景、气味以及环境构造相互交织在一起:人们用当地的传说教育孩子,还给他们讲述当地的动物和奇异景观,让他们的脑海中充满当地的传奇,直到他们明白自己也属于这块土地。人地关系不管多么紧密,但从来都不完全是个人与特定范围内土地之间的私事。它经常会包括许多其他生物——迟于或早于我们而出现的生物以及和我们共栖在这块土地上的生物。我们的治理方法需要认识到:现土地占有者对土地的利用如以牺牲这一广大的共同体为代价,就不应获得批准。

第四部分　荒野之旅

敬畏和平衡是这一关系的核心。事实上，许多人会认为它具有神圣的特质，其意思是，这种关系在具有爱护、崇敬和感恩等特征的时候才是活力旺盛的。虽然敬畏、爱护或崇敬不易由法律所强制要求，但如果我们窥视了其他文明之后就会发现，还有很多方法可供使用。例如，公然蔑视一切的行为应被禁止。赞颂让人类记住地球所赐予的食物和养分，而设计其他仪式的目的则是为了让人们铭记自己应当在与地球和其他物种的关系中保持谦逊，并明确地表达崇敬与感恩之情。或许最重要的是，可借助大量的社会活动来增进这一关系的密切度，如在完成日常工作的时候朗诵小诗文，再如，留出休耕或未开垦的区域以供养野生生物的生存。

我们用自然之声传唱着旋律美妙的歌曲：河水的奔流、微风的呼吸以及动物的呼号。把这些教给你的孩子，他们就会像我们一样热爱自然。

——巴布亚新几内亚的北美印第安人
篝火大会(Grand Council Fire)发言，1927年

也许，我们应当创造出新的仪式来，从而共同体自身能与土地紧密结合在一起，并公开承诺在做为共同体而存续的所有时间里热爱并尊敬土地。城里人可能会仿造一种与特别的农业共同体之间的关联关系，他们从中可以获得食物并重新发现他们与土地之间的联系。这是否有些不切实际呢？或许吧，但问题是我们需要能够认可这种关系的最根本性意义，以及能恢复其特质和精神的新机制和社会习俗。毫无疑问，如果每个人都能以增进与土地之间私密关系的方式去尝试修复即使是很小的一块已退化或受损害

的土地,地球治理与正义将会很快兴起。

如果我们不做仪式,也并不意味着当年的植物就不会开花结果,而是意味着我们没有尊重并赞美它。也意味着我们不再有食物可吃,只因我们丢弃了尊重,伐没了雨林,污染了河水,还破坏了平衡。这既是隐藏在启示背后的真理。

——北墨西哥,治疗师利安蒂斯语

八 远离作为财产的土地

在寻找能充分表达人地关系真实特性的语言和治理机制的过程中,我们还必须要认识到,从人类立场出发,我们要加重自己在与土地关系中应承担的责任,而不是强调我们当下所宣称的权利。在某些情况下,我们还需加强那些与土地密切生活在一起的人的权利,以对抗其他疏远土地的人的袭扰。例如,许多国家的农民和乡下居民没有能力阻止(他人)将转基因作物引入当地的行为,甚至也无法阻止公司买走土地并以极其野蛮无礼的方式进行开发。

远离以所有权为基础的土地事务,也意味着明白了我们所关心的并不是主体与客体之间绝对不变的关系,而是同一系统内不同组分之间的动态关系。这也意味着除了关注土地利用的目的以外,我们还应关注人地关系的特性。土地是否用于农业区域的农业发展的问题不如占有者是否以惠益于地球而不仅仅是人类的方式保育、保护和利用土地的问题更重要。特别是,栖于大地之上的

第四部分 荒野之旅

那个小小的地球共同体到底发生了什么？其发展趋势是迎向还是远离整体的完整性呢？

> 有人或许会嘲笑我们的习俗，也会嘲笑我们为何与土地及其上生长的万物之间有如此紧密的关系。然而，所有的树木、动物、鱼类、昆虫、爬虫，甚至大山，都对我们有特殊的意义。
>
> ——巴布亚新几内亚，西巴布亚长老语

只有认可了曾经呵护大地的神圣职责之所在，也只有经常性地深化人地关系的密切度，并在遭受破坏的时候修复它，我们才能成为完整的人类。持续维护现有财产权观念的代价就等于人类自我放逐并被驱离于地球共同体，而且也深深地疏离了自我。激进分子以成本效益评估为基础全面反思财产法，这看似有充分的合理性。我们现在所面临的挑战是如何开启解构财产制度（即那些阻碍合理的人地关系的制度）的进程，以及如何建立一套切实可行的替代方案。

第十三章 共同体的欢聚

一 合弄与合弄结构[①]

你是否曾经在走路的时候停步观察过一枚蕨叶或一枚类似金合欢荆棘树树叶的复叶？当你的观察非常仔细的时候，就会发现（树叶）整体是由在不同层次上重复的一个图案构成的。例如，一枚欧洲蕨叶是由那些看起来非常细小的叶片构成的，每一个叶片围绕中心叶线排开，而中心叶线又分叉为小叶脉。叶子的结构由最纤细的叶茎周围的小叶片重复排列而成。这些小圣诞树树叶是由更粗的茎干周围的类似结构依次排列而形成整个叶子的。实际上，整体形成于中央叶茎和支叶脉图案的重复组成，这在叶子的最细微之处表现的更明显。每一部分同时也是相同亚结构及整体的一部分。

整体还大于部分之和，因为当整体形成的时候，每一层面的额外特性就会涌现出来。最小的金合欢叶片只能对微风的轻拂有所

[①] 合弄为 Holons 的音译，一般是指制造业中自制的自我依赖单元，又被称为子整体；合弄结构（Holarchies）则是指由相互作用的各个子整体组成的系统。——译者注

反应，会在一定的位面内摇摆。然而，复合而成的整个叶子却能同时在不同的位面上摆动、排列。这个大家族中某些植物的叶子还能躲避人类的触碰并快速地闭合起来。

> 自然界的万物都可被看做是此类（合弄结构性）组合——分子组成细胞、细胞组成细胞群、细胞群组成生态系统。或者，分子组成细胞，细胞组成器官，器官组成有机体，有机体组成生物科目，生物科目组成群落，群落组成物种，物种组成生态系统……这一认识清晰地表明：嵌入性系统或者合弄，应有益于其所嵌入的合弄结构的健康运行。它们必须不断地平衡自主性与相互依赖性、自治性与完整性，或者平衡合弄结构中各成员之间的关系……简而言之，通过不同层次间的动态、持续性协商，生物合弄结构各层次同时产生的自利倾向形成了相互合作关系。
>
> ——利布斯、莎托瑞斯、斯温：《时间漫游》，第166—167页

大自然好像有生成复杂性形状的嗜好，它往往以不同层次上相同图案不断重复的方式，使各层次的组成部分具有形成整体性的类似形状。这曾经被法国数学家，《自然的分形几何》一书的作者贝努瓦·曼德尔布罗特做了数学上的描述。卡普拉（1996年）对曼德尔布罗特的论证进行了描述，他把菜花的骨朵碎裂为越来越小的部分（他称之为"分形"），然而每个部分在形状上又与整个骨朵很相像。

生态学家已经证实，有生命的存在和系统都以极为相似的方式演化，从较小形状的整体开始，形成了整体的全部。即便是我在

第一章中描述过的白蚁丘这种复杂的整体也是由更小的整体组成的。每只白蚁的内脏中生活着被叫做"混毛虫"的许多原生生物（微小的单细胞组织），而每一个原生生物体内又生活着数百万个的细菌。一个生态系统中或许会有数百个白蚁丘，每一个白蚁丘又有数千只白蚁，每一只白蚁又为一千万只原生生物提供了生存世界，而一个原生生物体内又含有一万亿个细菌。阿瑟·凯斯特勒将这些结构描述为"合弄结构中的合弄"。[1] 整个自然界似乎就是以这种方式排列起来的。每个层次上都有能够同时组成更大整体的"整体"或合弄，这一事实在某一层次上合弄的自利与合弄嵌含于其中的合弄结构之间产生了张力。如果要保持生态系统的健康，这种张力只有通过合作和持续的"协商"才能得以解决。[2]

二 地球共同体

"地球共同体"可以被理解为是由嵌含在我们称为地球的整体系统中的各种较小共同体（不同层次上）组成的。我同时既是我的家庭的一员，也是我所栖居的流域生态系统共同体的一员，还是我的国家以及某一国际性环境保护主义者社团的一员。然而，既然我们在讨论治理的问题，那么我将更多地关注包括人类在内的共同体，以及按照栖息地而自我界定的共同体。当然，我在本章中所

---

[1] 阿瑟·凯斯特勒：《总数》，伦敦帕恩出版社1978年。引自利布斯、莎托瑞斯、斯温：《时间漫游：从星尘到我们》，纽约约翰·威利父子出版公司1998年。
[2] 同上引自。

指的"地方性共同体"不仅包括人类在内,还包括土壤、空气、水,以及这一区域中被称为"生物共同体"的部分。也就是说,这是地球共同体的地方性共同体,而不是人类社会的地方性共同体。

在全新治理体制的讨论中,要对共同体以特别关注的理由有太多种。首先,增强地方性共同体所建立的纽带,这也意味着增强了地球共同体的发展,以及整体性健康。正是许多较小共同体之间的关系才形成了整个共同体。没有相互之间的这种"欢聚",也就没有共同体。

> 共同体就是一个由有生命生物和无生命生物组成的紧密关系。
> ——迈克·贝尔(2001年)对共同体地方性定义的引述

其次,治理制度需要结构,而地方性共同体看似提供了有启发意义的模型。地方性共同体有代表性地宣示了区分、多样性和自我规制的诸项原则。这我已经在第六章中提到了。从人类的角度审视,生活在地方性共同体中的人,多多少少能将自己定位为文化上不同于其他临近共同体的生物,而且还将在一定范围内按照他们自己的风俗或价值观维护自我治理的权利。简言之,他们将具有期望维系的族群身份。从生物学角度来看,共同体可能是由不同要素(动物、植物、土壤、水、空气等)组成的,而各要素又以能形成区别性生态系统的方式相互发生作用。从两个角度来看,共同体只能依赖于成员之间的相互关系而存续。如果没有"整体性维系",共同体将会恶化或消亡,从而为其他共同体的产生创造机会。

> 个性,而非个体主义,是共同体存在的支柱。个性与独特性同义。其含义是一个人和他(她)独特的天赋是无可替代的。共同体期望看到它的所有成员都富于生机,并以最佳的潜能运行。事实上,只有在每一成员生机盎然并按照自己的目的释放全部潜能的时候,共同体才有生机存活下去。尊重并支持其成员符合任何共同体的自利性。
>
> ——玛丽德玛·萨默:《非洲疗理智慧》,第92页

再次,地方性共同体的权利以及这些权利的持续性存在,或许时时处处受到主流文明中均衡力量的巨大威胁。今天,在所谓"全球化"的现象中,这种力量最为显见。从这一意义上,重申共同体存续和自我规制的权利也是为了维系稳定的、可持续的治理结构所需的多样性而抗争的当然内容。

> (长屋①的)各个部分与宇宙模型、天文现象、结构性及生理性机能、亲属关系观念、礼仪维度,以及自然风貌等人类经验的一切事物和情节有关。长屋是一个宇宙模型,它是一片森林、一个亲戚和伙伴的聚合、一个子宫、一座坟墓、一只乌龟、一个小宇宙,其中的每一部分被命了名,各部分之间的每种关系就像一个连贯整体中的链环。
>
> ——雷赫尔-多尔马托夫:《森林之中》,第49页

最后,健康的共同体提供了有益于人们实现真正潜能的环境。

---

① 长屋(maloca)是印第安部落原住民的长形议事厅,在有些部落,不同的家庭会分居在长屋的不同部分。——译者注

然而当你关注于原住民的时候,还有许多要学习的地方。玛丽德玛·萨默对传统西非共同体中人体作用的描述,不仅再现了人类共同体的价值,而且也是对健康的地球共同体的一种表述。同样地,图卡龙亚马逊印第安人多个家庭共聚的长屋为何也是一种生活模型和宇宙,对此,雷赫尔-多尔马托夫的描述提供了人类社会和(人类社会植根于其中的)地球共同体之间整体性程度的美好范例。设想一下,在一间脚下埋着祖先的共用房屋中的成长经历对一个人世界观的影响,其实唯有你的家庭以及家庭塑造的世界结构才是你的家园。

三　现有治理范式中的共同体

主流文明中的法律理论已对地方性共同体产生了非常致命的影响。按照这些理论所昭示的法理,权利被授予了个人以及公司之类的拟制法人,而没有任何例外情形使集体的或群体的权利得到确认。一个共同体为了共同的利益而享有和实施特定权利义务,这一观念处于共同体概念的核心地位。而像英国,为了将土地用于牧羊农民的独占利益而圈占公有地等侵害此类权利的行为,总是会损及共同体的健康的。祛除这些权利,通常意味着剥夺了共同体的营生之路。或许更为重要的是,它还以鼓励共同体不同成员间的竞争而非合作的方式,破坏各种创造共同体的关系。

主流治理范式和以共同体为基础的治理路径之间的这种冲突,在当今关于所谓的"基因资源"及与其相关的传统知识使用方面表现得尤为明显。与大自然休戚相关的共同体已经形成,并孕

第十三章 共同体的欢聚

育了一套精通的地球共同体知识,包括植物的药用和其他使用价值的广泛知识。经过数千年的精心选择,他们还培育了特别适宜于当地环境状况的庄稼品种和家养动物,以及使之繁衍旺盛的牧养技能。这种知识和相关的技能也是共同体文化的一部分。其中某些部分非常保密,仅有少量被泄露出来,而另外部分则被广为知晓,且与他人自由共享。

当处于遥远之地的主流文明中的各成员意识到这些文明(以前曾被视为"原始的",且无任何东西可提供)实际上就有被商品化而在发达国家的市场上兜售的知识时,问题就出现了。而这一问题是,这种知识并不在商业领域之中,因为知识的所有者没有将知识界定为财产,也没有对其进行买卖。尽管在第一次获取知识的时候这样做或许是有用的,但因没有办法确保其他人不这么做,所以这也意味着很难获得巨额利益。

如此一来,首先有必要将这种本土知识界定为可被私人所有的财产。而这又是通过专利法的扩张和扭曲而实现的。这些法律条文的设计就是为了鼓励人们发明有益于社会的人工制品,赋予发明者在某一期限内(通常是 15 年到 20 年)使用发明的排他性权利。然而,为了授予专利,发明必须具有新颖性(即发明者必须要有一定的原创性,且不仅仅是发现了某些已经存在的东西),而新颖性是非显而易见的,且在能被工业应用的意义上是有用的。美国及其他国家专利法的变革已经将专利授予标准改变为允许特定生命形式①(几乎不能视为"发明")和自然复方特别利用的可专利

---

① 在戴蒙德诉查克拉巴蒂案[447 US. 303(1980)]中,美国最高法院审理认为,可以允许给人类独创性产品授予专利,但不能给自然产生的东西授予专利。相应地,法院支持对非自然产生且可被利用的特殊细菌提出的专利申请。

性。许多此类草本化合物已被共同体以不同的形式使用了数千年,因而不会被视为是新的使用。于是,主流文明借助于国际法律文本和世界贸易组织(WTO)、世界知识产权组织(WIPO)等国际组织,将这种方法适用于几乎所有领域。

冷漠的决策者所做的这些合法变更,其后果就是允许外来者通过正当手段从共同体获取有价值的信息,或违规地将其改变成主流法律制度视做财产的新形式。然后使用者就会按照法律向专利持有人(经常是某一公司)支付使用费。比如说,如果一公司隔离了某一特定植物复方的传统医用目的,并对其进行专利保护以运用于治疗某些身体疾病的话,这一公司在法律上就有权阻止提供该知识的共同体成员以相同方式使用这种植物复方的行为。

公司对农作物实施的基因工程代表着某种对世界上许多地方共同体的特有威胁。除了这些转基因有机体对地球共同体的健康造成的潜在危险以外,由于公司拥有种子的专利权,因而它们的使用使共同体依赖于外部输入,且容易受到公司的控制。这不仅弱化了地方性人类共同体的自治,也逐渐影响了传统的农业再生系统和生物多样性的可持续利用。

四 地球治理中的地方共同体,恰如合弄结构中的合弄

正如在第六章中所论述的,地球法理和地球治理要求我们尊重并遵守伟大法理的原则。这似乎说明,通过观察宇宙如何运行,我们就能够辨识那些极大地帮助我们运用人类治理工具的某些组织原则。特别是合弄和合弄结构的概念,在选择哪种社会结构应

予支持而哪些又不应支持的问题上,以及建构包括我们的法律制度在内的治理制度方面都非常适用。

如果对建构治理制度的传统模式换个角度理解,或许也是有帮助的。我们能够考虑到一项治理制度应该是怎么样的(如果它是有组织地创制出来的),而不是一概采用建筑学的模式(这种模式以设计整体治理架构为基础)。我们能够从关于自然建构的知识角度设想:一个成功的"有机"结构可能包含微小的"形态",这种"形态"以允许产生出更复杂的组织形态的方式重复着。这似乎是说,如果我们从有更为亲密关系的"草根层面"开始,或许能够找到适当的或有所启迪的模式。当然在很多地方,有用的模式可能不会长期存在,而且我们需要有意识地去编织这些微小形态。既然成功的微小形态可以结合成相似的较大形态,那么最小形态的外形和构造就是最为重要的了。这可能还会被认为是"手段是创造的结果"的另一种表述方式。这并不是说我们所做的不重要,而是说我们如何做非常关键,因为手段才给形态赋予外形。如果是成功的,这样的形态可能会具有自我复制的功能并结合成一个更大的整体。

这听起来非常理论化,但在其他领域确有先例。例如,在南非反抗种族隔离期间,民主统一阵线(UDF)作为许多独立、多元组织(如工会、青年俱乐部以及公民协会等)的联盟而形成了。民主统一阵线曾试图创建一个不分种族的民主国家。那段时间里,大多数人对民主或非种族主义社会都几乎没有经验。民主统一阵线真正创造这些概念并最终将其变成现实的手段之一,就是要求作为组成部分的每个组织以民主的方式建构自身。通过这种方式,乡镇青年组织中执事官员的选举不仅增进与该组织之间的关系,而且以一种非常真实的方式促进了民主在整个国家中的广泛传播。

为了有助于地球治理的发展,我们应当挖掘或创造哪些特性?首先我认为,每一个微小的社会组织形态应当有一定程度的完整性。也就是说,它们应当是自组织的,能够自我存续较长时间,且在参与者从制度中获取的惠益超过了维系制度所需能量的角度来看还是有益的。此外,为了使社会组织适当地运行,它必须要以一定的共同目的为基础,来联合、引导并组织参与者的活动。

这还意味着,这些社会结构内部的个体如何生存的问题是非常重要的(当然,这几乎不是一个令人惊奇的观点,因为它形成了几乎所有古代智慧和宗教传统的一部分)。在地球治理的脉络中,非常重要的一点是,尽可能多的个体应当按照能够成为有效的、负责任的地球共同体成员的宗旨而生活。这意味着被广为接受的环境伦理或地球中心主义伦理的发展至关重要。这还意味着我们应当努力把实践包含在我们的生活之中,而这种生活无论对我们自己还是地球来说都是有益的,从我们对其予以维系的角度而言是可持续的。因而不断地做出很小的爱护地球的事情,或许远比零散的宏大叙事(或世界峰会)重要,尽管二者均有其合理性。志趣相投的人以相互支持关系为纽带而形成各种团体,从这一意义上来说,各共同体应当提供有助于这些个体形态按比例增加到集体形态的机制。

如果我们赞同这些政策以及体现两种关键特征的组织形式,那么我们应当走的更近一些,以便能够达至更为合理的治理制度。其一,它们应当促进地方性地球共同体成员之间更强、更紧密关系(包括人际之间的关系)的发展。其二,它们应当促进(自己作为部分而形成的)更大系统的健康(也就是说,它们应当有助于维系整体性)。

我并不主张主流社会中大多数治理制度的变革是容易的或快捷的。当然好消息是我们并不是必须要从顶端开始,我们可以从我们自身开始,从我们周围开始,目标在于做出微小的、可控的、可重复的改变,而这种改变将对我们有益。

五　规模的问题

如果我们把日常生活实践视为个人的事情,并将一个人的内在关系视为一个合弄,那么当这个人像人类共同体(由相互支持性关系和一定程度上对相同原则的普遍承认所形成)的组成部分一样活动的时候,较高水平的复制就会发生。正如玛丽德玛·萨默所说(见148页本书181页),个体和共同体之间的健康关系会促进双方的发展。

大多数人会认为这在乡村或市郊是可能发生的。(其实,)与你周围的世界相接触的共同体是一件非常个人的事情。在没有变得更为薄弱、更不亲密之前,共同体不会大规模地变大。这或许就是当一个人在治理科层中向上移动的时候,其连通感和标志着健康共同体的归属感之所以看似瓦解的原因。在主要由许多拟制法人(国家和国际组织)构成的"国际间共同体"层面,紧密感和共同目的可能已经完全消失了。实现地球法理的挑战之一将是探索能够容许共同体组织的肯定性方面在更大的社会系统中可被复制的途径。

将生物—区域性方法运用于治理的观念或许非常有用。这种方法提倡将决策定位于特定的生物—区域共同体。当然,你可以想象一下,如果社会组织的形态不是从个体层面扩大到地方当局,再到省级政府,再到国家政府,直至国际共同体,而是依据生态共同体而扩大,那么结果将会非常不同。例如,你可以想象一个小山谷中的人类居民像共同体保护这个山谷中地球共同体的完整性一样做出决定。作为共同体,它们就能够参与主体关于流域系统中整个集水盆地事项的决策。然后,这一主体可能成为以特定的气候或生物物理区域为特征的共同体的一部分,也或许成为一个与河流汇入的海洋有紧密关系的更大共同体,等等。

将生物-区域性方法运用于治理结构的好处之一是,这将能够使微小的组织形态无缝地成为更大的、连贯的治理结构,就像蕨叶的复叶形成的过程。互助和相关关系以赋予更大的稳定性及促进合作的方式,将成为治理结构的重要组成部分。在此类治理形态中,为了资源而与其他共同体对抗,或诸如将大量的水从一个集水盆地转移到另一盆地的想法显然是不妥的。所有人都明白,整体的合理运行与每个人的福祉都依赖于每个共同体对其"所属的"那部分地球的呵护,以及对地方性地球共同体健康的贡献。如果每个人类共同体都能这么做,那将自然而然地提高下一个更高层级组织的运行与健康状况,并最终提升整体的健康。

整体的日益健康还能使微小单位更易于有效运行,从这一角度看,这种类型的治理结构易于产生积极的反馈环。健康的流域将意味着对河流系统中低河段沿岸带来更少的破坏性侵蚀。然而此刻,我们却看到了一个相反的世界。某些地方对化石燃料肆意燃烧的结果是,地球的气候受到了各方面的影响,危及到各个地方的共同体为其提供生境的能力。这意味着它们做为地方性地球共

第十三章 共同体的欢聚

同体的一部分而和谐地生存的能力正遭受着超出它们可控因素的破坏。这些因素需要在国际治理制度的最高层面上加以解决。当然,像我们经常所见到的,那种治理层次的组织结构和哲理内涵使得——像真正的共同体一样有效地解决此类问题非常困难。

从短期来看,这也将有助于缩短决策者与决策影响所及之地间的距离。这在一定程度上已经被欧盟提出的"辅助性原则"的适用所认可。这一原则从本质上假定,决策应当延伸到最低的合理层面上来。它承认,决策的属性将取决于其产生的层次(举例来说,国际关系问题不应在乡村层面决策)。如果这一原则得到合理适用,那将意味着绝大多数的决策将会由共同体来做出,且这些决策与要解决的问题之间有着最为直接的影响和最为密切的联系,除非有一个合理的理由来解释决策为何要在更高层面做出。

虽然辅助性原则的真正实施仍有很长的路要走,即使在同意接受该原则的国家,但从地球治理的角度看,由地方性共同体成员在可能的情况下做出影响该共同体的决策是有意义的。这种方法还会促进治理制度的进化,使其更加及时地响应反馈,并更好地适应地方性地球共同体的细微差异。

六 作为地球法理渊源的新型地球共同体

当我提出我们的治理制度应当围绕共同体,以及共同体的共同体而构建时,我并不是必然地主张要回归到浪漫的前工业社会,在那里,乡村田野布满了各种小村落,治理也由部落族群自主实施。这样的世界或许有太多值得推荐的地方,而且我的确也赞同

189

那些仅存的部落文明和共同体能够持续存在。然而,我并不认为将时间倒回是一个对我们有用的选择。世界变化得太快。我们需要学习部落的过往和地球的历史,从而为指引我们再次成为地球中心主义观的人类而获得智慧和启示。

建立在地球中心主义或生态中心主义价值观基础上的新型社会运动已经出现了。印度的地球民主运动(第十四章将对此做一简要论述)就是一个例证,同时,南非的社区激进分子将许多国家的社团联系起来,成立了"地球正义运动"(EJM)。"地球正义运动"不是一个非政府组织或组织联盟,而是一个共同体:一个建立在共有价值观基础之上的共同体,在这个共同体中,不同的群体和个人通过相互支持来恢复人类与地球共同体其他组分之间的健康关系。因此,它的重心是建立并强化使成员的行为更有效的相互支持关系,而不是执行某些特定的行动计划。要预测这些特有的社会运动是否对提升本书所述的地球治理水平有重要影响,还为时尚早。不过,也有一些"共同体的共同体"形成的例子,它们围绕某一共同的方法和地球中心主义哲理,而不是围绕特定的问题而组织起来。

正如人们所预料的那样,"地球正义运动"在成其为一个共同体的过程中历经了许多困难,没有办公室、办事员和所有的组织标识。它极力解决如何把民主的决定变成一项运动并有效地保持下来,并艰难地寻求解决各种小型纠纷的途径。我发现曾使着迷于参加新兴第一国际共同体的原因之一就是,小型活动的发展将使共有的方法得以不断形成并确定下来。在形成过程中,社会组织的这些新形式造就了它们独特的地球法理和地球治理形式。希望全世界有更多的此类尝试(我推测已有数千起)。其中有些将会不断繁荣发展,而有些将是昙花一现。总体而言,它们代表着多元的社会实验类型,而这正是人类社会探索和发展可行的地球治理模式所必须的。

七 地球法理和共同体的权利

全世界的共同体为了在一个日益对抗的世界中求得生存而抗争。主流文明正逐渐与不同的少数文明进行互动,而这种互动方式却对自身产生了巨大的压力,并最终迫使放弃了它们的语言和文化。如上文所述,为了在全球市场上成为纯粹的消费者和生产者而放弃传统的生活方式,世界范围内的文明所承受的压力正日趋强烈。

生物多样性和文化多样性依然丰富的诸多发展中国家,将《生物多样性公约》(CBD)视做一项非常重要的保护手段。《生物多样性公约》认识到"许多体现传统生活方式的土著和地方社区同生物资源有着密切和传统的依存关系,应公平分享从利用与保护生物资源及持久使用其组分有关的传统知识、创新和作法而产生的惠益"。[①] 然而,实践中鲜有"惠益分享"的成功案例。大多数相关外国公司在本土知识的利用中获得了启发,从而向政府支付(有时也向原住民支付)大量金钱,以便于开展生物勘探工作。有些此类协

---

① 《生物多样性保护公约》之《序言》。惠益分享问题也是《公约》的目标之一(第1条),相关条款有:获取基因资源(第15条)、相关技术的转让(第16条、19条),以及资金(第20条、21条)。

议还对具有商业价值的研究成果约定了专利使用费的支付责任。就我而言,这在大多数情况下都几乎不可能发生,因为相关合同非常难以执行。即便能够执行,向原住民族群支付大量金钱的行为有时候可能正好加速了他们(传统生活方式)的毁灭。

当然,如果从地球法理视角进行阐释,《生物多样性公约》中的惠益分享条款仍将是有用的。例如,并非将主要的"惠益"着眼于金钱或技术交易,而将关注点转变为了解何种安排可能最能够促进所有相关者与据以获取"资源"的地方性地球共同体之间牢固关系的形成。其中一个目标可能就是在发现特定植物医疗性能的地方性共同体与提取植物药物的人类共同体之间建立紧密的个人关系,正是对上述两种保护地方性地球共同体的途径的探索,才使他们得以生存繁衍。最后将与那些通过常见的一串知识产权许可证书(从一个跨国公司转让到另一个跨国公司)所得到结果非常不同。

第十四章　法律与治理的革新

迄今为止，我最为关心的是，我们为何要反思自己的治理理念以及我们如何应对重新思索治理的属性和目的所带来的挑战。我已指出，当今社会必须要承认我们在一个更大的系统或脉络中运行，也要承认我们应予遵守的治理制度，而我将这种治理制度的原理称为"伟大法理"。我还曾提议过，我们需要清楚地表达一种全新的法律哲学（地球法理），以指导我们革新现有治理制度，并对其特征做出一定的概括。直至现在，我还没有过多提及这一问题，即采取地球法理的方法为何能给现有法律、政治制度的变革提供实践指导。在本章中，我讨论了实现这种全面变革的希望是否可行，这样的变革将会以何种方式发生的问题，也讨论了基于走向地球治理而于当下可做出的较小改变的一些想法。

一　是痴心妄想，还是切合实际

有些人已经在过去的一段时间里接触到了地球法理的思想，他们对试图激进地修正法律理论和治理制度的前景表示沮丧。而其他人在质疑这样的观点：是否应正面攻袭人类圈的堡垒，因为还有很多紧要的战术之争。的确，面对大多数权力机构傲慢的自信，地球法理赢得广泛接受的观点,说得好是不靠谱的,说得不好则是痴心妄想的。面对艰巨的工作重任以及既得利益者的控制力,有些人失去了信心,视此类观点为不切实际并拒之于门外。

有时的确很难对人类改变方向和逆向发展的能力保有信心,更遑论对自然系统和人类文明共同体的大规模破坏。当我非常沮丧的时候就会提醒自己,我们所知晓的现代世界,特别是人与自然相分离的观念是一个非常新近(也希望是短暂)的现象。如若在过去两百万年或更长的人类历史脉络中审视当下的社会和观念,那么看似"正常的"东西将有戏剧性的变化。实际上,长期而言,做为地球法理之基础的世界观看似更为主流,而真正不合拍的是我们当下的社会。对人类文明发展的长远审视也提醒我们,即便在当时有巨大影响力的文明也已经尘封在历史深处了。(非常有趣的是,第七章已提到,越来越多的证据显示大多数情况下的衰退可能都是由人类社会赖以维系的环境的退化造成的)

有人将反思所有治理的哲理方法的观点(国内的和国际的),视为一种大规模废除既有法律、政治制度的宣告。然而事实并非如此。这是两个相关但截然不同的问题。也就是说,当我在第十二章中论及将土地作为任何商品是错误观点的时候,我还没有设想过财产法会在一夜之间被废除。我对随即发生的短期混乱不抱任何幻想。我的观点很清楚,当托马斯·贝里提出当前的法律和治理形式不仅无任何助益而且肯定有阻碍作用,并提出亟需一套全新的哲理方法的时候,就注定他的观点是正确的。显然,创立一种新的地球法理方法是没有任何意义的,除非通过发展荒野法的方式逐渐实施地球法理。至于怎么实施,那是另外一回事情。毫无疑问,这将需要一定的时间。我猜想,逐渐形成的许多荒野法仅限于特定地方而适用,而并不是对一般性情形都适用。不过,这也可以被认为是荒野法,因为它建立在共同的地球法理和地球治理方法基础之上。

我在本章中给出了许多关于如何将原始荒野引入既有治理制度的实例,其目的在于表明这些观点可以被实践加以应用。实际上,越来越多的证据表明,许多法律制度已经囊括了荒野法的要素,也在某些领域表达出了承认生态中心主义方法之重要性的些许信号(尽管非常偶然)。而我专门建议的方案却没有起作用。无论如何——关键在于,我们必须要有意识地开启这一变革过程,从而我们才能发展并完善那些可能的法律。

二 改变的动力

有时候一个人会认为有必要做出彻底改变,但却无法明白这种改变可能会怎样发生。这并不意味着欲想的改变不会发生了。[158] 例如,很多人在数年里深切期盼南非种族隔离政策的终止。当改变最后发生的时候,它又是那么快,而且发生变化的方式不曾被绝大多数品头论足者,甚或许多参与者在发生前的最后一刻所料想到。甚至可以这样说,不可能发生变化是因为没有为(建立在反对种族歧视的民主社会愿景基础上的)自由而进行长期的抗争。

谨记这一点也非常重要:包罗万象的社会总是在不停地变化和演进。问题并非我们能否改变社会以及法律、政治架构,而是它们将会如何改变,向什么方向改变。这就是说,关注改变的过程要比关注于规划改变现状的详细方案重要得多。思考者和倡导者面临的挑战是提醒大家我们从何而来,并像布莱恩·斯温、托马斯·贝里在《宇宙的故事》中提及的那样去启发大家,我们将要成为什么。①

三 生态纪,抑或科技纪

我个人认为,绝大多数人迟早会赞同这种观点:社会应当改变它们的治理结构,从而让我们增进而不是弱化"自然世界"中与进化伙伴们之间的关系。也就是说,值此新生代临近尾声之际,将会有更多的人赞同向贝里所说的"生态纪"过渡,也赞同生态纪治理,而不是走向"科技纪"。当然,我的观点可能是错误的。可以确定的是,以过去数百年的证据为基础,完全可信的一点是,我们的社会将不断地运用它们的信念来提高人类管理星球的科技能力,除非已经到了来不及阻止大规模环境恶化的时候。

我持乐观主义态度的主因是我们心中有盖亚。如果你接受了盖亚理论——地球像一个自我调节的实体一样运行,从而能够保持自身内部的平衡状态——那么我完全相信(也许无法得到科学证实),地球系统会对破坏其完整性的行为作出回应。有人也许会持悲观的态度说,既然人是问题的根源,我们可寄希望于地球(或上帝)制造一些可彻底灭绝人类的非常严重的新型疾病或灾难。

一个更为温和,看似更加可信的阐释是,因为人类自身就是地球的一部分,那么我们也应当是治愈(地球环境恶化)的一份子。

---

① 《宇宙的故事》,参见第六章注释1。

詹姆斯·洛夫洛克、林恩·马古利斯等科学家已经提出了有力的证据,证明地球(盖亚)就像某种"超级有机体"一样运行。正如较早时候讨论过的,某种意识似乎是植根于所有生命体系的内部(见第六章)。如果是这样,如下的推测似乎不无道理:至少一些人将要开始注意并应对越来越高的"危险"等级(自己作为该危险系统的组成部分)。确实,像乔安娜·梅茜和莫莉·扬-布朗等人的教化和记载提供了有力的证明,真实的情形就是如此。[①] 因此在一定程度上,我们以提出"危险"原因的方式予以回应,那么人类的运作就是地球自我调节和自我维系的一部分。

四 从内部开始改变治理制度

除了形成一幅地球法理的图景,我们还要为了能够从内部改变我们的既有治理制度而不辞辛劳。实际上,世界范围内的治理制度中已经出现了一些原始荒野的征兆。德国和瑞士已经承认动物是"主体";同时厄瓜多尔宪法也承认了自然的权利(见"补篇"部分)。

全球范围内的环境法正日益关注我们的社会如何做出影响环境的决策——也就是说,环境法正在关注变化的过程。如今,许多国家要求拟建项目的环境影响评价应当在是否授权建设的决定做出前进行。还有一些国家要求对公共政策、项目和计划等进行战

[①] 乔安娜·梅茜、莫莉·扬-布朗:《重归生命:找回我们的生活和世界的行动》,加拿大加比奥拉岛新社会出版社1998年。

略环境评价,在影响环境的决策作出前,对官方使其生效的原则作出预先规定。

这里不是对既有的主要荒野法条款尝试做一合理评价。的确,被认为体现地球法理的大多数法律条款和其他治理机制的形成,几乎都与实施一项新的地球中心主义法理的设想相左。它们可能更多是针对特定问题而做出的明智的、有根据的回应。然而,此类实践经验将有助于长期形成地球法理学。一些更加深入的观点将在下文中讨论。

五 打开空间,让地球中心主义文明繁荣发展

在19世纪的英国,所谓"圈地"的结果是大多数公有地被隔开,并给了私人土地所有者,主要用作羊群的放牧。共同体自古以来都一直在使用这些空间,不仅为了放牧牲畜和维持生计,还能够亲近自然,庆贺许多不同的狂欢节和宗教仪式。剥夺他们获得公共物品的权利,对共同体的生活产生了毁灭性的后果,同时还改变了英国社会。相似的圈地过程从身体和精神两方面将我们与地球共同体隔离了开来。曾在人与他们的环境之间存在的错综复杂且蔚为壮观的多样性关系,在停车场文明的乏味和全球统一性中瞬间消失了。

为了表达地球法理,我们可以去做的事情之一是自觉地打开主流法律制度占据的空间,共同体便可从中表达地球中心主义的世界观。或许这一过程会采取许多不同形式,包括:支持原住民按照自己的文化生活的权利;收回种植不在"许可种类"之列的作物

的权利；宣示该地区排除转基因生物的权利。

六 拓展人类中心主义的决策程序

影响人类社会发展方向的手段之一就是改变决策程序，从而使决定体现出地球中心主义的世界观。例如，主流法律文明中公共机构作出的许多决定应当"以公共利益"或"为了公共福祉"而做出。应当对相关立法做出改变或重新阐释，这样才能要求决策者按照整个地球共同体的利益而非仅是人类的利益而行事。然后，我们将着手以维系（地球）整体性的方式进行自我规制。即使这样的改变没有对最初做出的决定产生太多影响，这也将起到教化和转变意识的有益功能。

一旦能够大量接受地球法理，那就可以重温、重新诠释其他普通的法律术语了。比如说，许多法律制度都有允许普通法律规则针对"国家利益"或"国家安全"利益而优位的条款。为何不能采取以"生态安全"（通常情况下，保护某一地区内生物多样性免受外来物种入侵的威胁），甚或"地球完整性"为正当性判断基础的专门措施呢？

其他可用于做出决策的弱势人类中心主义方法还包括，要求决策者观察更广泛的信息（例如，与人类活动的长期累积性影响有关的研究），或运用特定的原则（如所有生物都有内在价值，而不管它们对人类的有用性）。从两个例子来看，这都将有助于削弱纯粹商业化的和其他人为的因素对决策的影响。

七　限定人类权力的边界

在很短的时间内,特别是19—20世纪之间,人类已经对地球的物质部分造成了深远影响。当然,在拓展我们物质和科技力量的可能范围的过程中,我们曾说服自己,我们按照所拥有的权力进行的治理是适当的。我们治理自然世界的主要不足正好体现在对更新"环境管理"方法(为了改善人类极端无度的独裁)的日益重视上。

实际上,不能仅仅因为我们能够完全改变所处环境的方方面面,我们就应当为地球的各个方面进行治理和立法。我们不是为了更好地管理地球而徒然尝试去优化现有环境管理方法,而是应当关注于人类法理和法律的合理范围——即人类的自我规制。

这还涉及到对某些可被人类控制的范围进行限定的认可——如地球的气候。如故意影响地球气候的急剧变化,或毁弃那些不可避免地要灭绝的物种栖息地等特定的人类干预行为,必然无以按照人类法理而获得法律上的合法性。从共同体的角度来看,这样的决定可能是非法的、无效的,因为在伟大法理的意义上不能得到正当性的证明。我们需要给那些想要去完成此类行为的人讲明这样的法理:人类没有权力允许攻袭(我们生于其间的)地球共同体核心地带的行为。相反,每个人都有义务去抵制那些背叛了我们对地球共同体最根本性职责的行为。

这些对人类治理权力的范围限定,应当体现在我们的治理制度之中,而基本方式就是确保那些参与国家政策决定的政客们(只盯着自己短期的政治生涯）不能越界。如果这样做,对准许威胁地球的行为产生影响的任何法律和授权,都将是空洞的,也没有任何法律效力。

八 从管理到民主参与

正如在第八章中论述的那样,人类既要认识到地球共同体的其他成员有"自我决定的权利",也要约束自己不去侵犯这些权利。然而,我们需要走得更远,从而认识到在牵涉共同体其他主体时,我们为了提倡更为民主的方法而应弃置主流的管理模式。我的意思并不是说这样符合字面上的"一物种一票"。当然,和人类民主一样,地球民主应当承认所有主体的权利,还要承认基于提高整个共同体更大的、民主决定的福祉而对特定团体利益进行约束是合法的。

这要在我们目前的文明框架中实现或许是不切实际的,但是以人类应当按照"地球民主"保护地球大家庭中其他成员的利益这一认知为基础而建立的草根社会运动已经发展壮大。例如,"印度地球民主运动"就是以下列认识为基础而建立起来的：

- 地球上所有生态形式的自由都不容分割；
- 正义、和平和可持续都不容分割,因为真正的正义无法在没有持续性和公平获得地球馈赠的情况下存在,没有正义将没有和平；
- 每一种生命形式都有内在的价值,多样性应予鼓励,因为它代表着自由,而单一物种却源自于对某一物种、类别、种属、宗教的主宰，以及其他物种的驱除。①

九　鼓励那些尊重和敬畏地球共同体的实践

所有的共同体都一样，在地球共同体中和谐共存，需要遵守一定的仪规（以理解和尊重其他共同体成员的需求为基础）。我的文明曾经有着礼仪化的实践，目的在于提醒人类并不拥有猎杀或利用共同体其他成员的绝对权利。对其他生命形式的神圣性表示尊重，并对牺牲其他动植物从而换取人类生存表示尊荣，这些都已通过牲礼、供奉和感恩等方式被融入到社会生活之中。通常，维系能量或其他力量平衡的主要意义在于，让各社会有意识地思考自己的行为是否会产生失衡或侵犯其他物种权利的后果，并考虑在什么地方适合于采取正确的行动。

今天，尽管许多国际宣言和国际条约呼吁自然应"受到尊重"，然而尊重自然的仪式和其他机制却已不复存在了。主流社会中的人们不再遵守涉及地球共同体其他成员的礼仪或伦理准则，反而将大多数"环境管理"的决定建立在科学模型与经济学的结合之上。一旦将视角转换到人类圈之外，即可清晰地发现，为了给人们最有效地分配"稀缺资源"而设计出来的经济学理论，无法为人与地球之间相互尊重的关系奠定坚实的基础。实际上，我们明白那些仅仅以经济考量为基础而建立的人人关系的特点是——缺失相

---

① 范达娜·席瓦："范式转变：地球民主——在不安全的时代重建真正的安全"，载《复活》2002年9/10月，第214期。

互尊重和真正的亲密。即使像可持续性等概念也更多地关注于能够可持续开发的最大限度,而不是关注于维系健康的平衡关系。

十 废除有辱人格的法律和实践

人们经常把法律看做是对错的指标,而且法律在塑造和瓦解人们伦理态度方面的作用同等重要。在我成长的南非,种族隔离的世界观在许多法律中又有了新的表达,如阻止不同种族背景的人们在同一地方生活、一同上学或与他人发生亲密关系。这些法律使种族隔离固有的谎言和误解得以维持并合法化,也使得那些相信非种族主义的人们很难或无法按照这种信念生活。1994年,当民主的曙光普照南非,且歧视性的法律被废除之时,并没有立刻出现一个不分种族的共同体。当然毋庸置疑的是,改变这些法律确实为一个更加公平的社会的可能出现创造了环境,而专门禁止歧视的《权利法案》特别强化了这种可能性。

向更能体现地球中心主义的治理制度变革,最好的方法之一就是着手对那些妨碍或阻止人们在地球共同体中扮演负责任角色的法律原理和理论进行一系列系统性的识别、修改和替换。活着的动物不是客体而应予尊重,对这一事实的法律承认就是一个开始。而在另一个事例中,或许新的义务就能被强加给自己和所有栖居此地的其他生物。这将是一个重要的、有教化意义的进步,尤其当没有这样做的人想亲自花时间去修复损害的时候,这样就有机会重新与大地联系在一起。

十一　创立新的调整机制

还要记住，创立有效的方法去阻止人类和法人继续侵犯地球共同体其他物种的地球权利，虽然很难但对我们同胞极为重要。现代社会与部落共同体（与自然世界紧密地生活在一起）之间显著的区别之一是，部落共同体一般不会借助于监狱来调整人们的行为。通常，共同体成员对他们的伙伴成员及其相互尊重、和睦相处的关系给予非常高的评价，他们会非常谨慎地遵从共同体的习惯和法律。当他们的行为不符合（共同体）标准时，就会用仪式和其他社会机制来恢复被损害的关系。①

如今，我们中的许多人生活在一个从诸多方面"祛社会化的"全球化社会之中，这对于没有在共同体内运行的公司、国家等法人而言更是如此。这就是为何在传统社会适用的治理方法不再对我们有用的原因之一。就像在第十三章中论述的那样，创建并强化以共享价值为基础的新型共同体，将是把"社会约束"重建为调整人类社会的一种有效力量的重要步骤。再次唤醒地球的神圣感可能也是其中的一个部分。如果对现代治理结构和部落共同体治理结构在调整人类与地球共同体之间关系的效力问题进行比较，很显然，神圣性而不是惩罚将更有效。

---

① 指人与自然世界之间的关系。——译者注

十二　重排优先顺序

有时候,我们似乎忘记了有一些法律权利和问题远比其他权利和问题重要,因而需要区别对待。举例来说,当下国际社会的争论,即世界贸易组织的贸易规则是否应当优先于《生物多样性公约》等多边环境协议中保护环境的法律义务——即便不是如此可悲,但也是荒诞无稽的。为促进自由贸易而设计的法律规则应当与旨在彻底保护地球共同体重要方面的法律义务被等同视之,这种观点如同——公司通过熟练地利用协同演化千年以上的各种植物而获利的"权利"应当优于贫农保存和繁育种子的权利——这一观念一样是荒诞的、错误的。到了世界上各国政府停止向公司谄媚的时候了,它们要搞清楚,在地球共同体最根本的地球权利与源于人法(如贸易自由或合同自由)的"权利"之间不可能存在平衡。

十三　重叩智慧之门

最为严峻的挑战之一或许是能否在治理图表中为智慧觅得一席之地。当然,全世界各国的政府中都有明智的人。然而,我们需要正视现实,当下治理体系的制度安排以及其中的激励制度并不是为了促进或奖励明智的决策而设计的。事实上,有助于修复我们与地球之间关系的智慧不只受到"权力走廊"的轻视;因长期缺失,这个词语已经有了一个奇怪的古雅光环。总之,这还是有益于向古老的传统实践求得启发和指导的一个领域。

十四　缩短决定与其效果之间的距离

我们那些非常"精致的"政治制度和管理制度好像是这样的——传递的指令越复杂,要协商的官僚层级就越多,从而决策者与相关事项及决策后果之间的距离就越疏远。这一链条越长,共同体(包括人类共同体和生态共同体)的决定就越有可能是鲜有或没有共同体生活体验的局外人做出的。举例来说,我已经充分地意识到,中央政府的环境保护机构能在制止当地社区做出有损环境的决定(特别是受到强势个人或公司影响的情况下做出的决定)方面发挥至关重要的作用。然而,长远来看,重要的是要有意识地为稳定社区与特定生态系统之间的持久关系而建构一种最能进行自我调整的能力。如果我们的治理制度将能进化到更高的精致程度,那么他们就能适应并符合于当地的具体情况。

第五部分　前方地带

大地的寂静,隐没了所有的存在。地点并不简单是方位。一个地方就是一个深奥的个体存在。小草和石头的表层质地受到雨水、和风及阳光的恩泽。请全神贯注地聆听,大地在以隆重的仪式庆贺四季更替,将自己毫无保留地奉献给了热情的女神。

——约翰·奥德诺休:《灵魂之友》

第十五章　大山之路

一　回归大山

在第六章中,我将伟大法理比作从我窗边可看到的位于开普半岛上的大山。大山曾经是我在这段荆棘之旅中的永恒陪伴。虽然永恒,但终究还是在变化着。外面还是昏暗一片,四周沉浸在清早的灰暗中。现在,在仲冬早晨的第一缕阳光中,山脊在峭壁上投射下引人注目的轮廓,而峡谷依然笼罩在阴影中。瞬间,太阳给大地披上了褐色、赭色和绿色的外衣。朱鹭看上去越飞越高,一对长有白翼的埃及鹅发出"嘶嘶"的声音,飞向饲养场,之后,一切又很快恢复了平静。太阳冉冉升起,悬崖上黑暗的斑影逐渐从崖尖上褪去,并浸入到一片片森林之中。

昨日,大山掩映在薄雾之中,而今日的大山却是那么寂静、明朗和宁静。美景从你我之间穿过,直抵我的心灵,也把我的遐思从书本间唤起。山脊虽然那么坚硬,但千年的风吹雨淋也冲刷出了一面斜坡,其上是片片森林和高山硬叶灌木丛,它们就像乞求者一样安静地趴在那里。只与近旁的花冠争奇斗艳,但绝不冒昧地占满大山的所有山坡。它们与大山一样,与世无争,简单而生。然而,通过它们的存在和缓慢的地质变迁,它们给生态共同体提供了那些遍布山坡的物种。从山顶涌动的白云中滴下的琥珀色的水滴满足了物种对饮水的需求。也让像我这样凝望着古老花岗岩和砂岩表层之华美壮丽的人大饱眼福。

我希望大家能再次铭记,我们就像森林一样栖居在地球的各个角落,也会重新明白将自身融入大山之中的必要性(或更宏伟的意义):将人类文明融入地球文明形式之中,以及将我们深深植根于地球的泥土之中,直到无人知晓哪里是终点,哪里是起点为止。因而,自然,人性和文化将再次被视为是不可分割的连续的统一体。

我在本书中所游历的大地山川时而变得黯淡,时而又清晰地出现在我的脑海中。我总是蹒跚而行,但偶尔也能在巨石间找出些许问题。这是本书的最后一章,在考虑接下来我们面临的问题之前,我想对已走过的大地山川做一简要回顾,并以此铭记:用智慧和热心看待一切。

二　逻辑

我相信,对于大多数(如果不是全部的话)国家治理制度,以及国际法律和政治秩序的根本性改变的问题,都有非常有力的逻辑缘由。地球正处于快速恶化之中。主流文明中经济的表面繁荣都建立在消耗和浪费地球的自然"资本"基础之上,也建立在人们之间,以及人与地球共同体其他成员之间不平等加剧的基础上。每年的警示日益醒目,但不可逆转的损害却越来越大。这不能无期限地持续下去!尤其对我们的子孙后代以及地球共同体其他成员来说,这是一种悲剧。即使从彻底的人类中心主义视角来看,人类不应当沿着这条毁灭性道路继续前进。

如果要停止并逆转使地球恶化的进程,我们必须要彻底修正自我治理的方式。这就要求我们弃置那些非常倚重于当今全球社会主流文明的基本信念和迷思,托马斯·贝里等人对这一问题的关注无疑是正确的。特别是,我们必须要拒斥人与地球相互分离的误解,还要认识到我们方方面面的福祉都来自地球。有意将人类社会重新整合到地球共同体之中是不可能的,除非我们构想出一套地球法理,我们从中能重新承担起作为更大生命共同体有机部分的应有责任。

在法律和政治领域,那些致力于回应托马斯·贝里提出的观点——"仰赖地球,参与建立一种互助共济的人类之存在"[①]——的人面临的挑战是,为更加妥当的治理人类行为的法律的发展确立一个明确的哲学基础。法律中应当包括有"原始荒野"的要素。为了形成地球法理,荒野法以及运行良好的地球治理制度,我们必须要有意识地使自己与自然世界的更大脉络相互适应。我们需要从共同体中汲取智慧,并记住要在经验的烈火中锻造我们的理论。

尤其对我们中间那些在"人类圈"(这是一个人类分离、主宰和自尊的虚幻世界)长大的人来说,这是一项具有挑战性的任务。这就要求我们学会如何在现有文明认知世界的限度内思考问题。此类文明的世界观如此普遍地渗透到我们社会生活的几乎所有方面。它影响了我们对自身的认知以及对时间、灵性、内涵的理解,也影响了我们对自己成之为人的目的和角色的认识。讨论此类问

---

① 《宇宙的故事》,参见第六章注释1,第250页。

题总是困难重重,因为即便是讨论的语言也会带着现有文明的世界观痕迹。我们用以思考和表达诸如"权利"、"正义"等核心治理理念的词汇和概念都深深地嵌含在我们的主流文明中,而且还背负着一些没用的意义以及与现有制度之间的关联。

任务非常紧迫。治理结构的改变通常是一个缓慢的过程。正如《全球环境展望报告3》(GEO-3)所说,"将在未来30年发生的环境变迁已经由过去和当下的人类行动所引发……将在未来30年付诸实施的环境相关政策可能在很久以后才能产生明显的作用。"[1]与此同时,共同体在很多情况下以加速度遭受着不可挽回的损失。这就减少了我们可选择的机会,同时显著地增加了我们的文明要永远地走向生态可持续道路而必须付出的牺牲。

激进分子、政策制定者、公共部门决策者、立法者,以及各处的相关民众极度需要一套明确的哲理,以其为人类社会的重新定位和再次建构提供理论阐释和指引。除非我们清晰地表达出以促进地球完整性的方式规范人类行为的愿景,否则,人类圈的世界观将是继续默许的主宰者。这就意味着,不论现有制度如何不完美,那些深刻影响地球共同体整体健康的法律和制度形式还将继续决定于单一种群[2]的主流社会中那些贪婪的、具有毁灭性的大多数(人)。

从逻辑角度可以说,我在本书中或多或少表达了如下观点:

1. 我们人类是地球系统固有且不可分割的组成部分。
2. 这一重要的统一体意味着人类及我们的社会制度不可分割

---

[1] 《全球环境展望报告3》(GEO-3),第14页。
[2] 即人类。——译者注

地嵌含并受影响于更大的地球共同体脉络。

3. 我们自我治理的方式因而也必须与这一脉络保持一致,而且必须确立能保证人类追求福祉的行为不破坏作为人类福祉之源的地球的整体性这一目标。

4. 在人与地球上更大生命共同体之间健康的关系网之外,人类的满足感难以达到。

5. 只有创立一套体现这一事实——人类社会是更大地球共同体的一部分,并应遵守特定的宇宙原则的法理,我们才能全面走上社会的及法律制度的转型之路。

6. 为了对体现这一地球法理的现有治理制度进行重新定位,我们需要创立具有"荒野"之本质的法律,以使它们促进而不是扼杀创造性及人与自然之间的联系。

7. 为了有效地实施荒野法,我们需要培养敬畏地球的个人习惯和社会习惯,培育以共同体为基础而建立的社会结构,以及建立符合自然本性的共融的共同体。

三 灵魂

逻辑合理性并不代表一切。或许更为重要的是,我为了所谓的"治理"尚需唤起灵魂这一认知而呼号。此处的"灵魂"并不是不朽的灵魂,而是有关深刻性、关联性以及情感和智力特性的灵魂。这种深刻性和关联性与经由人的心脏而回到荒野时空(荒野时空既是我们的遗产,也是我们所处的脉络)的原始创造力紧密相关。

当我们把组建和"治理"社会(按照我们成其为人的角色这一

清晰的认知）的方式与"治理"我们自己行为的方式等想法联系起来的时候，在物质世界中存在和运行的连续统一体就会变的更为清晰。通过我们与其他人相处的方式，我们把自己是谁的问题解答为个人。举例来说，只有当诚恳地与他人相处的时候，我们才是诚实的。诚实的行为是始终如一地选择以符合特定价值观而不是其他一些对我们有利的做法的方式行事的结果。因此，只有通过某种方式反复选择与他人建立联系的方式，才能让一个人成为诚实的人。这对一个社会而言同样如此。如果社会没有反复做出始终如一的决定去打击腐败，那么这个社会就是腐败的，从而这个社会的许多成员也将会变得腐败。

地球治理关心的是作为个人、共同体、人类社会以及一个物种的我们到底是谁。它（即我们）不是置身于法律与政治领域之外的唯一存在。我越来越相信，它并不是可被分割的存在。也就是说，我们要明白，我们为了全面自我治理而创立的制度既表达了我们是谁，也在我们成为什么样的自己的过程中起到了重要的作用。无论我们是否决定对日常垃圾进行分类，或制定法律来追究污染者的环境损害责任，我们其实都在表达我们的价值，也在影响着我们成为什么样的人。而困难之一是，我们的治理制度与普通大众距离越远或分离得越明显，我们就会越发觉得它与我们或作为个人的我们之间的关系不大。事实上，我们中的许多人都犯了错误，认为我们可以把保护环境的事情交由政府来处理。自从1972年斯德哥尔摩"人类环境会议"将环境议题首次提到国际治理议程上，并于1992年召开的"地球首脑会议"①将环境保护作为重要议

---

① 即在巴西里约热内卢召开的联合国环境与发展大会。

题以来,数年的经验已证明政府的治理是不够的。我们如何与地球共同体其他成员相处,这对我们是谁的问题来说尤为重要,因而我们需要负起个人责任以确保我们的行为有助于地球治理的进步而不是否定它。

此类全球性问题为何又是私人的事,其理由之一是因为使地球恶化的行为也将使我们的内在灵魂或深层次的自我意识不断堕落。像托马斯·贝里所指的那样,我们对外在世界所做的一切,也都回到了我们的内在世界。停下脚步,去体验落日的余晖,这将滋养你的灵魂,使你的内心充满美丽并让我们满载生命的气息。挖掉表层土壤,就只剩下海洋中的植物和丰富的生命共同体了,同样,用混凝土覆盖表层土壤,就是对我们内在世界的伤害。如果这一过程持续时间太长,那么我们及我们后代的意识将不再通过与美感、多样性、纯粹的自然意外之间的交互作用而得以塑造。混凝土停车场孕育出的停车场观念是:统一的、荒芜的、可预测的,并且缺乏一些神圣的或先验的意涵。你认为我们的停车场能启发多少伟大的艺术作品或文学作品?这一景象能激发法规编纂中多少部法律的产生?

当然,如果你咨询现今社会的一位律师,一部法律或一项治理制度是否有"灵魂",极有可能你会以异样的眼神看待!这样的问题在今天的人类范式中没有意义。在逻辑场内,这是一个不切题的问题,最终也难以被他人认可。然而,这也是一个应予考虑的问题,应得到足够重视,而不应像浪漫的奢望一样被放逐。

着手评估一项治理制度中某些方面的深层内容与目的,其中一个途径就是考虑它是否以某种方式与伟大法理或地球法理的原则相抵触。例如,你或许会问,法理是否为人类创设了涉及其他物种且与适当的责任不相平衡的权利？它是否妨碍了其他地球公民的"自决"这一地球权利呢？一项特定的法律或法律规则，其背后隐含的意义是什么，它的实际作用又是什么？这是否符合现有治理制度的全部宗旨？特定法律背后隐含的意义以及治理制度背后隐含的更大意义可能会对作为个人的我们，和作为社会的我们产生何种作用？这是否是我们所期望的？

重要的是不仅要考虑治理制度在哪些方面达不到地球法理的要求，而且要考虑它在何种程度上推进了地球治理。换句话说，法律、规则或治理制度是否有助于创造一个荒野复生、共同体繁荣发展的适宜环境呢？这意味着要去探究法律在何种程度上允许多元方法发展，以满足不同地点、时间和共同体的需求。它将如何影响当地生态系统和人类共同体在往后数百年或更长时间中的变迁？这是否能被融入某种生活方式之中呢？

在法律或治理中找寻此类灵魂的存在时，将有助于提出相关问题。自问一下，一项治理制度某些方面的作用是否有可能增加或减弱①关系的亲密度。它能促进共同体的发展，并能增进归属感吗？举例来说，当被问及恢复性司法（在第五章中有所论及）基础上的纠纷解决制度，或被问及复仇导向的刑事司法制度时，问题的答案会非常不同。

灵魂，抑或灵魂的丢失，是许多社会中存在的一个非常现实的问题。如今，太多的人都有一种明显的，通常说不清的失落感或迷失感。这在棚户区和豪华公寓中都存在着。他源自于作为地球共同体的陌生人而在内心和灵魂方面产生的分裂。我们都成长于同

---

① 即人与地球共同体其他成员之间的关系。——译者注

样的泥土,也呼吸着同样的空气。然而我们的许多同胞却徘徊在离地球很远的地方,以致于我们没有把那些与我们一同亲密地进化的生物像家人一样看待。对许多人而言,谈论这种亲戚关系感觉就像在发疯。将分裂和"灵魂的丢失"作为治理应予关切的问题,这听起来更加荒诞。到了对这些问题的忽视说不的时候了。治理过程中即使那些像生态学家一样不再忽略灵魂问题的人,也可能会忽视生命内在的创造力和意识。我们的治理制度应当对我们行事的方式有非常精确的敏感性,并能意识到表达意愿——需要让自己习惯于在地球共同体中发挥应有作用。

四 行动

仅仅意识到需要"灵魂"是不够的。地球法理不只是一套理论,它还应当是一种鲜活的行动,一种生活的方式。我们每个人应当学会在自己的生活中纳入一些敬畏、尊重及欢庆地球,以及致力于深化我们与世界整体之间联系的仪式和活动,以此来遵循地球法理。正如许多宗教和古老哲学教给我们的,践行纪念性的、表达敬畏的小行动,是深化我们的生活并对其增加新内涵的一条途径。假使如此,为了地球和我们自己的利益,我们需要把地球中心主义的行动融入我们成其为人的过程之中。如此一来,这些行动也将融入我们的共同体的结构之中,且将成为我们物种的一部分。

直到今天我们才知道,伊努伊特人从来都没有法律和规则(Maligait,必须要遵守的东西)。这是为何呢? 因为它们没

第五部分 前方地带

有被记录在纸上。当我想到纸的时候,你可能会把它撕碎,那么法律也就不复存在了。伊努伊特人的规则(Maligait)不在纸上,而是在人们的大脑中,因而不会消失,也不会被撕成碎片。即便是一个人死了,规则(Maligait)也不会消失。它是一个人的一部分。它也是让一个人变得强大的力量。

——伊努伊特长老,马里亚诺·阿比拉尤克[①]

我们尚需对当今社会的各种活动做一考虑。比如说,涉及到人与地球共同体关系的决策,其仪式和活动的特征是什么?此类活动帮助了还是阻碍了我们形成所期望的社会?如果我们疑惑于这样的问题,那就明显地表明大多数决策是以阻碍人与地球关系的方式作出的。我们据以决定地方性地球共同体命运的依据,就是那些从遥远的密闭空间里制作的各种文档,在那里,无法听到地方性地球共同体的声音,它们的美丽也被遗忘了。我们在纸面上忙得不亦乐乎,遵守着预定的时间表,还时刻担心自己的工作可能是低效率的,然而却把一个永恒的世界留待愚蠢的人类去忏悔。在诸如世界贸易组织的争端解决程序等极端情况下,我们制定了相应的规则,以防止他人介入,并确保比经济效率更重要的问题(如环境保护)得不到全面关注。当 WTO 奉行的法理对地球及其共同体产生了破坏性的后果时,当国家法律或其他手段的合法性可由遥远的非民主团体按照国际贸易最便利原则而非关注其后果对地球产生的负担来决定的时候,当上级机构不是为了地球的利

[①] "传统法透视:采访伊努伊特长老",努勒维特省伊魁特市努勒维特北极学院,1999 年。迈克·贝尔引自其随笔《托马斯·贝里和地球法理》。

益而否决贸易规则的时候,我们真的应该为此而惊叹吗?

到了为当下治理制度中的智慧创造时间和空间的时候了。我们不能总是让那些看似最为紧迫的事情得到优先解决,而是从现在开始必须要看清楚什么事情才是最重要的。具有讽刺意味的是,保护地球也是非常紧迫的事情,但这一紧迫性不是很明显,因为大多数操弄于短期政治轮替中的决策者对自然界的长期循环及节奏不甚敏感。其实,有非常多的途径可供采纳。一个有用的起点可能就是让公务人员群体和其他相关民众停止他们经常所做的事,隐退一段时间后再着手考虑这些事。

当我们记起联接我们与所有生命的自然荒野时,就会重新获得归属感。当我们再次履行在地球共同体中的使命时,就会明白我们不能与自己所处社会的治理方式相分离。原住民都知道,只有我们的"法律"和行动才使我们成为自己,成为社会,成为个人。 175

五 路径

地球法理也是一种路径。我从它的存在中获得了信心,不仅是因为我可以感觉到它从我的脚下流向未来,而是因为我将它想象为一条通向大山的路径。这是一条连接繁忙的城市洼地与山峦间宁静智慧的路径,也是一条通向生命,远离地球共同体毁灭的荒野坦途。

从多条可能的道路中选择某条特定道路行走的人,其实就是在按着自己的目的选择生活方式。走向这条特定的大山之路,也就意味着选择了人类在共同体中的某一特定角色。我们中的许多

第五部分 前方地带

人一直在寻求完全符合人类种群特征的角色定位。如果你没有看到除排斥你的文明和民众以外的其他情况,那么当你看到你的共同体正起着破坏性作用的时候,你的内心将难以承受。(类似的情况是,在种族隔离制度阶段,许多年轻南非白人的自尊因内疚和愤恨而被腐化殆尽了。)探索地球治理路径最值得肯定的一个方面是,它还将整个地球共同体及人类特有的责任包括在内。人类不会总是共同体中天资聪慧的成员。我们的科技和艺术表明我们有着惊人的想象力,并有毅力把这些想象转化为各种物质发明。

> 然而我们对地球应尽的责任不只是保护它,而是应当体现在地球后续的革新过程之中。当我们在过去的数世纪中悄无声息地演化的同时,我们在某种程度上对自身演化的进程予以引导和激励的时刻也悄然来临了。
>
> ——托马斯·贝里:《伟大的事业》,第 173 页

设想一下,当我们有意地在共同创建地球未来的过程中发挥建设性作用,并将这种能力运用到整个共同体的福祉之中,那将是怎样一番景象。

实事求是的读者或许从现在开始会对一系列预案的缺失以及我提及的下一步"解决"治理危机的方法感到心灰意冷。尽管我已经间接地提出了可以完成的具体任务,但我也要在信念上尽力避免过分细节化或规范化,以免将眼下最重要的任务变成传递我对地球治理、地球法理和荒野法的认识。然而,提供一些关于下一步道路将在何方的信息,终究还是妥当的。

最为紧要的是拓宽此类想法的讨论范围,从而更多的人(每人

都有不同的观点和角度)才能对这些路径的发展做出贡献。我们还需要深入调查。我对许多重要问题的讨论,包括我们能从本土文化和科学发现的重要性中学到什么,特别是关于生命系统属性的问题,都曾是肤浅的。

在许多领域,人们已经对凝练当下地球治理理论有重要价值的问题做了深度研究。

> 和我们一样,极具竞争性的古老细菌创造了城市,产生了污染危机、种族灭绝和极度的不公正。但它们最终学会了在大型多物种细胞之间分享其卓越的技术。在最近的多细胞生物中,是否轮到我们承认地球是巨大细胞,而其中的我们应相互之间以及与其他物种共同相处呢?
> ——利布斯、莎托瑞斯、斯温:《时间漫游》,第191页

如果我们有意为了地球的利益而进行自我治理及人类社会的治理,如果我们做为善良的地球公民自愿参与这个星球的共同演化过程,并尽我所能地惠及共同体,那么就会发现人性的巨大潜力。我们还需要采取行动:以满足地球上许多生态共同体以及某些地球生命支持系统的需要。地球法理以目前的基本形式所提供的认识角度,在社会激进分子和环境激进分子,特别是在共同体中工作的人看来,有着非常重要的实践价值。这种方法能够促进联接许多不同社会活动和环境活动的共同框架的发展。在许多情况下,治理过程中的不同问题仅仅是同一弊端的不同症状而已。然而,地球法理不仅是批判现行制度的有益依据,也为替代方案的形成提供了指引。我寄希望于本书所论述的观点能帮助那些参与法

律主流的人认识到,"环境"不能简单地通过创制新型的环境法而充分解决问题。归根结底,所有的法律都应当以地球法理为基础并体现地球法理,同样地,我们社会中的制度结构也应如此。对我们所有人而言,这代表的是一种深刻的自我反省,并发现或创造对地球中心主义行动的挑战,我们可据此深化与地球之间的联系,并由内向外地发展地球治理。下一步,最好应该让那些关心当下社会发展方向的人去谈论这些观点。或许,通过召集会议的方式可以使参会群体更为全面地探究这些观点。建立合作者网络,以及分享"最佳活动"案例,从而让我们拓宽了视野,认识到什么具有实践可能性,并且获益于人类经验和知识的多样性。我们还要经常铭记,将我们的新兴理论放置在地球的现实之中,并以经验的脉动检验该理论正确与否。

　　当我们对复杂的抽象概念感到困惑或有所失落时,最为重要的是不要忘了回归初心并再次与我们的共同基础建立联系。黎明时分,湿脚走过冰冷的草地,呼吸清新的空气,用手触摸着石头的坚硬表面,这时,我才如梦方醒,记起了我们是谁以及为何这个问题非常重要。我们或许都能找到重回地球共同体亲睦之家的道路。

补篇　荒野法的勃兴

一　崭露头角的共同体

　　蓓蕾有一定的反动性。它们天生具有隐蔽性,我从未看到过它们的萌芽状态。只有日长的时候才会把我的眼球吸引到光秃秃的树枝上来寻找春天的讯息,这时,我会看到微小、坚硬、褐色的小包已经聚拢在冬天里纤细、潮湿的树枝上。每个紧簇的蕊球都将鼓起并抽出绿叶来,这似乎是不太可能的,然而它们都做到了。突然之间,在迷人的灿烂阳光中,它们放弃了警觉,溢出丝绸般的花絮,并抽出纤小的叶片。陶醉在光合作用之中,隐蔽性和自我保护意识早已被抛到一旁。随着警觉的慢慢解除,柔软的灰绿色花冠也飘到险象环生的开放空间中去了——变成了活风筝,感受着难得的阳光浴,呼吸着含碳的空气。花冠突然打开,撒出掌形纹理和柔软的叶帆,越来越厚,颜色也越来越深,最后变为土壤中的黑色力量,在无形的空气结构和灿烂光芒的作用下幻化为新的生命和养料。就像魔力一般,上周才长出的蓓蕾,而今已能为毛毛虫和蚜虫提供养料,而毛毛虫和蚜虫又为其后的捕食类幼虫和昆虫提供了食物,而捕食类幼虫和昆虫又被小鸡的父母塞到小鸡橘黄色的小嘴里,让它茁壮成长,羽翼丰满。

在漫长的冬季里，森林一直在默默等待着这一刻的到来。即使树木从枯萎的秋叶中吸取了元气，但它们还在为这一刻的到来做着准备。上一季节的落叶将养分储存在腐殖层中，已做好了重生的准备。生命力在沉寂的泥土中聚集，在隐蔽的根部涌动，悄无声息地培植细胞，只等其表面再次探出泥土迎向阳光，打破温度平衡，并获得新生。

思想如同蓓蕾一样。有些就会立刻形成，但很快又在荒芜时代凋零了；有些花开灿烂，但却转瞬即逝。而那些从集体意识的腐殖层中缓慢展开的思想，乍一看去却似天真无邪。这类思想的兴起或许不被关注——其全部含义、力量和潜在形式仍被紧紧地束缚在密实的空间里，直到出现一些重要的时代潮流，才会引出这些思想并流布开来。受某些疑难问题的影响，它们开始变得日益复杂，新的理论分枝像荆棘丛一样铺展而开，从而将全新的、广阔的思想之网关联到我们的集体意志之上。

对我而言，直到现在我才明白荒野法和地球法理的思想就像这种蓓蕾一样。她们在大多数时候都在静静地、不引人注目地成长，不断汲取许多前辈思想家和著作者积累下来的丰富养分，并将这些思想从一个小群体口头传播到另一群体。然而，在集体意识的深处有些力量在萌动，蓓蕾突然之间就会鼓起，并在能量的滋养下变得厚实。突然间，到处都是蓓蕾，我能感觉到新的时代精神就像植物的元气一样升腾起来，一股原始荒野的潮流以它原有的样貌铺展而开。好像时机来的非常恰当，新的思想相互吸引着每个人，而这些思想以细小的管道联结在一起，产生了一种毛细状的强大动力，将它们引入集体意识之中，而不论主流思想的惯性有多大。

我主要是基于欲想创立一种有效传播思想的方法的激发,才开展《荒野法》的写作的,在这一意义上,写作本书是一种政治行为。我发现,要想通过简短的对话给他们阐述荒野法思想是非常困难的,因而认为书本将有助于在更大范围内传播荒野法思想——也就是说,书本也是一条沟通渠道。然而,我不是说,这本书本身就是一种较大的蓓蕾——相反,世界范围内的其他著作以其自己的方式为我的写作补给了同样的元气。而今我已清楚地知道,《荒野法》已远远不能产生这些思想了,它只不过是四处弥漫开来的全新时代精神的表达。荒野意识正以难以控制之势在全球范围内蓬勃发展。这一切正好发生在这样一个时刻:驱使工业文明发展的美好未来逐渐耗尽其活力与前途,而且陷入无序的循环之中——对如何应对各种聚合性危机不知所措。一个建立在消费者至上主义、连续性经济增长以及肆意消耗化石燃料基础之上的社会,如何应对各种可能的致命挑战,如基于上述原因而产生的气候变化?燃起工业文明大火的精神力量和物质力量也加剧了这一文明的毁灭速度。这些挑战无法在形成它们的世界观之内得到成功解决。最终,所有那些不愿走进新视界的人仍然看不到解决问题的办法。

在短短几年内,地球法理和荒野法思想获得了广泛认同,而且现如今,全世界有越来越多的人致力于寻找自我治理,寻求将其共同体作为地球共同体之一部分进行治理的各种途径。这些人也是较大的百万人口共同体的一部分,他们正在积极寻求途径以进入社会公平和生态健康的全新社会。许多组织和个人在长达数十年(有些情况下时间更长)的时间里献身于这些理想,但这种共同体直到现在才孕育而生,因为它开始反思自己是不是一个整体,也注意到许多这样的群体基于共同的价值和愿望共享同一个文化基因。而这一文化基因能使共同体与大于部分之和的某一整体联系起来。

有人想极力促成此类共同体的勃兴,尝试着去帮助共同体中的人,让他们明白自己就是某一更大整体的一部分。(保罗·霍肯的工作就是此类典型案例,他建立了"智慧地球"网站,让共同体中的组织和个人能够讲述自己,标识自己的地理位置,并让他们相互之间增进了解)我相信,这种自我意识或自我感的形成,是非常自觉地运行的共同体诞生的重要步骤。然而,为了让此类共同体有效运行,必须要搞清楚那些赋予了共同体以形式的共享价值和信念,其核心思想是什么——这在文化多样性非常丰富的世界里并不是一件容易的事。我相信,无论人们之间对这一新兴社会运动在文化、哲学、宗教及政治等方面存在多么明显的差异,然而对一些根本性问题却已达成高度共识。大多数人会认同人类存在于一个更大的生命共同体之中,而我们都完全依赖于这一共同体。大多数人也乐于看到一个不毁及地球,尊重成员的基本权利,以及主要由相互间的同情、关爱和热爱——而不是恐惧、宰制和角逐——来推进发展的社会得以建立起来。这些价值观看似陈腐乏味,但毋庸置疑的是,当下工业文明中的法律、政治、经济和其他社会结构的设计,并不是为了体现或发扬这些价值观。另外,以地球法理之原则为基础的治理制度将会使这些价值观发扬光大。

或许从长期来看,地球法理的最大贡献并不在法理领域内,而是在于表明我们受地球共同体的共同语言的指导,去重新界定社会的各个方面,并使其与地球系统的基本原则相匹配。这种方法让我们跨越了多元文化的思想和宗教雷区(使形成共同价值和方法的努力非常艰难），形成一个我们都能理解的共同语言，和我们都归属于其中的共同体。如果要清楚地表达那些推动并引导新兴共同体的共同愿景、价值和原则，那么我们就要重回地球本身，有意识地采纳并力争遵照地球关于福祉的基本前提。从这个意义上来说，地球法理可被理解为更广认知的一部分——追求人类幸福的最佳做法，就是去留心嵌含在地球中的根本性智慧。

就我而言，也许写作《荒野法》的最大收获就是让我开始与许多很棒的人交往。在我确信这就是我的同伴的过程中，他们鼓励我，启发我，也与我论辩、嬉笑。其中一部分人是律师，还有一部分是自然保护主义者、环境保护顾问、农民、心理学家、家长、学生、艺术家、作家、电影制片人及商人，但所有人都非常关心主流文明的发展走向，并想做一些事情去改变这一切。他们是把地球法理的讯息要么以个人的方式，要么以集体的方式引向全球的人，也是荒野法得以形成的拓荒者。

二 找回非洲习惯法之源

在非洲，地球法理思想及其对起源于原住民习惯法制度的重视，受到法律学者、从业人士和共同体中激进分子的热烈欢迎。在伦敦盖亚基金会的资助和科林、尼尔·坎贝尔等非洲习惯法中传统治疗师和教师的支持下，"非洲生物多样性网络"为唤醒法律人士和激进分子的潜能——利用长达数世纪的地方性智慧修复人们与他们的大地之间的破损关系——起到了重要作用。

在埃塞俄比亚公共服务学院讲授法律的莫莱斯·达姆特教

授,曾启发政府官员回到他们的所在地,重新发现了古老的,几乎被遗忘了的非洲习惯法知识。这些知识能为形成更加高效且与人及特定环境相契合的治理制度起到引导作用。在肯尼亚,后起人权律师额昂·提安哥和非政府组织波里尼曾因找回古老的非洲法律传统而受到启发。这些传统能复原原住民的生活实践,进而可教导人们敬畏并呵护地球共同体。这导致人们对部落长老的智慧燃起了兴趣,并让它们成功地适用于法庭之上,以恢复共同体保护和管理神圣遗址的权利。在其他许多非洲国家,年轻一代的社会活动家和环境保护分子已开始向长老请教问题,并从事他们所谓的"生态共同体治理"①(以类似于遵循传统习惯法智慧的方法为基础)的发展。

三 印度地球民主

在印度,著名的环境激进分子范达娜·席瓦博士创造了"地球民主"一词,用以表达一种新的世界观和"九种基金会"(范达娜·席瓦博士创立的社团组织)发起的政治运动。② 席瓦博士阐述道:

"地球民主即是一种古老的世界观,也是一种主张和平、正义和可持续性的新兴政治运动……它包括我们在印度所指

---

① 参见 http://www.gaiafoundation.org。
② 范达娜·席瓦:《地球民主:正义、可持续与和平》,马萨诸塞州剑桥市南城出版社 2005 年,第 1、5 页。其概要见范达娜·席瓦:"范式转变:地球民主——在不安全的时代重建真正的安全",载《复活》2002 年 9/10 月,第 214 期。

的Vasudhaiva Kutumbkam(地球大家庭)——由地球支撑的所有生命的共同体……地球民主不仅是一个概念,它还形成于多元的和多样化的人类实践活动,如呼吁公共财产、资源、生计、自由、尊严、身份与和平等活动。"①

印度地球民主运动由"九种基金会"发起:

"按照另一世界观,人类嵌含在地球大家庭之中,我们因爱情和悲悯而相互联系在一起,而不是怨恨、暴力。生态责任和经济公平代替贪婪,消费者中心主义和角逐不再成为人类生活的目标。"②

地球民主运动取得成功的原因之一是因为它们为人类找回了前消费主义的文化认知,赋予种子、食物、水和土地等以神圣之维。范达娜还将抗争的传统运用到对付殖民主义权威上,比如说,采用圣雄甘地的"食盐进军"策略可以抵抗那些许可种子和其他生命形式专利保护的立法。③ 就像在非洲那样,地球法理思想正由新型组织,以找回人们古老的身份认同感和在神圣生命共同体中的成就感的方式发扬光大。

---

① 范达娜·席瓦:"范式转变:地球民主——在不安全的时代重建真正的安全",载《复活》2002年9/10月,第214期。
② 参见www.navdanya.com,最近访问日期:2011年2月21日。
③ 圣雄甘地鼓励印度人生产自己的食盐,以此做为非暴力抵抗(非暴力的消极抵抗和不合作主义)大英帝国不正义法律的行动,当时大英帝国已对食盐购买形成了垄断。参见www.navdanya.com,最近访问日期:2011年2月21日。

四　英国和澳大利亚的荒野周末

对我而言，这些思想根源于英国，当时，我以前的同事唐纳德·里德组织了一次由大卫·基带队的奇异探险，来到远在苏格兰诺伊德特半岛上的荒野之中。在爬越令人难以忘怀的美丽峡谷，经过永远清静的人类居所的过程中，我们探讨并争论起了这些思想，而当围绕在小茅屋中的篝火周围时，才发现我们找到了躲避动荡天气的避难所。像往常一样，荒野之地开始施展它的威力，把我们卷入它的存在之中。勇敢的部族被不法地驱离他们的家园，当地的野生生物——毛茸茸的大牡鹿和长角的凯尔特神科尔努诺斯头上被毁弃的茸角再次长了出来，对他们/它们的所思所感都上升到了我的意识层面。我们开始再次思考他们家归何处，（他们可能）成为当地人的同族并全部定居在那里，成为大地和部族的永恒传承。

而后，荒野法思想在伊丽莎白·里弗斯那里获得了灵感，他把荒野法思想介绍给了西蒙·博伊尔和其他将该思想引入英国环境法学会（UKELA）的人。关于荒野法和地球法理的首次会议于2004年在布莱顿大学召开，很快又变成了每年在乡下召开的"荒野法周末"活动。2008年，英国环境法协会成立了一个正式的荒野法工作小组，安排"环境法周末"活动和其他活动，并承担着研究和促进大学中地球法理教学的任务。伦敦盖亚基金会还把讲解托马斯·贝里的《伟大的事业》和地球法理作为它的中心工作，并通过谈话、讨论、研究和在线数据库的方式推广这些思想。盖亚基金会还启动了地球法理课程，与德文郡舒玛特学院的科目关联起来。

荒野法会议还源自于澳大利亚。2009年10月,彼得·伯登在阿德莱德组织召开了首次会议;亚历克斯·佩利宗接着于翌年在悉尼附近召开了第二次会议,而2011年会议计划已在进行中。①

五　美国的地球法理和地方民主

首家致力于地球法理的公共机构于2006年成立于佛罗里达州,作为巴里和圣托马斯天主教会大学法学院的互助合作项目。主要受到托马斯·贝里的著作启发,帕特里夏·西蒙和玛格丽特·加利亚尔迪姐妹二人成功获得补助基金,成立了地球法理中心(CEJ),并于2007年春季在巴里法学院顺利举办了首次地球法理研讨会。地球法理中心采用跨学科方法,尝试对尊重自然世界权利和承认人类是地球共同体固有成员的法律哲学和实践做出进一步发展。该中心的使命是,以支撑和保护地球共同体作为一个整体的健康和福祉这种手段,重新勾画法律和治理的蓝图。②

为我开启的一个关于地球法理的新机遇是,我与美国宾夕法尼亚州"共同体环境法律保护基金"(DELDF)的托马斯·林基取得了联系,这让我非常兴奋。我曾受《猎户座》杂志之邀,就克里斯托弗·斯通的重要文章——"树林应有诉讼资格吗?"(已在第八章中做了论述)撰写了一篇读后感。专题编辑给了我托马斯·林基的电子邮箱地址,并建议我与其取得联系,因为他是一名从事自然权

---

① 后于2011年9月16—18日在格里菲斯大学法学院顺利举行。——译者注
② 参见该中心网站:www.earthjuris.org。

利工作的律师。我即刻给托马斯发去了电子邮件,第二天上午便收到了他的回信,信中说,塔莫奎县自治议会召开的前一天晚上,美国地方政府机构首次通过了一项法令,承认了具有法律强制力的自然共同体权利,并剥夺了公司作为法人在农用地上存放污水污泥的基本权利。我非常惊讶和激动于找到了一个荒野法已在美国存在的真实案例,尽管事实是托马斯之前并没有听说过地球法理或读过《荒野法》。

与托马斯之间富有成效的通讯来往一直没有中断,当他读完这本书之后,便邀请我陪他一道参加了2007年的"自然权利"巡回演讲,游历了大约十一所美国的法学院。我们还首次相聚在佛罗里达州地球法理中心由帕特·西蒙姐妹举办的第二届地球法理大会上,紧接着又进行了一次从佛罗里达到斯波坎,最后又返回到宾夕法尼亚的持续性访谈。看到像托马斯和他在"共同体环境法律保护基金"的同事这样的杰出律师和共同体激进分子,已通过不同路径得出了一个与我惊人地相似的结论,我感到非常欣喜,也深受鼓舞。对于他们来说,主要的动机在于认识到美国现行法律制度偏爱公司,而这种不平等非常不利于地方共同体为他们自己和子孙后代健康的环境保护。仔细分析美利坚合众国最初理想——"人民应有治权"后发现,这一理想已被偏顾于公司利益和管控公司的制度所取代。这也致使"共同体环境法律保护基金"认为,在他们创立了能确保当地民众基本权利和地方共同体超越公司权利(而不是相反)的地方性法律的情况下,仅能成功地实现地方共同体的自我保护。因"共同体环境法律保护基金"和修读民主课业的人的辛勤工作和奉献,美国范围内越来越多的市政当局正在制定承认自然权利的地方性法令和宪章。

六　拉丁美洲

迄今为止，最为显著的进步之一就是厄瓜多尔人民于2008年9月通过的宪法，该法授权各州及公民通过与自然和谐并承认自然权利的方式追求幸福。该宪法的序言明确提出厄瓜多尔人民的意旨是"建立一个让所有公民按其多样性与自然和谐共栖的新秩序，从而实现幸福（西班牙语叫做 el buen vivir，当地盖丘亚族叫做 sumak kawsay）"。该宪法阐明，"幸福（el buen vivir）的目的要求个人、共同体、人民和国家应当有效享有其权利，并在文化间性的框架内承担义务，以及尊重他们的多样性及与自然之间的和谐共栖关系。"（第275条）

基本的自然权利在该宪法的第七章，规定如下："在生命繁衍和存在的地方，自然或大地母亲就有持存、延续、维系和更新其生命循环、组织、运行和演化进程的权利。"（第72条）该宪法还规定，自然基于整体性而有被恢复和被修复的权利，这一权利独立于民众和团体因自然系统受到损害而主张的任何补偿性权利。

重要的是，该宪法给民众、公司等法律实体、各州设定了尊重和支持自然权利的特别义务，还规定此类自然权利具有法律强制力。厄瓜多尔的男人和妇女还被设定了一项"尊重自然权利，维持一个健康的环境，以理性、可行和可持续的方式利用自然资源"（第83条第6款）的义务，每个人、民众、共同体和国家可要求公共机构承认自然的权利。

该宪法授权各州去积极推进幸福（buen vivir）的实现，包括保障自然权利（第277条），鼓励"能确保民众生活质量的产品形式，而对威胁到民众权利和自然权利的产品形式进行打击……"（第319条），保障"可持续的发展模式以及环境平衡和受尊重的文化多样性，以保护生物多样性和生态系统的自然再生能力，从而确保当今人类和子孙后代的需求得到满足。"（第395条第1款）

这些条款以不威胁自然权利的方式，而不是与其他许多国家一起追求GDP的无限增长这一无法实现且侵害社会和环境利益的目标，有效地保障了厄瓜多尔追求人类幸福的权利。

这些代表性的条款产生于厄瓜多尔原住民和环境保护组织之间的合作，并受到了美国"共同体环境法律保护基金"的资助，以及承担新宪法起草工作的制宪会议议长阿尔贝托·阿科斯塔的支持。"大地母亲基金会"（一个在厄瓜多尔从事环境和原住民权利事务的非政府组织）曾邀请"共同体环境法律保护基金"的托马斯·林基和马里·马尔吉兰来到厄瓜多尔，他们发现从法律上承认自然权利的思想与自己产生了直接的共鸣，因为这完全符合原住民的价值观。

自厄瓜多尔宪法通过以来，对地球母亲权利的保护便成为原住民和组织的战斗口号，他们热衷于制止那些因工业文明和全球化而产生的严重的社会和环境破坏行为。

2009年4月22日，联合国大会通过了由玻利维亚提议的一项决议，宣布4月22日为"国际地球母亲日"。当天，玻利维亚总统埃沃·莫拉莱斯·艾马在向联合国大会的发言中表达了这样的期待：如同20世纪被称为"人权的世纪"一样，21世纪应当被称为"地球母亲权利的世纪"。他呼吁成员国着手创立"地球母亲权利宣言"，以在其他各种权利之间确立：针对所有生物的生命权利、地球母亲免受污染和公害而"生存"的权利,以及所有物种间和谐而平衡的权利。

一个月后的2009年5月21日,原住民教会在"联合国原住民问题常设论坛"上发布了一项共同宣言,建议论坛承认地球母亲是法律主体,并将人类权利的范围拓展到包括所有生命形式在内。该宣言声明:

> "我们认识到生命权利不仅包括人类的生命权利,还包括地球母亲——在我们看来是活着的——在内的所有生命形式的生命权利。我们的灵性让我们以相互交往的方式生活,因为我们知道自己所做的一切会影响世界的微妙平衡。我们无法将我们深邃的灵性与我们的政治抗争分离开来。"

随后于2009年10月17日,美洲玻利瓦尔联盟的九个国家发布了一项呼吁《地球母亲权利世界宣言》的支持性声明。该声明清晰地表达了地球法理的基本原则,具体规定:

> "1.如果我们没有承认并保护地球和自然的权利,那么与此同时,我们就不可能在21世纪实现人权的充分保护。只有保障大地母亲权利,我们才能对人权加以保障。在没有人类生命存在的情况下地球依旧存在,但当地球不存在的时候人类一定无法存在。
>
> 2.正因为第二次世界大战产生了严重的人性危机,才导致在1948年通过了《世界人权宣言》。今天,我们承受着气候变化带来的严重后果,这使得创立一部《地球母亲权利世界宣

言》极为迫切。

3. 包括全球暖化在内的生态危机，非常明显地表明了一项已被全世界土人和原住民争论数世纪的重要原则：人类是由植物、动物、山峦、森林、海洋和空气构成的相互依赖的系统的组成部分，我们应尊重并呵护它们。这个系统就是我们所谓的地球母亲。'地球不属于人类，而人却属于地球'。地球不是我们可占用的一堆东西，而是自然生物的集合，我们必须要学会尊重它们的权利，并一起和谐、平衡地生活。"

自 2009 年 12 月召开的《联合国气候变化框架公约》第十五次缔约方会议（COP15），即哥本哈根会议未能达成应对气候变化的国际法律手段以来，玻利维亚总统宣布：玻利维亚将于 2010 年 4 月举办一次"气候变化和地球母亲权利世界人类大会"。会议将提供有助于讨论和达成如下议题的论坛：《地球母亲权利世界宣言》项目、有关气候正义的国际法庭，以及保护地球母亲权利的行动和动员策略。

很多人通过在线注册的方式想去参加"世界人类大会"，估计参加人数将多达 15000 人。大会召开的前几天，冰岛火山爆发产生的灰尘致使欧洲的机场被关闭，使欧洲和亚洲的几乎所有代表，以及世界其他地区的许多代表未能成行。尽管如此，还有超过 35000 的人参加了大会，2010 年 4 月 22 日的"地球母亲日"大会通过了一项"人民协议"，并宣布了《地球母亲权利世界宣言》。（全文复制在附录中）

《地球母亲权利世界宣言》是由大会 17 个工作组之中的一个工作组，在互联网上公布前期完成的草案，以供原住民组织在科恰班巴召开的预备会议上点评和讨论,以此为基础制定完成了最终的《宣言》。做为工作组的联席主席,我对数小时参与工作组会议的 300—400 名工作人员的辛劳和热情赞叹不已。他们一个接一个地谈及自己对地球母亲的热爱,以及守护她和保护安第斯冰川(他们的水源供给依赖于这块冰川)的迫切需要,也谈及对持续攻击地球母亲及其生命负有责任的经济和政治制度。这些人,从来自于农村的农民到经济学家和专业人士,都通力合作,共同寻找表达其想法的词语,以便被国际社会所理解。尽管被否定和镇压其宇宙哲学的文明殖民了近乎五个世纪之久,但该地区的原住民仍然以强烈的热情讲述着人们致力于保护他们热爱的家乡和地球母亲的悲壮故事。每个人都谈到了决然地行动起来的紧迫性,以制止制度性地、蓄意地伤害地球和生命的行为。

科恰班巴和哥本哈根之间的对比非常明显。哥本哈根第十五次缔约方会议由技术论证来主导,这种技术论证关乎:在不引起气候变迁灾难的情况下大气层能承受的确切危害程度,以及对每个强势国家将获得的碳收支数额和如何把最少的"适应性资金"支付给气候问题产生最少但受气候之害最大的国家而进行讨价还价。技术论证全部关乎国家的利益、权力和金钱,最后以一群小国凭借"哥本哈根协定"之成果达成幕后交易而告终。当然,"哥本哈根协定"一旦实施,将导致许多较小岛屿国家消失,由于大量的地区不再适宜居住,将有数百万人沦为难民。与此同时,官方会议的另一个阻障因素是,警方击退并逮捕了从全世界聚拢而来的人,这些人强烈要求世界各国一致同意采取形势所需的果断行动。

我参加了哥本哈根第十五次缔约方会议,在一个由玻利维亚政府召集的关于地球母亲权利的边会上做了发言。当时的所见所闻使我确信,国际层面上由国家共同体铺就的道路因短期经济私利的影响而过于狭窄,也因陈旧的世界观而变得异常难行,因而不再能容忍新鲜思想的传播和现今亟需的果断行动。促使那些精心呵护地球的人们来到哥本哈根,在绝望中力图影响正式谈判的干劲和奉献精神,需开辟新的通道后方能体现出来。

而就在四个月之后,玻利维亚的"世界人类大会"便开始走上正确的道路。不是各种障碍将人们拒之门外,而是任何人都可以参加会议,那些在满是灰尘的道路上耐心排队等候的人们最值得信任。成百上千人参加到17个官方工作小组的每一个小组中去,结合自己的经历来谈论社会和生态破坏——产生于促进人类开发地球而设计的政治、法律和经济制度。哥本哈根的抗议者高呼"(我们要)制度变迁不是气候变迁"!制度变迁恰好是"世界人类大会"要研讨的内容。科恰班巴的会谈具有治本意义,也实现了人类与地球共同体相处方式的根本性转变。这次会谈关乎恢复地球母亲健康的方式,而不是关注于继续进行掠夺性开发行为和适应在病态的地球上生活的最佳方式。在仅仅两天半的时间里,工作组对关键问题和解决这些问题所需的办法明确地表达出了一个共同的愿景。考虑到实践中可能遇到的制约条件,大会在通过的一项决议中将这一愿景阐述的非常明确、连贯和具体。与传统国际程序相反,工作组的主席们向其他主席及参会政府的代表介绍了他们的调查结果。

人们宣布的《地球母亲权利世界宣言》对于加快当前主导世界的法律、政治和经济制度的根本转变这一正在开展的进程而言至关重要。《宣言》承认,地球是不可分割,物种依照固有权利相互关联并相互依赖的生命共同体。《宣言》还承认,做为地球母亲之一部分而存在的所有自然体,包括植物、动物、河流和生态系统,都是主体。它们享有生存及在生命共同体中发挥作用的固有、不可剥夺的权利。不同于《世界人权宣言》,该《宣言》还明确了人类对其他物种以及对做为整体的共同体的基本义务。这些义务包括每个人尊重并与地球母亲和谐生活的基本义务,创立和运用有效的规范和法律去捍卫、保护和维持地球母亲权利的更广泛的社会义务。

《宣言》体现了这一共识,即当前治理制度存在一定程度的问题。"世界人类大会"通过的"人民协议"声明:"在相互依赖的系统中,人类仅仅是一个单元,仅仅承认人类这一部分的权利而无顾系统整体的失衡问题是不大可能的。为了保障人类权利并恢复人与自然的和谐,有必要充分认识并运用地球母亲的权利。"

七 国际层面的地球法理

地球法理非常迅速地闯入了国际政治的大舞台。借着2008年9月《厄瓜多尔宪法》通过之际,以及地球法理在国际社会首次亮相以来,就在不到两年的时间里借迅速发展的公众支持力,明确地表达并宣布了《地球母亲权利世界宣言》,并将其提上联合国大会的议事日程。尽管联合国正式机构内部反对《宣言》的通过也是可预料的,但早期迹象表明,《宣言》做为人民的公文,具有联合大范围内网络和活动的巨大潜力。

《宣言》提供了原住民组织、自然保护组织、人权组织、印度土地权利运动、国际水权运动和正在兴起的气候正义运动所需的环境和支持。如果这些不同种类的民间社团组织在《地球母亲权利世界宣言》所表达的世界观基础上携手合作,对激进分子要么只从事于人与人之间关系,要么只从事于人与自然之间关系的人为划分,将逐渐失去意义。有些人和组织共同认为我们不会成功地解决根本人性问题,除非我们变革工业文明的核心价值和治理制度,《宣言》迟早将成为联合这些人或组织的纲领。正如哥本哈根的游行示威者高呼的那样,我们需要的是"制度变迁而不是气候变迁"!

对社会、环境问题的划分,在拉丁美洲早已消失了。举例来说,美洲玻利瓦尔联盟(ALBA)中的九个加勒比和拉丁美洲国家认为,之所以存在气候变迁和许多其他环境和社会问题的原因在于大多数政治制度(无论是资本主义的,还是社会主义的)都具有天然的破坏性,原因是它们不顾及在人类利益和地球共同体其他成员利益之间达成平衡的需要。这些国家用同样的方式指明,只有当一片树叶是生长在肥沃、供水充分的土地上的一株植物的一部分时,它才能长的更加茂盛,同样地,只有通过在健康的生态共同体中建立健康社区的方式,个人的福祉才能得以维持。今天,这一传统智慧仍然和原来一样有用。如果地球不享有任何权利,那么人类权利将没有任何意义,也不会得以长久维持。如果没有唯一可由地球供给的食物和水,那么生命权也将是一个空洞的口号。

八　全球运动的兴起

《人民协议》还呼吁,"应当以互补性原则,以及尊重初始的多样性与其成员的愿景为基础,创立一个地球母亲全球人民运动,从而为相互协同和世界范围内的行动联合搭建一个广阔而民主的平台"。尽管这一全球运动尚没有联合起来,但很清楚的是这一运动已经开始了。就在科恰班巴大会后不到五个月的时间里,许多积极参与传播理念——自然的权利应被法律承认的人,相聚在厄瓜多尔,创设了"全球自然权利联盟"。联盟的宗旨是:让个人和组织像支流汇入江河一样联合起来,从而形成一种非常有力而有效的途径,以推行《地球母亲权利世界宣言》所宣示的理念。

联盟和《宣言》的支持力量正在不断发展,像名誉教主、诺贝尔和平奖得主德斯蒙德·图图一样令人肃然起敬的先导们,呼吁人们为了《宣言》的实施而奋斗。他说:

"……要创造有生命力的、和谐地生活在地球共同体中的人类共同体,需要有意志坚定和齐心协力的行动。《地球母亲权利世界宣言》号召我们每个人接受与地球共同体所有物种之间的亲密关系,并承认、尊重和捍卫所有生命体的权利。现在到了响应这一号召的时候了。"①

九 展望未来

在拉丁美洲,"捍卫地球母亲的权利"不仅是环境保护,也是从破坏性文化帝国主义中获得社会正义和自由的战斗号角。我们面

---

① "自然的权利:《地球母亲权利世界宣言》案例"。加拿大议会2011年(正在印刷中)。

对的挑战不只是明确表达和捍卫这些权利,还要实现个人的和集体的生活方式,以体现——全心全意参与我们称之为"地球"的美好共同体的新承诺。2010年4月,我在玻利维亚见到了一项古朴而新兴的运动即将形成和发展。这项运动植根于人与大地之间的深厚联系,以及人类对地球的热爱之中。情势正在变化之中,因为它从人类对生命的渴望,以及人类寻求与其他生物之间亲睦关系的冲动中受到了鼓舞和启发。由恐惧和贪婪所驱使的强大力量可能会抵制这项运动的发展,但最终却无法阻止共融共济的潮流——继续塑造宇宙的演变过程。

附录1 《地球母亲权利世界宣言》

序言

我们,地球的人民和国家:

考虑到我们都是地球母亲——一个由相互联系、相互依赖又有着共同命运的生命体组成的不可分割、活生生的共同体的一部分;

感恩地球母亲作为生命、食物、知识之源,为我们更好的生活提供一切;

认识到资本主义制度和各种形式的掠夺、开发、虐待和污染对地球母亲造成巨大的破坏、退化和瓦解,并通过气候变化等现象将我们知道的生命置于危险境地;

已确信在一个相互依赖的生命共同体中,人类享有的权利使地球母亲招致失衡;

申明确保人类权利实现的必要途径是认可及保护地球母亲和地球上的所有生物的权利,而既有的文化、实践和法律是有效的实现手段;

意识到采取果断的行动,采取共同性的行动以转换气候变化或其他威胁地球母亲的组织结构和法律制度已尤为迫切;

附录1 《地球母亲权利世界宣言》

发表这份《地球母亲权利世界宣言》，请求在联合国大会上获得通过，作为世界上所有人民和所有国家努力实现的共同标准，以期每个人和机构努力通过教诲、教育和意识觉醒来促进对本宣言确定权利的尊重，通过国家和国际间便捷、渐进的措施和机制，确保这些权利在世界上所有人民和国家中得到普遍和有效的承认和遵行。

第一条　地球母亲

一、地球母亲是一个生命有机体。

二、地球母亲是一个独一无二的、不可分割的、自我调节的共同体，其中相互联系的生命体处在存续、包容和繁衍过程之中。

三、每个生命由它所处的关系而被界定为地球母亲整体的一个部分。

四、地球母亲的固有权利不容剥夺，因为权利与存在方式同源产生。

五、地球母亲和所有生命体具有本宣言确定的所有固有权利，除非对某些种类的生命体区别对待，如可能对生命体、物种、起源、对人类的利用价值及其他情形所做的有机与无机的区别。

六、如同人类有人权，所有其他生命体也应当有专属于它们物种及适合于它们在共同体中据以存在的角色和功能的权利。

七、每一生命体的权利受制于其他生命体的权利，权利之间的冲突应通过维系地球母亲的整体性、平衡性和健康的方式解决。

第二条 地球母亲的固有权利

一、地球母亲和她据以形成的所有生命体享有以下固有权利：

（一）生命权和生存权；

（二）受尊重的权利；

（三）免受人类破坏而持续进行生命循环和自主衍化的权利；

（四）作为一个独特、自我调节、相互联系的生命体，维系其自身特性和整体性的权利；

（五）取用作为生命之源的水的权利；

（六）清洁空气权；

（七）整体性健康权；

（八）免受污染、公害及毒性、放射性扩散的权利；

（九）不受基因结构修改或破坏以致于威胁自身完整性或关键的致命损害，以及维护健康功能的权利；

（十）因人类活动侵害本宣言确认的权利而补足和促进恢复能力的权利；

二、每一生命体享有在某一地域为地球母亲的和谐运行发挥作用的权利。

三、每个生命体享有幸福的权利，和免受人类折磨和残暴对待，自由生活的权利。

第三条 人类对于地球母亲的义务

一、每个人都有责任尊重地球母亲并与之和谐共存。

二、全人类、所有国家,以及一切公共的或私有的组织必须:

(一)依照本宣言确定的权利和义务行事;

(二)承认并推动本宣言确定的权利与义务的全面实施和履行;

(三)根据本宣言,参与学习、分析、理解和交流等推动与地球母亲和谐共存的活动;

(四)无论现在或将来,确保人类对幸福的追求有助于地球母亲的幸福;

(五)制定有效的标准和法律,并以其捍卫、保护和保存地球母亲的权利;

(六)尊重、保护、保存,以及在必要领域恢复地球母亲的重要生态循环、生态流程和生态平衡的完整性;

(七)确保因人类对本宣言确定的固有权利造成的损害能够得到救济,且责任人应为恢复地球母亲的健康和完整性负责;

(八)给人类和相关组织赋予权利,以捍卫地球母亲和一切生物体的权利;

(九)确立预防性、约束性措施,防止人类活动造成的物种灭绝、生态系统毁灭或生态循环的破坏;

(十)维护和平,消除核武器、化学武器和生物武器;

(十一)依照不同文化、传统和习俗,推动与支持敬畏地球母

亲和所有生命体的活动;

（十二）推进与地球母亲和谐共荣,并且符合本宣言确定相关权利的经济制度的发展。

第四条　定义

一、"生物"一词包括生态系统、自然共同体、物种,以及其他作为地球母亲的一部分而存在的自然集合体。

二、本宣言的任何条款,丝毫没有限制所有生命体或特定生物其他固有的权利。

附录2 《奥斯陆宣言》

——生态法律与治理联盟(草案)[①]

经世界自然保护联盟环境法委员会,于2016年6月21日在奥斯陆大学举办的研讨会上讨论。

从环境法到生态法:呼吁法律和治理的重构

当下,环境法正处在重大决策的关头。作为一种法律规则,环境法向来以保护自然环境和生态系统为宗旨。然而,在50年的发展历程中,环境法收效甚微且不断远离其宗旨。地球生态系统在加速恶化,而没有回向完整性和可持续性的迹象。

生态危机的日渐增多有多重原因。其中包括经济发展、人口增长和过度消费的影响。这被形象地描述为"伟大加速度"。然而,还有一些特别的原因,与环境法据以立基的哲学和方法论有关。

环境法植根于现代西方法律,发端于人类中心主义宗教观、笛卡尔二元论、个体主义哲学以及道德功利主义。在当下我们的生

[①] 这部分为作者科马克·卡利南专为中文版增加的内容。

态时代,此类世界观是落后的,而且会产生适得其反的后果。然而,它们依然主宰着我们思考和解读环境法的方式。尤为显著的是,自然界被视为对生态依赖性和人与自然相互关系的"另类"悖反。综览环境法的诸种不足,其人类中心主义的、碎片化的以及还原论式的特征不仅对生态依赖性熟视无睹,而且在政治上也无以对抗个人财产权、企业权利等更为强势的法律领域。其结果是,法律制度将变得失衡,且无以维系所有人类社会组织所依赖的物理和生物环境。

欲想克服环境法的诸种不足,微小的变革无济于事。我们无需太多的法律,但尚无法律制度(予以规制)的领域除外。法律中的生态方法,以生态中心主义和整体论为基础。从这种视角或世界观出发,法律将承认生态依赖性,并不再偏爱人类胜过自然,偏爱个人权利胜过共同责任。就本质而言,生态法内化了人类存在的真实自然环境,并使自然环境成为包括宪法、人权、财产权、企业权利和国家主权在内的所有法律的基础。

环境法与生态法的差异性并不是阶段性的,而是根本性的。前者认可人类的活动和愿望可决定生态系统的完整性是否应当得到保护。而后者却要求人类的活动和愿望应取决于保护生态系统完整性的需要。生态完整性是人类愿望存在的一项先决条件,也是法律的一项根本性原则。因此,相较于环境法中的概念以及与环境法相关的概念都倾向于强化人类对自然责任的逻辑而言,生态法颠覆了人类主宰自然的固有逻辑。这种相反的逻辑或许将是对人类中心主义的主要挑战。

从环境法到生态法的革新离不开那些致力于这项事业的人。对于环境法学者来说,这项事业需要批判性的自我反思、想象力,以及勇气。只有通过这种方式,环境法律人才能将自己变成"生态法律人"。

然而,生态法的理念并不是时新的。其基础性价值和原则已在引导世界各地的古老文化和原住民,并且还是前工业阶段西方文明的组成部分。毕竟,如果已故的世代没能成功地维系(至少)一个可持续的水平,那么就不会有我们当下世代。因此,承认生态性价值和原则的历史性和延续性是极为重要的。这些生态性价值和原则尽管表现为一种更为初级的形式,并隐藏在现代性的主流价值(人类中心主义、二元论、功利主义等)背后,但仍然启发着现代环境法。

生态法的价值和原则体现在生态中心主义法理(如自然的权利、"地球母亲"的权利、地球法理、生态法理论的"环境法方法论")中,也反映在宪法和国际关系理论(生态性人权、"生态宪法国家"、"地球母亲"宪法、生态可持续性和完整性、生态灭绝运动、公地运动、全球公域理论、生态宪政主义)之中。尽管路径方法和侧重点各异,但它们都有着共同的基础,因而被视为是谦逊并互为促进的。

以提高法律实效和治理为目的而创建的统一框架,是一种确定"环境法的生态性方法"的可能方式。现如今,到了严正检讨环境法 50 年发展的时候了,也就是说,这是一个非常不确定的时代,正面临着日渐撕裂的生态和社会经济制度。而今,正是创建替代方案的时候。

为此,成立一个"生态法律和治理联盟"的路线图被提上了日程。这应被视作是既有生态性方法迈向环境法的一个统一、包容的平台,其还将提高协同效应并进而为一如往常的法律和治理制定生态性替代方案。

路线图的第一阶段包括创建工作小组、制作网页,为新型研究和更高教育项目的发展而推广集思广益的活动,发起国际会议(关于环境法向生态法的转变)以及"生态法律和治理联盟"的普遍性发展(以个人会员和公共机构性会员的方式)。

英文本章后注释

第一章 蚁丘和非洲食蚁兽

1. 联合国大会37/7号决议。

2. 参见布朗著:《宗教、法律和土地》。美洲原住民和有关神圣土地的司法解释,集中讨论了林诉西北印第安公墓保护协会案［489U. S. 439,99 L. Ed. 2d 534,108 S. Ct. 1319(1998)］中的最高法院裁决,还讨论了塞阔亚诉田纳西流域管理局案［620 F. 2d 1159(1980)］、班多尼诉希金斯案［638 F.2d 172(1980)］、威尔逊诉布洛克案［708 F.2d 735(1983)］、弗兰克·福尔斯·格罗等人诉托尼·格莱特等人案［541 F Supp. 785(1982)］的判据。

第二章 独立性的幻觉

1.《全球环境展望报告4》(GEO-4)由大约390位专家起草,并由超过1000名来自全世界的专家修订,到该版本发行之日止,该报告一跃成为最全面的联合国环境报告。

2. 在20年内,全球人口数量从1987年的大约50亿增长到2007年为止的67亿之多。

3. 莱斯特·布朗:《生态经济:为地球发展经济》,纽约诺顿出版公司2001年,第7—8页。

4.《千年生态系统评价》2005年。载《生态系统和人类福祉:综合法》,华盛顿特区岛屿出版社,第1页。

5. 同上,第1页。

6. 同上,第35页。

7. 同上,第2页。

8. 同上,第vi页。

9. 同上,第5页,图4。

10.《全球环境展望报告3》(GEO-3),第9页。

11.《WHO》实况报道,第313期,"空气质量和健康",2008年8月更新。

12.《千年生态系统评价》2005年。载《生态系统和人类福祉:综合法》,华盛顿特区岛屿出版社,第2页。

13. 同上,第1页。

第三章 主要物种的"迷思"

1. 参见第一章注释2。

2.《生态伊甸园:人类、自然和人性》,伦敦皮卡多尔出版社2002年。

3. 同上,第 286 页。

4.《盖亚:重新审视地球上的生命》,牛津大学出版社 1979 年。

5.《生态伊甸园:人类、自然和人性》,第 288 页。

6. 同上,第 283 页。

7. 同上,第 285 页。

第四章　缘何法律和法理重要

1. 菲利普·阿洛特:《欧诺弥亚:新世界的新秩序》,牛津大学出版社 1990 年,第 298 页。

2. 托马斯·库恩:《科学革命的结构》,芝加哥大学出版社 1962 年。

3. 菲杰弗·卡普拉:《生命之网》,伦敦火烈鸟出版社 1997 年,第 5 页。

第五章　法律的自负

1. 参见第八章中引用的《权利的起源、区分和作用》。

2.《2009 年联合国贸发会议世界投资报告:跨国公司、农产品和发展》。

3.《200 强》,政策研究所,2000 年。

4. 丹尼尔·贝内特:《谁来负责?》,伦敦:公司、法律和民主项目。

5. 该法案的任务是限制某些股份公司成员的责任。

6. 贝尔之家有限公司诉城墙财产有限公司案(1966,2 QB p.693)。

7. 1989年《公司法案》第3A、35(1)节。

8. 哈里斯·J.W.:《法哲学》(第二版),伦敦巴特沃斯出版社1997年,第12—16页。

9. 利布斯、莎托瑞斯、斯温:《时间漫游:从星尘到我们》,纽约约翰·威利父子出版公司1998年。

第六章 尊重伟大的法

1. 布莱恩·斯温、托马斯·贝里:《宇宙的故事》,旧金山哈珀柯林斯出版社1992年,第73—75页。

2. 扬·斯马茨:《整体论和进化论》,引自佩珀:《现代环境保护主义:导论》,伦敦劳特里奇出版社1996年。

3. 参见詹姆斯·洛夫洛克:《盖亚:重新审视地球上的生命》,牛津大学出版社1979年。

4. 詹姆斯·洛夫洛克:《盖亚:行星药剂的实践科学》,伦敦盖亚出版社1991年,第23页。

5. 大卫·博姆:"整体性和隐秩序",载威廉·布卢姆:《新时代的企鹅图书和系统性写作》,伦敦企鹅图书出版公司2001年。

6. 《觉醒中的地球》,伦敦劳特里奇和基根·保罗出版社(1984年方舟出版社平装版)。

7. 如参见林恩·马古利斯、道林·萨根:《微观世界》,纽约极点出版社 1986 年。

8. 爱德华·戈德史密斯:《道路:生态世界观》,伦敦赖德出版社 1992 年(1996 年格林出版社修订版)。

9. 托马斯·贝里:《伟大的事业:人类未来之路》,纽约贝尔·托尔出版社 1999 年。

第七章　铭记我们是谁

1. 贾雷德·戴蒙德:《枪、病菌和钢铁》,伦敦英特吉出版社 1998 年。

2. 贾雷德·戴蒙德:《枪、病菌和钢铁》,伦敦英特吉出版社 1998 年,第 109 页。

3. 艾森伯格:《生态伊甸园》,1988 年,第 124 页。

4. "从热带雨林的视角论……宇宙学做为生态分析方法",载《生态学家》第 7 卷第 1 期,第 5 页。

5. 同上,第 11 页。

第八章　有关权利的问题

1. 克里斯托弗·斯通:《树木应有诉讼资格吗?》,纽约奥希阿纳出版社 1996 年,见"导论"。

2. 405 U. S. 727(1972).

3. 费希尔诉洛案,密歇根州奥克兰市,[No. 60732,69 A. B.

A. J. ,436(1983)]。

4. 克里斯托弗·斯通:《树木应有诉讼资格吗?》,纽约奥希阿纳出版社1996年,第ⅷ页。

5. 韦斯利·纽科姆·霍菲尔德:《适用于司法推理的基本法律概念》(1946年),该书以1913年和1917年发表的两篇文章为基础。

6. 该文献是托马斯·贝里在艾尔利中心的会议上演讲的内容(见第11页)。题为"修正法理的原则"的修改版,见于《静夜思:反思做为神圣共同体的地球》一书的"附录2"。

第九章 地球治理的要素

1. 克里斯托弗·斯通:《地球的和其他的伦理:道德多元主义的案例》,纽约哈珀-罗出版社1987年,第60页。

2. 人道立法委员会诉理查森案[540 F. 2d 1141,1151,n.39(C. A. D. C. 1976)]。引自克里斯托弗·斯通:《地球的和其他的伦理:道德多元主义的案例》,纽约哈珀-罗出版社1987年,第60页。

3. 奥尔多·利奥波德:《沙乡年鉴》,第224—225页。

4. 托马斯·贝里:《伟大的事业》,第13页。

5. 克里斯托弗·斯通:《地球的和其他的伦理:道德多元主义的案例》,纽约哈珀-罗出版社1987年。

6. 范达娜·席瓦文,2002年7月,未发表稿。该文的编辑版见于2002年9/10月第214期出版的《复活》,题目为"范式转变:地球民主——在不安全的时代重建真正的安全"。

第十章　寻找地球法理

1. 罗斯扎克等：《生态心理学和白色的解构》，1995年，第272页。

2. "如果认知之门纯净，任何事物将呈现出它们本来的样子"。选自威廉·布莱克(1757—1827)的《天堂与地狱的结合》。

第十一章　生命的韵律

1. 艾森伯格：《生态伊甸园》，伦敦皮卡多尔出版社2000年，第292页。

2. 杰·格里菲思：《嘟嘟：侧眼看时间》：伦敦火烈鸟出版社1999年。

3. 同上，第21页。

4. 同上，第274页。

5. 艾森伯格：《生态伊甸园：人类、自然和人性》，伦敦皮卡多尔出版社2000年。

6. 同上，第294页。

第十二章　大地之法

1. 该演讲为了回应美国总统购买其族人占有的土地，具体内容具有争议性。没有记录本，实际上流传很多版本。首个版本于1887年10月29日发表在《西雅图星期天》上，诗歌版分别由威廉·阿罗史密斯等人完成于1960年代、特德·佩里完成于1970年代。

第十三章　共同体的共融共济

1. 阿瑟·凯斯特勒：《总数》，伦敦帕恩出版社1978年。引自利布斯、莎托瑞斯、斯温：《时间漫游：从星尘到我们》，纽约约翰·威利父子出版公司1998年。

2. 利布斯、莎托瑞斯、斯温：《时间漫游：从星尘到我们》，纽约约翰·威利父子出版公司1998年，第167页。

3. 在戴蒙德诉查克拉巴蒂案［447 US. 303（1980）］中，美国最高法院审理认为，可以允许给人类独创性产品授予专利，但不能给自然产生的东西授予专利。相应地，法院支持对非自然产生且可被利用的特殊细菌提出的专利申请。

4. 《生物多样性保护公约》之《序言》。惠益分享问题也是《公约》的目标之一（第一条），相关条款有：获取基因资源（第15条）、相关技术的转让（第16条、19条）以及资金（第20条、21条）。

第十四章　法律与治理的革新

1. 《宇宙的故事》（参见第六章注释1）。

2. 乔安娜·梅茜、莫莉·扬-布朗：《重归生命：找回我们的生活和世界的行动》,加拿大加比奥拉岛新社会出版社 1998 年。

3. 范达娜·席瓦:"范式转变:地球民主——在不安全的时代重建真正的安全",载《复活》,2002 年 9/10 月,第 214 期。

第十五章　大山之路

1.《宇宙的故事》,参见第六章注释 1,第 250 页。

2.《全球环境展望报告 3》(GEO-3),第 14 页。

3. 即在巴西里约热内卢召开的联合国环境与发展大会。

4. "传统法透视:采访伊努伊特长老",努勒维特省伊魁特市努勒维特北极学院,1999 年。迈克·贝尔引自其随笔《托马斯·贝里和地球法理》。

补篇《荒野法》的兴起

1. 参见 http://www.gaiafoundation.org。

2. 范达娜·席瓦:《地球民主:正义、可持续与和平》(马萨诸塞州剑桥市南城出版社 2005 年)第 1、5 页。其概要见范达娜·席瓦:"范式转变:地球民主——在不安全的时代重建真正的安全",载《复活》2002 年 9/10 月,第 214 期。

3. 范达娜·席瓦:"范式转变:地球民主——在不安全的时代重建真正的安全",载《复活》2002 年 9/10 月,第 214 期。

4. 参见 www.navdanya.com,最近访问日期:2011 年 2 月

21日。

5．圣雄甘地鼓励印度人生产自己的食盐,以此做为非暴力抵抗(非暴力的消极抵抗和不合作主义)大英帝国不正义法律的行动,当时大英帝国已对食盐购买形成了垄断。参见 www.navdanya.com,最近访问日期:2011年2月21日。

6．参见该中心网站:www.earthjuris.org。

7．"自然的权利:《地球母亲权利世界宣言》案例"。加拿大议会2011年(正在印刷中)。

参考文献

1. 菲利普·阿洛特:《欧诺弥亚:新世界的新秩序》,牛津大学出版社1990年。
2. 迈克·贝尔:《托马斯·贝里和地球法理》,未出版随笔2001年。
3. 托马斯·贝里:《地球之梦》,旧金山塞拉俱乐部出版社1988年。
4. 托马斯·贝里:《静夜思:反思做为神圣共同体的地球》,玛丽·伊芙琳·塔克编辑,旧金山塞拉俱乐部出版社2006年。
5. 托马斯·贝里:《伟大的事业:迈向未来之路》,纽约贝尔·托尔出版社1999年。
6. 威廉·布卢姆等:《新时代的企鹅图书和系统性写作》,伦敦企鹅图书出版公司2001年。
7. 布朗:《宗教、法律和土地:美洲原住民及神圣土地的司法解释》,康涅狄格州东港市格林伍德出版社1999年。
8. 布朗、莱斯特:《生态经济:为地球发展经济》,纽约诺顿出版公司2001年。
9. 菲杰弗·卡普拉:《拐点:科学、社会和新兴文明》,伦敦芬塔拉出版社1983年。
10. 菲杰弗·卡普拉:《罕见的智慧:与伟人对话》,伦敦芬塔拉出版社1989年。
11. 菲杰弗·卡普拉:《物理学之道》,波士顿香巴拉出版社1975年。
12. 菲杰弗·卡普拉:《生命之网:思维与物质的新结合》,伦敦火烈鸟出版社1997年。
13. 贾雷德·戴蒙德:《枪、病菌和钢铁:过去13000年的人类简史》,伦敦英特吉出版社1998年。
14. 埃文·艾森伯格:《生态伊甸园》,伦敦皮卡多尔出版社2000年。
15. 约翰·芬尼斯:《自然法和自然权利》,牛津大学出版社1979年。

16. 沃里克·福克斯:《走向超越个人的生态学:为环境保护主义奠定新的基础》,波士顿、伦敦香巴拉出版社 1990 年。
17. 爱德华·戈德史密斯:《道路:生态世界观》,伦敦赖德出版社 1992 年(1996 年格林出版社修订出版)。
18. 杰·格里菲思:《嘟嘟:侧眼看时间》:伦敦火烈鸟出版社 1999 年。
19. 哈里斯·J.W.:《法哲学(第二版)》,伦敦巴特沃斯出版社 1997 年。
20. 韦斯利·纽科姆·霍菲尔德:《适用于司法推理的基本法律概念》,1946 年。
21. 哈伯德、马克思·芭芭拉:《意识进化:唤起人类社会的潜在力量》,加州诺瓦托市新世界图书馆 1998 年。
22. 安妮·雪莉、琼斯等:《简单的生活:原住民的精神》,加州诺瓦托市新世界图书馆 1999 年。
23. 安德鲁·金布雷尔:《人体商店:生命和工程的市场》,槟城第三世界网络出版社 1993 年。
24. 托马斯·库恩:《科学革命的结构》,芝加哥大学出版社 1962 年。
25. 奥尔多利奥波德:《沙乡年鉴》,纽约牛津出版社 1949 年。
26. 利布斯、莎托瑞斯、斯温:《时间漫游:从星尘到我们》,纽约约翰·威利父子出版公司 1998 年。
27. 詹姆斯·洛夫洛克:《盖亚:重新审视地球上的生命》,牛津大学出版社 1979 年。
28. 詹姆斯·洛夫洛克:《盖亚:行星药剂的实践科学》,伦敦盖亚出版社 1991 年。
29. 乔安娜·梅茜、莫莉·扬-布朗:《重归生命:找回我们的生活和世界的行动》,加拿大加比奥拉岛新社会出版社 1998 年。
30. 林恩·马古利斯、道林·萨根:《微观世界》,纽约极点出版社 1986 年。
31. 《千年生态系统评价:生态系统和人类福祉》,华盛顿特区岛屿出版社 2005 年。
32. 约翰·奥多诺休:《灵魂之友:来自凯尔特世界的心灵智慧》,伦敦班塔姆出版社 1997 年。
33. 丹尼尔·奎因:《B 的故事》,纽约班塔姆出版社 1996 年。
34. 赫拉尔多·雷赫尔·多尔马托夫:《森林之中:图卡龙亚马逊印第安人的世界观》,托特尼斯格林出版社 1996 年。
35. 赫拉尔多·雷赫尔·多尔马托夫:"从热带雨林的视角论……宇宙学做为生态分析方法",载《生态学家》第 7 卷第 1 期。

36. 西奥多·罗斯扎克、玛丽·E.戈梅斯、艾伦·D.肯纳：《生态心理学：地球重建和意识拯救》，旧金山塞拉俱乐部出版社 1995 年。
37. 彼得·罗素：《觉醒中的地球》，伦敦劳特里奇和基根·保罗出版社（1984 年方舟出版社平装版）。
38. 沃尔夫冈·萨尔斯等："约翰内斯堡备忘录：脆弱世界中的公平"，载《可持续发展世界首脑会议备忘录》，海因里希·伯尔基金会。
39. 范达娜·席瓦："范式转变：地球民主——在不安全的时代重建真正的安全"，载《复活》2002 年 9/10 月。
40. 玛利窦玛·帕特里克·索梅：《非洲的疗伤智慧：在自然、仪式和共同体中找到生命的意义》，伦敦托森斯出版社 1999 年。
41. 克里斯托弗·斯通：《地球的和其他的伦理：道德多元主义的案例》，纽约哈珀-罗出版社 1987 年。
42. 克里斯托弗·斯通：《树木应有诉讼资格吗？》，纽约奥希阿纳出版社 1996 年。
43. 布莱恩·斯温、托马斯·贝里：《宇宙的故事》，旧金山哈珀柯林斯出版社 1992 年。
44. 联合国环境规划署《全球环境展望报告 3》，内罗毕 2002 年。
45. 联合国环境规划署《全球环境展望报告 4》，内罗毕 2007 年。

索　　引

英文索引	中文索引	原版对应页码
aardvarks	非洲食蚁兽	27
Acosta, Alberto	奥尔贝托·阿科斯塔	185
Africa (see also Namibia; South Africa)	非洲（也可见"纳米比亚"、"南非"）	85, 181
African Biodiversity Network	非洲生物多样性网络	181
Agriculture	农业	37, 86-87, 145
ALBA (Bolivarian Alliance for the Peoples of Our America)	美洲玻利瓦尔联盟	186
all beings, rights	所有生物,权利	96-97, 98
Allot, Philip	菲利普·阿洛特	58
Amazonian Indians	亚马逊印第安人	89, 90-92, 111, 148
America (see Latin America; United States)	美洲（见"拉丁美洲"、"美国"）	
American Constitution	《美国宪法》	19
animal rights	动物权利	58, 125, 160
Anthony, Carl	卡尔·安东尼	123
apartheid	种族隔离	50-1, 124, 151, 159, 164
Aquinas, St Thomas	圣托马斯·阿奎那	69
Australia	澳大利亚	183
autopoiesis	自创生	56, 79, 80
The Awakening Earth (Russell)	《觉醒中的地球》（罗素）	81
Bacon, Francis	弗朗西斯·培根	44, 45, 46

索　引

balance	平衡	115
Bennett, Daniel	丹尼尔·贝内特	65
Berry, Thomas	托马斯·贝里	
Career	生平	21
on ethics	伦理学研究	114-115
influences on	影响	125, 183
The Origin, Differentiation and Role of Rights	《权利的起源、区分和作用》	96, 97, 103
on rights	权利研究	101
on universe	宇宙研究	126
The Universe Story	《宇宙的故事》	28, 79
on well-being	对幸福的研究	170
on Western civilization	对西方文明的研究	16-21
bills of rights	《权利法案》	19, 31, 57
bio-prospecting	生物勘探	156
bio-regional approach	生物—地区性方法	153
biocide	杀虫剂	35, 67
biodiversity	生物多样性	35, 40
biotechnology	生物技术	135
biotic communities	生命共同体	147
Bohm, David	大卫·博姆	80
Bohr, Niels	尼尔斯·玻尔	47, 60
Bolivarian Alliance for the Peoples of Our America (ALBA)	美洲玻利瓦尔联盟	186
Boyle, Simon	西蒙·博伊尔	183
Britain (see United Kingdom)	不列颠（见"英国"）	
Brown, Brian	布莱恩·布朗	31
Brown, Lester	莱斯特·布朗	37
Burdon, Peter	彼得·伯登	183
Businesses (see corporations)	商业（见"公司"）	
Buthelezi, Mandla	布特莱奇·曼德拉	121
Campbell, Colin and Niall	坎贝尔, 科林, 尼尔	181

Capra, Fritjof	菲杰弗·卡普拉	47,48,60,147
Center for Earth Jurisprudence (CEJ)	地球法理中心	183
change	变化	159-159
China	中国	49
Cicero	西塞罗	69,116
civilization, Western	文明,西方文明	16
climate change	气候变化	39,49,42,179
Cochabamba talks	科恰班巴会谈	187,188
communion	欢聚/共融共济	79,80,83
communities (see also Earth community)	共同体(也可见于"地球共同体")	147-156,184
community Environmental Legal Defense Fund(CELDF)	共同体环境法律保护基金	183,184,185
companies (see corporation)	公司	
Conference of the Parties of the United Nations Framework Convention on Climate Change (COP15; Copenhagen)	《联合国气候变化框架公约》缔约方会议(第15次会议,哥本哈根)	187,188
constitutions	宪法	
America	《美国宪法》	19,56
Ecuador	《厄瓜多尔宪法》	160,184,185,189
founding	宪法的创设	19
Germany	《德国宪法》	31
law	宪法性法律	56,57
legislation	制宪	112
consumption	消费	37,42
Convention on Biological diversity (CBD)	《生物多样性公约》	156
conventional wisdom	传统智慧	123
Copenhagen Accord	《哥本哈根协定》	188
Copenhagen COP15 meeting	哥本哈根第十五次缔约方会议	187,188

索　引

Copernicus	哥白尼	46,82
corporations	合作	17,64-66,150,166,184
cosmology(*see also* worldview)	宇宙观	44,54,89,90
cultures	文明/文化	
dominant	主流文明	48,55,58-59,170-171
earth-centred	地球中心主义文明	160-161
customary law	习惯法	181
Damtie,Melesse	莫莱斯·达姆特	181
The Dancing Wu Li Masters (Zukav)	《物理学家之舞》（佐卡夫）	48
Decision-making	决策	161-162,166,175
The Decline of the West (Spengler)	《西方的没落》（斯彭格勒）	16
Dell,Bruce	布鲁斯·德尔	121
Democratic participation	民主参与	163
Descartes,Rene	勒奈·笛卡尔	44,46
Development destruction	发展的破坏	18
differentiation	区分	79,83,148
diversity	多样性	79,83,148
Dominant cultures	主流文明	48,55,58-59,170-171
Earth	地球	
Attitude towards	对待地球的态度	20-21
Deterioration of	地球的恶化	36-41,62,170
Paradigm shift	反思转变	60,61
rights	权利	98,100,102,108-109,186,187,188-189,192-195

268

索 引

Well-being(See also environment; land; nature)	福祉(也可见于"环境"、"大地"、"自然")	100,117,180
Earth and other Ethis(Stone)	《地球的和其他的伦理》(斯通)	115
Earth-centred cultures	地球中心主义文明	160-161
Earth Community	地球共同体	147-149
constitutions	宪法	19
Decision-making	决策	161
Earth governance	地球治理	117
Earth Jurisprudence	地球法理	170
rights	权利	97,100,101-102,105
Well-being	福祉	43,59,73
Wild law	荒野法	31
Earth Day, International Mother	地球日,国际地球母亲日	186
Earth Democracy Movement	地球民主运动	155,163,181-182
Earth governance	地球治理	110,116-117,172-174
Earth jurisprudence	地球法理	
Contribution of	地球法理的贡献	180
defined	地球法理的界定	78
Earth Community	地球共同体	170
elements of	地球法理的要素	110-117
And Great Jurisprudence	地球法理和伟大法理	82-84,110
International level	国际层面的地球法理	189-190
need for	地球法理之需求	29
as path	做为路径的地球法理	176-177
practice of	地球法理的实践	174-175
principles	地球法理的原则	100,186-187
rights	权利	105,108
seeking	寻找地球法理	121-130
Wild law	荒野法	30-31
Earth Justice Movement(EJM)	地球正义运动	155

Eco-Economy(Brown,L.)	《生态经济》(莱斯特·布朗)	37
ecocide	生态灭绝	67
ecological footprint	生态足迹	36,37
ecological overshoot	生态超载	36-37,42
ecological thinking	生态思维	124-130
The Ecology of Eden (Eisenberg)	《生态伊甸园》(艾森伯格)	53
economy,growth	经济,经济增长	37
ecopsychology	生态心理学	49
Ecosystem services	生态系统服务	38-39,41
Ecuador	厄瓜多尔	160,184-185,189
Eisenberg,Evan	埃文·艾森伯格	53,87,131,136
enclosures	圈地	149,160-161
Environment (*see also* land;nature)	环境(也可见于"大地"、"自然")	17-20,36-43,173
environmental law	环境法	113-114,160
equity,intergenerational	公平,代际公平	92
ethics	伦理	113-115
extinction	灭绝	35,39-41,105
feudal systems	封建制度	140
finnis,John	约翰·菲尼斯	71
food(*see* agriculture)	食物(见"农业")	
Fundation Pachamama	"地球母亲基金会"	185
Gaia Foundation	盖亚基金会	183
Gaia Theory	"盖亚理论"	80,159
Galiardi,Margaret	玛格丽特·加利亚尔迪	183
Galileo Galilei	伽利略·伽利莱	44-45,46
genetic engineering	基因工程	134-135,136,150
genetic resources	基因资源	149

GEO (Global Environmental Outlook) reports	《全球环境展望报告》	36-37,52
Germany	德国	31,160
Global Alliance for the Rights of Nature	全球自然权利联盟	190
Global Environmental Outlook reports (GEO)	《全球环境展望报告》	36-37,52
global warming (see climate change)	全球变暖（见"气候变化"）	
globalisation	全球化	36,38,83,148,186
governance systems (see also Earth Jurisprudence)	治理制度（也可见于"地球法理"）	
bio-regional approach	生物—地球性方法	153
changing	治理制度的改变	160,170-172
communities	共同体	147-148
cosmology	宇宙观	90
dominant	主流治理制度	48,55,59
failure of	治理制度的失败	72-73
false premises	假前提	44
Great Jurisprudence	伟大法理	112-113
organic structure	有机结构	151-152
purpose of	目标	29,54,173-174
relationships	关系	99,115
rights	权利	108
self-regulation	自我规制	54,62
and soul	治理制度与灵魂	172-174
subject matter of	主体问题	26-29
transforming	革新	48
Great Jurisprudence (see also Earth Jurisprudence)	伟大法理（也可见于"地球法理"）	78-84,105,112-113
Greenway, Robert	罗伯特·格林韦	121,123
Griffiths, Jay	杰·格里菲思	133,135

Grotius, Hugo	雨果·格劳(老)秀斯	69
growth, economic	增长,经济增长	37
growth, population	增长,人口增长	38
Hart, H. L. A.	H. L. A.哈特	71
Hawken, Paul	保罗·霍肯	180
healed state	痊愈的国家	123-124
health (*see* well-being)	健康(见"福祉")	
Heisenberg, Werner	维尔纳·海森堡	46,47,60
Hildebrand, Martin von	马丁·冯·希尔德布兰德	89
history, Human	历史,人类历史	85-87,158
Hohfeld, Wesley Newcomb	韦斯利·纽科姆·霍菲尔德	96,98
Holarchies	合弄结构	146-147,151
Holons	合弄	146-147,151
homosphere	人类圈	51-53,59,63,72,170-171
The Human Body Shop (Kimbrell)	《人体商店》(坎布雷尔)	27
Hume, David	大卫·休谟	69,70
hunters	狩猎者	116
independence, mythology of	独立性,独立性的神话	44-46
India	印度	181-182
indigenous peoples	原住民	
Amazonian Indians	亚马逊印第安人	89,90-92,111,148
inspiration form	启发	88-90,181
knowledge	知识	149
land	大地	31,181,187
laws	法理	68
learning from	经验	93-94

reciprocity	互惠原则	116
regulatory mechanisms	调整机制	165
rights	权利	102
wisdom	智慧	88,142,154,181
interconnectivity	相关性	48,83,126
intergenerational equity	代际公平	92
intergovernmental Panel on Climate Change(IPCC)	政府间气候变化委员会	39
international community	国际共同体	153
International Mother Earth Day	国际地球母亲节	186
jurisprudence	法理	
defined	明确的法理	68
dominant cultures	主流文明	58-59
Great Jurisprudence	伟大法理	82,112
homosphere	人类圈	72
learning	经验	128
objects	客体	63
rights	权利	97,105,116
self-regulation (see also Earth Jurisprudence; Great Jurisprudence)	自我规制(也可见于"地球法理"、"伟大法理")	162
justice systems	正义制度	67
Kimbrell,Andrew	安德鲁·坎布雷尔	27
Koestler,Arthur	阿瑟·凯斯特勒	147
Kuhn,Thomas	托马斯·库恩	59
land (see also environment; nature)	大地(也可见于"环境"、"自然")	138-145
connection with	与大地之间的关联	191
Earth Democracy Movement	地球民主运动	182
ecological footprint	生态足迹	37

索 引

enclosures	圈地	149,160-161
healed state	痊愈的国家	123
indigenous peoples	原住民	31,181,187
land ethic	大地伦理	114
management systems	土地管理制度	141
rights	大地的权利	98,109,139-140,141-142
and soul	大地与灵魂	173
Latin America (see also Ecuador)	拉丁美洲（也可见于"厄瓜多尔"）	184-189
law (see also jurisprudence; rights; wild law)	法律（也可见于"法理"、"权利"、"荒野法"）	
anthropocentric worldview	人类中心主义世界观	63
customary	习惯法	181
degrading	有辱人格的法律	164
environmental	环境法	113-114,160
idea of	法律理念	57-59
legitimacy of	法的合理性	112
natural	自然法	68-71
patent	专利法	150
purpose of	法律的目的/宗旨	29
role of	法律的作用	55-57
wildlife	野生生物保护法	27
learning	经验	128-130
legal positivism	法律实证主义	70
Leopold, Aldo	奥尔多·利奥波德	114,129
Linzey, Thomas	托马斯·林基	183-184,185
local communities	地方性共同体	147-152,184
Lovelock, James	詹姆斯·洛夫洛克	53,80,81,159
Macy, Joanna	乔安娜·梅茜	160
Mandelbrot, Benoit	贝努瓦·曼德尔布罗特	146-147
Margil, Mari	马里·马尔吉兰	185

marginalised people	边缘人群	41
Margulis, Lynn	林恩·马古利斯	81,159
Marine Mammals Protection Act	《海洋哺乳动物保护法》	114
mass extinctions	大规模灭绝	35,39-41
master species, myth of	主要物种,主要物种的迷思	50-54
mechanistic worldview	机械化世界观	17,60
Mesopotamia	美索不达米亚	87
Metzner, Ralph	拉尔夫·梅茨纳	49
Millennium Development Goals	千年发展目标	41
Millennium Ecosystem Assessment (MA)	《千年生态系统评价》	38-39
Morales Ayma, Evo	埃沃·莫拉莱斯·艾马	186,187
Mother Earth (see Earth)	地球母亲(见"地球")	
mountains	大山	77,169
multinational corporations (see corporations)	跨国公司(见"公司")	
music	音乐	131,136
Namibia	纳米比亚	27
native Americans	美洲原住民	31
natural capital	自然资本	37,38,170
natural law	自然法	68-71
Natural Law and Natural Rights (Finnis)	《自然法和自然权利》(菲尼斯)	71
natural resources	自然资源	36-37,38
nature (see also environment; land)	自然(也可见于"环境"、"大地")	
inspiration from	自然的启示	28
laws of	自然之法	71-72
rights	自然的权利	160,184,185,190
separation from	与自然相分离	44-46

275

study of	自然的学问	28
World Charter for Nature	《世界自然宪章》	29
Navdanya	九种基金会	182
Newton, Isaac	艾萨克·牛顿	44,46
non-humans, rights	非人类,非人类的权利	96-97,98
noncognitivism	不可知论	69
North America (see United States)	北美(见"美国")	
oneness(see interconnectivity)	统一性(见"相互关联性")	
The Origin, Differentiation and Role of Rights(Berry)	《权利的起源、区分和作用》(贝里)	96,97,103
over-consumption	过度消费	37-38
paradigm shifts	范式转变	59,60,61
participation, democratic	参与,民主参与	163
patent laws	专利法	150
Pelizzon, Alex	亚历克斯·佩利宗	183
People's Conference on Climate Change and Mother Earth's Rights(Cochabamba)	气候变化和地球母亲权利世界人类大会(科恰班巴)	187,188
philosophy	哲学	46,48
physics, quantum	物理学,量子物理学	47-48
Pip Pip: A Sideways look at Time(Griffiths)	《嘟嘟:侧眼看时间》(格里菲斯)	133
political structures	政治结构	135-136
poorer people	贫困人口	41
population	人口	37,38,42,86
positivism, legal	实证主义,法律实证主义	70
power	权力	140-141,162
prejudices	偏见	124-126
progress	进步	16,37

property rights	财产权	109,135,139-140,141-142
Puffendorf	普芬道夫	69
quantum physics	量子物理	47-48
radical approach	激进方法	127-128
reciprocity	互惠	116
regulatory mechanisms	调整机制	165,166
Reichel-Dolmatoff, Gerardo	赫拉尔多·雷赫尔·多尔马托夫	90,91,92,148
Reid, Donald	唐纳德·里德	182
relationships	关系	98-99,115,142-143
religion	宗教	19
resources (see genetic resources; natural resources)	资源(见"基因资源"、"自然资源")	
respect	敬畏/尊重	163-164
responsibilities	责任/义务	116,144,145
restorative justice	恢复性司法	67
rights	权利	63-65,95-109
all beings	所有生物的权利	96-97,98
animals	动物权利	58,125,160
bills of rights	《权利法案》	19,31,57
communities	共同体的权利	149,155-156
Earth	地球权利	98,100,102,108-109,186,187,188-189,192-195
Earth Community	地球共同体权利	97,100,101-102,105
Earth Jurisprudence	地球法理	105,108
humans	人类权利/人权	104-107

indigenous peoples	原住民权利	102
justice	正义	116
land	土地的权利	98, 109, 139-140, 141-142
legal subjects	法律主体	99
legitimacy of	权利的合法性	112-113
nature	自然的权利	160, 184, 185, 190
property	财产权利	109, 135, 139-140, 141-142
relationships	关系	98-99
responsibilities	责任/义务	116
rivers	河流权	106-107
term	权利术语	96, 97-98
river rights	河流权	106-107
Rivers, Elizabeth	伊丽莎白·里弗斯	183
Russell, Peter	彼得·罗素	81
sacred land	神圣的土地	138-139
sacred places	神圣之地	31
scale, communities	规模,共同体的规模	152-154
science	科学	18, 44-48, 60, 130
seeds	种子	110-111
self-regulation	自我规制/自我调节	54, 62, 81, 148, 162
separation from nature	与自然相分离	44-46
Shiva, Vandana	范达娜·席瓦	181, 182
Siemen, Patricia	帕特里夏·西蒙	183, 184
Smuts, Jan	扬·斯马茨	80
social governance	社会治理	60-61
social movements	社会运动	154-155, 163, 180

Some, Malidoma	玛利窦玛·索梅	148,152
soul (quality)	灵魂/精神	16-18,172-174
South Africa	南非	50-51,124,151,159,164
South America (see Latin America)	南美(见"拉丁美洲")	
Spengler, Oswald	奥斯瓦尔德·斯彭格勒	16
Stone, Christopher	克里斯托弗·斯通	95-96,113,115
Swimme, Brian	布莱恩·斯温	28,79
Switzerland	瑞士	160
Systems thinking	系统思维	47-48
The Tao of Physics (Capra)	《物理学之道》(卡普拉)	47,48
technologies	技术	
development	技术进步	16,17
incentives	技术激励	67
power of	技术的力量	19,20
as solutions	技术途径	53,159
Teilhard de Chardin, Pierre	德日进	81
termites	白蚁	25-26,147
Thiong'o, Ng'ang'a	额昂·提安哥	181
time and timing	时间和时机	131-134,137
traditional knowledge (see also indigenous peoples)	传统知识(也可见于"原住民")	149
Treaties of Human Nature (Hume)	《人性论》(休谟)	69
tribal communities (see indigenous peoples)	部落共同体(见"原住民")	
Tukano Indians	图卡龙印第安人	90-92,111,148
Tutu, Desmond	德斯蒙德·图图	190-191
ultra vires	超越权限	112
uncertainty principle	不确定性原则	46,47

索　引

United Democratic Front(UDF)	民主统一阵线	151
United Kingdom	英国	65,160-161, 182-183
United Kingdom Environmental Law Association(UKELA)	英国环境法学会	183
United Nations	联合国	19-20
United Nations Environment Programme(UNEP)	联合国环境规划署	36-37
United States	美国	56,58,114, 183-184
Universal Declaration of the Rights of Mother Earth	《地球母亲权利世界宣言》	186,187,188-189,192-195
universe (see also Great Jurisprudence)	宇宙(也可见于"伟大法理")	46-48
The Universe Story (Swimme and Berry)	《宇宙的故事》(斯温、贝里)	28,79
well-being	福祉	
Earth	地球福祉	100,117,180
Earth Community	地球共同体的福祉	43,59,73
humans	人类福祉	41,117,170
Western civilization	西方文明	16
whole-maintaining principle	整体性维护原则	83,105,126
wild, term	荒野法的措辞	29-30
wild law	荒野法	30-31,158,170,178-191
wild time	原生时间	133-134
wild weekends	荒野周末	182-183
wilderness	荒野	30,31-32
wildlife legislation	野生动物立法	27
wildness	原始荒野	30,31,170
wisdom	智慧	
conventional	传统智慧	123

governance systems	治理制度	166,175
indigenous peoples	原住民	88,142,154,181
science	科学	130
timing	时机	132
wilderness	荒野	30
Wiser Earth	"智慧地球"	180
World Charter for Nature	《世界自然宪章》	29
World Summit on Sustainable Development	世界可持续发展首脑会议	40
World Trade Organization (WTO)	世界贸易组织	165
worldviews (see also cosmology)	世界观(也可见于"宇宙观")	17,60,63
Young-Brown, Molly	莫莉·扬-布朗	160
zebra	斑马	106
Zeitgeist	时代精神	179
Zukav, Gary	加里·朱卡夫	48

译后记

　　2016年9月30日下午,耗时一年翻译而成的《荒野法》(即"地球正义宣言——荒野法")中文版的校对工作终于画上了句号。当然,因水平所限,这个句号并不完满。趁着刚校完书稿后尚存的余温,我想把大脑中闪现的有关荒野法的那些零碎单元和片段网结起来,以免在慵懒的国庆长假后飘散于九霄云外。那些场景和片段是,瓦尔登湖般的宁静荒野、科学技术的宰制、图卡龙族人的宇宙观、桌山黝黑光影中乍现的光斑、全球气候的频繁异变、长屋中原住民的生产秩序、按着地球节拍舞动的韵律……,各种符号、具象和抽象,不一而足。而我要做的,就是把它们编排成前后相接的"情节连续剧",以较为逻辑地串起相互连接的线索,勾画出作者关于荒野法思想的轮廓,并以此作为爬疏18万字符后的些许感想。

　　诚如作者科马克所说,线性的时间(time)和有益于思想共鸣的时机(timing)不同,尽管转译作者在《荒野法》中表达的"地球法理"思想只用了流动一年的光影,而真正使我独入荒野法思想之宝山的音符节拍起点却是五年前那次与《荒野法》的美丽邂逅,那一刻,便是爱森伯格所指的人体与宇宙齐一、共鸣般律动的时机,也就是在那一刻,我"认识"了至今还未曾谋面的作者——全球著名环境保护主义者科马克先生。

　　五年前的秋季,我受国家留学基金委公派,在位于美国东北角

译后记

佛蒙特州南罗亚尔顿(South Royalton)小镇上的佛蒙特法学院从事环境法学访问交流。初秋的佛蒙特,是一年中最美丽的季节,从肯兹崖边(Kents Ledge)向波士顿方向望去,层峦叠嶂间铺展开色泽明快而又各不相同的调色板,从云端到山坡,从山顶到河谷,无垠的树林依次摆出黄褐色、金黄色、红色、黄绿色、深绿色的线条,五彩斑斓,美不胜收。穿行小镇而过的,是一条像其名字一样清澈的河流——白河,不远处的白河汇口有一家以环保类专门书籍出版见长的切尔西·格林出版社,承蒙佛蒙特法学院图书馆杨晨芳老师推荐,我买下了该出版社刚刚出版销售的第二版《荒野法》。略读一二,便嗅到书中那呼之欲出的特别气息,以及那横空出世的"地球法理"思想。于是当即产生了翻译这本《荒野法》并将其推介到中国环境法学界以及相关学科领域的想法。于是,我求助于佛蒙特法学院图书馆的杨晨芳老师,相识于武大而时任佛蒙特州环保局局长的好友戴维·米尔斯(David Mears)教授,达特茅斯学院原住民文化研究中心主任杜图(Duthu)教授,以及师姐梁剑琴博士,帮忙与出版社和作者协调翻译事宜,但最后均因各种原因而搁置。即使这样,我对荒野法问题的关注从那刻起就一直没有中断,我与作者就荒野法思想的合律也一直在延续。然而,峰回路转,2015年初秋,商务印书馆编审王兰萍老师来兰讲学,聊天之间说到翻译《荒野法》的想法。虽是简短的会谈,却引起了王老师的兴趣,她即刻联系作者和版权事宜、出版项目报审、签订出版合同,相关工作一应到位。而我要做的,就是用心跋涉两百页纸张中的英文字符。从黄河边到台北南港,从台北南港再到黄河边,周末的办公室,以及热浪涌动的暑假,所有闲暇几乎全部被《荒野法》占据。一年后的秋天,翻译工作顺利完成。在感谢一年来帮助我翻译工作

译后记

的亲人和师友之前，我想尽我所能地"转译"科马克先生通过《荒野法》呼吁并传递出的思想精髓，以与各位读者分享。

多人可能会问，世间可有荒野法？这是一个难以回答的问题。荒野法？它规范什么？它通过何种机制运行？具体内容又是什么？诸如此类的问题，的确不好回答。然而，挤出那么一丁点儿的时间，抛开现代化的轰鸣与烦扰，当你模仿科马克那样置身于僻静荒野观察非洲食蚁兽的生活样貌时，是否会慢慢反思生态过载、过度消费、生命支持能力退化、大规模物种灭绝等发生在身边的事实呢？而其原因是不是人为刻意地分离人类世界和自然世界而形成了"独立性幻觉"呢？进而当你再意识到压制型法的弊端以及赋予虚构生物太多权利、合法化物种灭绝行为、终结"自然法"等现代法律的自负作为时，你就会从"最初的整体性"这一第一原则出发，不断扭转自己的偏见，进而从自内而外地改变现有治理制度、拓展人类中心主义决策程序、限定人类权力的边界、拓展民主参与、提高决策效率等进路开启一种全新的荒野法范式。而此时，你会恍然大悟，上述问题都不是问题，因为荒野法就在身边，你我触手可及。

在法治化语境下，环境治理总是被等同于环境法治，这显然是误读！不论逻辑，仅就现有实践来看，环境法治手段在破解环境难题时的捉襟见肘之窘已广为世人所知，这也是科马克所归纳的现有"法律自负"的直观表达。诚然，在环境问题的应对策略中，现代制定法仅仅是多元制度工具之一，仅靠制定法一己之力，几无可能奏效。这就要求：我们一方面要摒弃狭义的法律万能论思想。在科马克的叙述中，你能读出荒野法就是现代制定法中心主义下的产物这一结论吗？绝对不是。而荒野法作为地球正义的宣示，其存在的价值主要是思想和理念的超越，是从人类中心主义的法律观走向面向"伟大事业"的地球法理。当然,类似于中国道学之"合和"思想的地球法理如何成其为法律思想并启发具体荒野法制度的建立呢？如若存在这般疑惑,那我要继续奉上江山教授立足于东方文化思想而型构的法的本体论思想作为认识进路的辅助,即在"体变—相养—用显"逻辑中的法思想。① 藉由江山思想的辅助,大家会从文化渊源的认同角度逐渐接纳并走向地球法理。因为这样的思考无关乎知识,只关乎智慧,正如科马克所说,"只有通过在健康的生态共同体中建立健康社区的方式,个人的福祉才能得以维系。今天,这一传统智慧仍然和原来一样有用"。如若这还不够,那就只剩下陕西作家陈忠实的"锤子"了！而另一方面,认识到超越法律工具论的环境治理具有极为紧迫的意义。而这一点,是科马克在《荒野法》中费心"深描"的内容之一。如何超越呢？答案是:回归荒野的"苏格兰超越主义"体验,学习原住民的宇宙观,与自然一起的美丽舞动……

时至今日,荒野法思想在全球范围内犹如雨后春笋般地萌发开来,非洲的习惯法之路、印度的地球民主行动、英国和澳大利亚的荒野周末体验、美国的地球法理和地方民主实践,以及拉丁美洲和国际层面践行荒野法的风起云涌弥漫于全世界。循着荒野法思想,依赖于"生态纪"的《地球母亲权利世界宣言》已获得国际社会的认可,"第二代权利"之风吹向全球；而就在今年刚刚过去的6月21日,世界自然保护联盟环境法委员会工作组在奥斯陆大学讨论形成了《奥斯陆宣言》(Draft "Oslo Manifesto")草案,使以地球法理

---

① 见江山:《法的自然精神导论》(第一版),中国政法大学出版社2002年。

译后记

思想为指引的法律与治理结构变革成为社会各界寻常关注的议题。在此背景中,重构法律与治理,从而实现从环境法向生态法转型发展的思想逐渐走向成熟,以至于生态法思维已经成为许多国家环境法学研究的新高地。面对如此风潮,我似乎觉察到了两类极为不同的荒野法。在上述国家和区域,荒野法繁花似锦,而在我国,荒野法因过于新鲜而多受冷落。而引介荒野法思想,必将是引导中国环境治理思想和路径迎向地球法理的尝试,也将在一定程度上修正部分国内学者仅"着眼于社会可持续发展模式"[①]的生态法议题研究。翻译《荒野法》的意义或许主要就体现于此吧!

叙述完科马克的上述思想点滴,我的耳畔、眼前、身边似乎又开始闪现出《荒野法》中的许多场景和片段,而且诸如图卡龙族人、桌山、长屋等景象及其意义的存在呈现出一种无时空概念、无逻辑关联的混沌样貌。这种让人抓狂的无序状态或许就是现代复杂性理论研究中最为有序的实存。对此,我想极力表达,但终因缺乏复杂性思维之功力而无以完成,唯有借用学术奇书《哥德尔、爱舍尔、巴赫——集异璧之大成》(简称《集异璧》)所绘之思想,方可隐约再现一个奇异的世界图景——一个不曾被大多数现代人窥见的世界图景,那么神秘又如此真实,而我们都身处其中。美国思想家侯世达[②]在《集异璧》一书中将宗教、哲学和音乐这几类看似相关度不高的范畴其妙地结合在一起,玄想出混沌世界中人类将在自我意识的逐渐加深过程中,"最终将会感到与整个宇宙相一致",特别是拟人化地以阿基里斯、乌龟和食蚁兽之间的对话方式再现了隐

[①] 见曹明德:《生态法原理》,人民出版社2002年。
[②] 这是作者给自己起的中文名,原名为Douglas R. Hofstadter。——译者注

藏在"蚂蚁赋格"背后的复杂性思维和复杂性世界。①

翻译《荒野法》的过程中,我似乎慢慢感悟到,真正的思想者必然在学术研究中关照生命之真实,而这种关照又可始于任何一个事件、任何一种物件、任何一种范畴及任何一个对象物。就像在本书中,科马克先生对生命韵律的诠释始于对美妙音乐和不同范畴、对象之间的时机性"耦合"之感悟。可能有人会问,音乐与荒野法有何关系?其实,在观念的世界里,各种存在混淆了层次,混沌了时序,也混淆了虚实。我想,真正的世界就是这样吧!"世事洞明皆学问",何况科马克在一个更高层次,更大范围的世界整体中探求学问、撰立文章。同样,经由精道如通达的学问和华美如乐章的文章而揭示的世界真实存在或许就是一个归于复杂和混沌的整体或系统吧!

临近结尾,我要对《荒野法》的翻译给予莫大帮助和鼓励的亲人和师友表达最真挚的感谢。感谢妻儿和岳母的陪伴与担待,让我在周末和暑期全身心投入字符的爬行过程,而这仅有的周末和暑期儿子却眼巴巴翘盼了半年!感谢与佛蒙特法学院图书馆杨晨芳老师的相识,让我捧得《荒野法》欣喜而归!感谢戴维·米尔斯(David Mears)教授和杜图(Duthu)教授的前期帮助和教诲!感谢多次交流思想但未曾谋面的作者科马克先生,以及英文版原著的版权所有者,他们的慷慨和热情让我翻译本书中文版的愿望得以实现!感谢在台湾"中央研究院"访问交流期间王泽鉴老师对翻译工作的指教和鼓励!感谢梁剑琴师姐在本书翻译过程中经常与我

---

① 见〔美〕侯世达:《哥德尔、爱舍尔、巴赫——集异璧之大成》,商务印书馆1997年。

译后记

交流思想!

末了,敬请方家批评指正书中的翻译错误!

是为译后记!

郭 武

初草于兰州市安宁科教城西苑

2016 年 9 月 30 日午夜

图书在版编目(CIP)数据

地球正义宣言:荒野法/科马克·卡利南著;郭武译.—北京:商务印书馆,2017(2017.12重印)
ISBN 978-7-100-13879-6

Ⅰ.①地… Ⅱ.①科…②郭… Ⅲ.①环境保护法—研究 Ⅳ.①D912.604

中国版本图书馆 CIP 数据核字(2017)第 098907 号

权利保留,侵权必究。

地球正义宣言
——荒野法

科马克·卡利南 著
郭 武 译

商 务 印 书 馆 出 版
(北京王府井大街36号 邮政编码100710)
商 务 印 书 馆 发 行
北 京 冠 中 印 刷 厂 印 刷
ISBN 978-7-100-13879-6

2017年6月第1版   开本 880×1230 1/32
2017年12月北京第2次印刷   印张 10¾
定价:42.00元

在人类活动对地球破坏的程度日趋加剧的今天，我们是否对传统法律治理的效果提出疑问？对人与地球的伦理、快乐的人生是否追问与反思？面对地球日益脆弱的环境该如何确定行事规则？作者深切关怀整个生态系统中地球和全球生命共同体，立足生态法学维度，指出了地球需要的正义就在"荒野法"之中。作者长期从事环境法工作，环境实践让他反思目前治理手段的单一且弊端丛生，呼吁回归地球法理，并向常规环保理念宣战，提出保护地球荒野的新理念。

本书分反思治理、我们所知的世界、地球治理、荒野之旅、前方地带等五个部分。以蚁丘和非洲食蚁兽为开篇，揭示环境治理的狭隘，解构和批判固有法律的消极性。特别是在地球治理部分，讨论伟大之法、铭记人类的责任、法律权利及其合法性，以及从法伦理出发建构地球治理新思维的意义；在荒野之旅部分，对人类回到荒野，其法律历程是在寻求地球法理、生命旋律、大地之法的过程，在法律与治理改造中逐渐探索达成共同体利益的共享模式；结尾部分，将回归大山作为解构传统地球治理，建设与伟大之法相符的愿景。